中国低碳发展丛书
“十二五”国家重点图书出版规划项目

主编/解振华　杜祥琬

世界低碳发展的进展和趋势

SHIJIE DITAN FAZHAN DE JINZHAN HE QUSHI

周大地　高　翔　朱松丽　王　克　等/著

中国环境出版集团·北京

图书在版编目（CIP）数据

世界低碳发展的进展和趋势/周大地等著. —北京：中国环境出版集团，2018.3
（中国低碳发展丛书）
ISBN 978-7-5111-3552-0

Ⅰ. ①世… Ⅱ. ①周… Ⅲ. ①世界经济—低碳经济—经济发展—研究 Ⅳ. ①F113.3

中国版本图书馆 CIP 数据核字（2018）第 045192 号

出 版 人 武德凯
责任编辑 张秋辰 丁莞歆 周 煜
责任校对 任 丽
封面设计 彭 杉

出版发行 中国环境出版集团
（100062 北京市东城区广渠门内大街 16 号）
网 址：http://www.cesp.com.cn
电子邮箱：bjgl@cesp.com.cn
联系电话：010-67112765（编辑管理部）
010-67175507（环境科学分社）
发行热线：010-67125803，010-67113405（传真）
印 刷 北京建宏印刷有限公司
经 销 各地新华书店
版 次 2018 年 3 月第 1 版
印 次 2018 年 3 月第 1 次印刷
开 本 787×960 1/16
印 张 15.75
字 数 270 千字
定 价 68.00 元

《中国低碳发展丛书》编委会

总 序

党的十八大报告提出，要“着力推进绿色发展、循环发展、低碳发展，形成节约资源和保护环境的空间格局、产业结构、生产方式、生活方式，从源头上扭转生态环境恶化趋势，为人民创造良好生产生活环境，为全球生态安全作出贡献”。2015 年 4 月 25 日《中共中央　国务院关于加快推进生态文明建设的意见》发布，再次明确了“绿色发展、循环发展、低碳发展”的发展路径。实际上，低碳发展与绿色发展、循环发展有着本质上的相通性和工作方向上的一致性。低碳发展既是应对气候变化的战略，也是全球可持续发展的必由之路，对我国更有着紧迫的现实意义和长远的战略意义。

在我国，社会各界对“绿色发展”“循环发展”的理解比较清晰，相对而言，对“低碳发展”的认识仍有待提高。在“低碳发展”已成为全球发展大势、党和国家高度重视低碳发展的今天，有必要普及和传播有关知识，凝聚共识，强化行动，让我们的国家在这场绿色、低碳的国际比赛中力争走在世界的前列，也为人类的文明进步作出更大的贡献。

在这样的背景下，中国环境出版社策划并出版了《中国低碳发展丛书》，得到了相关政府部门和专家学者的支持和响应。

本丛书定位为高级科普丛书，读者对象是各级公务员、企业负责人、科技和教育工作者、大学生、研究生及对低碳知识感兴趣的公众，他们是我国低碳发展道路的创造者和实践者，希望本丛书能对他们有所助益。

本丛书由有关领域的著名专家、学者组成编委会并主持丛书及各分册的设计与撰写。丛书的结构包括低碳发展总论、气候变化科学知识、低碳产业、低碳交通、低碳建筑、低碳城市、低碳农林业、低碳能源、低碳发展的国际借鉴等相关内容，力求全套丛书具有科学性、系统性、新颖性、可读性。

本丛书的问世是绿色发展、低碳发展客观需求呼唤的产物，是众多专家、学者和中国环境出版社编辑辛勤付出的结果。由于时间仓促、作者水平有限，书中难免有不足和差错，诚望读者批评指正。

杜祥琬

2015 年 12 月

序　言

《联合国气候变化框架公约》（以下简称《公约》）得到缔约国一致通过至今已经整整25年了。为推动《公约》的有效实施，1997年联合国又通过了《京都议定书》，开创了由发达国家带头定量减排温室气体的低碳转型之路。全球应对气候变化开始了艰巨的减排历程。发展中国家也开始加强应对气候变化的能力建设，逐步把绿色低碳发展纳入经济社会的发展中来。2015年，经过各国历时四年谈判达成的气候变化《巴黎协定》，又开创了各国根据自己的能力和政治意愿制定应对气候变化国家行动目标和方案，以“自下而上”的方式形成有国际约束力的承诺，从而合作应对气候变化的新阶段。“共同但有区别的责任”这一原则继续指导全球合作努力应对气候变化，更多的国家具体承诺减排或限排温室气体，发达国家承担更多义务，发展中大国也力所能及地做出更多贡献，各国不断加强行动力度，力争把全球温升控制在明显低于2℃以内。这些进展体现了当今世界可以通过有效合作机制共同应对全球面临的重大生态环境挑战的新形势以及生态文明的进步。

但是各国已经作出的减排承诺与实现将温升控制在2℃以内的目标所需的减排努力尚有明显差距，加之美国现政府坚持退出《巴黎协定》，从原来已经不够积极的减排目标进一步后撤，又为世界能否实现一致同意的温升控制目标增加了不确定性。尽管全球只有美国一个国家提出要退出《巴黎协定》，但美国政府的反向行动仍然给各国不同人群的气候变化认知带来了一些冲击。一些原来就对全球变暖问题有质疑的人似乎得到了某种鼓励，少数认为气候变化问题的政治因素大于科学依据的人，也加大了对积极应对气候变化必要性和紧迫性的怀疑。“政治阴谋论”的说法在一些场合有所抬头。

支撑当今世界发展的能源体系仍然以化石能源为主，煤、石油、天然气仍占全球商品能源的近九成。尽管现代可再生能源的发展速度远远高于传统的化石能源，但总量还小。实现 2℃温升控制目标需要在 21 世纪内，并尽可能早地实现温室气体的零排放。难度之大，时间之紧迫，也使很多人感到心中底气不足。

我们还来得及完成减缓气候变化的伟大任务吗？世界绿色低碳转型的进程究竟进展如何了？真是需要大家认真环视世界，看看世界各国究竟做了哪些努力，看看先进国家做出了什么样的实践榜样，看看我们有没有足够的低碳技术进步作为支撑，看看经济发展可不可以与低碳转型有效结合，看看各国只是政治博弈还是真的认真努力。这就是本书想给读者展现的基本内容。

任何新的事物在初始阶段都是弱小的，世界在从过去的高碳经济转向低碳经济并实现低碳发展的过程中，当然要经历许多艰难曲折。但是已经有那么多国家开始了具体行动，整合了政治意愿，形成了相关法律法规支撑，并且在许多重要领域已经取得了很大的进展。近期的成绩和远期的目标已经很好地衔接，实现目标可以预期。低碳发展的前途逐渐光明起来。

就在本书已经成稿以后，新的进展仍然在不断出现。一些国家开始认真讨论在一二十年内禁止销售燃油汽车的问题，几乎所有的主要汽车制造商都纷纷表示这是他们汽车技术发展的方向，并提出更积极的转型目标。美国一大批经济大州和重要城市的州长、市长们，以及知名大企业的领袖人物们，在 2017 年波恩气候变化大会上和美国联邦政府大唱对台戏，自己掏钱搞了专门的会场和展示场所，强力展示继续积极应对气候变化的决心。我们相信今后还有更多的内容可以补充到本书当中。

党的十九大报告高度强调生态文明建设的重大意义，并把气候变化问题作为人类共同面临的重大挑战，明确提出要积极参与全球环境治理，落实减排承诺。中国已经在节能减排、控制温室气体方面作出了巨大的努力，成绩显著，获得了世界各国的一致认可。中国在全球应对气候变化的国际进程中，从参与、贡献已经走到引领的地位了。中国的绿色低碳转型必将对世界的低碳发展作出更重大的贡献。在今后进一步高质量的改革开放进程中，中国和世界各国也将在低碳发展中相互鼓励、相互促进、相互帮助，共同有效应对这一人类面临的重大挑战。希望本书可以有飨有志中国低碳发展、关心世界低碳进展的读者。

本书分为三章十二节。第一章介绍低碳发展的科学基础与政治共识，为读者理解为什么要低碳发展、如何实现低碳发展提供了自然科学、经济学和国际政治角度的解读。第二章为全球低碳发展的实践，从人类对低碳发展问题的思考、全球在低碳发展方面的政策和技术创新与实践的角度，为读者勾画出低碳发展在全球的思想与实践全貌。第三章研究分析了美国、欧盟、英国、德国、日本、印度等主要经济体在低碳发展方面的实践，希望给读者呈现一个坚定共识、目标明确、路径有别的全球低碳发展进展图像。最后是结语，归纳了作者对低碳发展这一全球必然趋势和共同努力的看法。全书由周大地总体负责，其中序言和结语部分由其执笔；第一章第一至第三节由高翔执笔；第二章第一节由朱松丽执笔，第二节由高翔与朱松丽共同执笔，第三节由朱松丽与胡姗共同执笔；第三章第一节由王克执笔，第二节由高翔执笔，第三节由高翔与郭敏晓共同执笔，第四节由高翔与李佳倩共同执笔，第五节由崔成执笔，第六节由高翔与朱秦汉共同执笔。全书由周大地和高翔统稿。

周大地

2017 年 12 月 26 日

目　录

引　言

“低碳发展”（Low-carbon Development）是近年来主要国家和国际社会随着全球应对气候变化进程的发展而主动提出的新型发展战略，其核心是大幅度提高社会生产力和经济整体的效率，减少发展过程对物质资源、能源的消耗和温室气体排放，实现经济社会发展与减缓气候变化的长期、稳定双赢。2015 年年底达成的《巴黎协定》是全球气候治理继《联合国气候变化框架公约》（以下简称《公约》）和《京都议定书》之后的又一个里程碑，它传递了全球向绿色低碳转型的积极信号，为 2020 年后全球合作应对气候变化指明了方向和目标，也为世界各国实现低碳转型的发展战略提供了国内政策指导和国际合作框架。

气候变化是具有科学支撑的事实，积极应对气候变化是科学的要求。政府间气候变化专门委员会（IPCC）为世界各国在《公约》下的谈判提供了科学支撑。无论从古气候研究、古代文献分析，还是从近代气象和气候观测、气候模式分析等的研究结果看，气候变化都是不争的事实。人类活动排放的温室气体被逐步证明是导致 1951 年以来气候变化的主要原因。过去三个 10 年地表温度依次升高，比 1850 年以来的任何一个 10 年都偏暖；全球冰川继续退缩，北半球春季积雪面积继续缩小；1901—2010 年，全球平均海平面上升了 0.19 m，这些现象都表明，近年来地球气候系统以极高的速率变化给人类社会和地球系统带来了巨大的风险。这就要求人类社会积极应对气候变化，从减排温室气体入手，减缓气候变化，同时积极采取适应气候变化的措施。

《巴黎协定》的达成表明，低碳发展是基于科学认知形成的全球政治共识。全球确定将温升控制在 2℃或者 1.5℃是一个重要的政治决策选择，是世界各国在力图尽可能减少人为因素对全球气候系统的干扰和经济社会发展的现实可能性之间的一种权衡结果。各国在应对气候变化，尤其是减缓温室气体排放和提供实施手段方面的责任承诺，也反映了全球在气候变化问题上的政治经济博弈结果。但无论是目标设定，还是承担责任，其核心目的都是为了加快控制温室气体排放，相互鼓励与促进实施减缓政策与技术革新，通过真实的减排成效，使全球建立起合作应对气候变化、实现低碳发展的决心和信心，而绝不是寻求借口置身事外。

《巴黎协定》的达成还表明，绿色低碳发展已成为世界经济的新趋势。发展模式向低碳发展转型是人类文明进入生态文明阶段，使人类发展活动尊重自然、顺应自然、保护自然，维护人与自然的共生关系所必需的。低碳发展是在主动寻求更加高效地利用资源，降低经济社会发展对环境的不利影响，加速实现整个经济社会的低碳转型，这体现了全社会整体经济效率的提高。全球各国的决策者在科学认知的逐步深入与普及中，加深了对气候变化的科学问题、人为活动归因、自然和社会系统影响、适应和减缓策略响应的认知，确认了低碳发展是以消费更少的含碳资源来满足人类社会发展需求，是世界经济发展和技术变革的必然方向，同时人类活动对地球气候系统的影响必须通过积极、全面、快速、有力的合作行动来应对，尤其是必须从整个经济社会发展的角度，系统性地控制温室气体排放。这就要求人类社会必须走低碳发展的道路，而不能仅仅依赖于某项或某些具体的技术去实现减排。

低碳发展具有现实的、动态发展的技术支撑。实现低碳发展的系统性工程，需要在能源、交通、建筑、工业、农业、管理等领域实现技术突破来支撑。当前世界各国在数字化智能管理、可再生能源技术、节能技术等方面都投入了大量资源，也在不断取得成果，有力支撑了全球低碳转型的进程。

低碳发展是一个综合性的系统工程。低碳发展需要决策层、科学界、企业、公众的全面参与，需要多学科、跨领域的全面合作和系统整合。低碳发展也需要组合型的低碳政策，如碳排放控制目标分解、节能目标责任制等行政控制政策，碳排放权交易、碳税等环境经济政策，可再生能源配额、标杆电价、能效和碳排放标准等技术支持政策，电力市场改革、油价形成机制改革等体制机制完善政策，碳排放统计报告与第三方核查、碳排放信息披露等公共管理政策，低碳发展公众宣传、教育与培训等能力建设政策等，而不能仅从经济学理论出发，将所有政策聚焦到碳定价的环境经济政策上。低碳政策必须直面更广泛的社会经济影响，解决企业竞争性、产业结构调整、能源安全、能源贫乏、支付能力等问题，展示更多的协同效益，否则政策效果会受到限制和质疑。

当前世界主要国家都在转向低碳发展，各国选择的路径各有特点，其中欧洲走在了前列。这首先是因为低碳发展需要坚定的政治意愿和社会共识以及法律基础，而在德国、英国、法国、丹麦等欧洲的中坚国家，这种社会和政治基础已经基本形成，绿色低碳发展转化为强劲的内部驱动力。实际上，主要大国都制定了低碳发展的整体规划，许多国家以法律形式明确了低碳发展和控制温室气体排放的地位，但各国由于政治体制、经济组织方式、资源禀赋、发展阶段、民族文化等的不同，选择的路径也有所不同。欧盟和许多欧洲国家在行政体系、经济结构、能源结构、技术研发、公众意识等方面都开展了积极探索，并且取得了显著成效，为其他地区树立了榜样。然而从全球和国别而言，低碳发展仍需要基于深入研究，包括进一步开展技术经济分析和综合宏观模型评估，以建立和完善低碳战略路线图，确定经济和技术可行的脱碳方向与速率。

《巴黎协定》在达成不到一年的时间内生效，成为历史上生效最快的全球环境条约，标志着各国议会和政府以严肃的态度参与全球气候治理，履行法律义务。尽管当前由共和党执政的美国新一届政府对其表示了疑义，质疑其对美国的公平性，并宣称要退出这一条约，但美国各界包括民主党、加利福尼亚等许多州、微软等行业巨头、彭博基金会等民间组织都坚决反对联邦政府的决定，表示将继续积极应对气候变化，帮助美国实现其在《巴黎协定》中的承诺。这表明全球气候治理进入了新的历史时期，全球应对气候变化合作进入了共同目标、各尽所能、合作促进的新阶段。各国都需要严肃认真地应对气候变化，促进发展模式的低碳转型，以实现经济增长与环境保护双赢的可持续发展。

第一章　科学基础与政治共识

第一节　低碳发展的自然科学基础

低碳发展源于全球应对气候变化的需求。气候变化是地球系统的一种自然状态。通过仪器直接测量、卫星及其他平台的遥感手段，可以直接证明 19 世纪中叶以来的全球气候变化，而古气候重建则可以使人类对气候变化的认知上溯到几百年甚至几百万年以前（IPCC，2013）。中国气象学先驱竺可桢先生在 1972 年发表了《中国近五千年来气候变迁的初步研究》一文，基于我国古代史学文献和考古学发现，证明了历史上气候变化对中国这片土地造成的影响，同一时期和后续也不断有学者深入细致研究了中国历史上气候变化与社会经济演变的问题（刘昭民，1982；满志敏，2009；葛全胜，2010）；而对世界范围的史学研究也表明，气候变化在全球范围都不断影响着人类社会的发展与变迁。

1992 年达成的《联合国气候变化框架公约》（UNFCCC，以下简称《公约》）作为全球第一部以应对气候变化为主题的国际法，确立了人类社会应对气候变化的最终目标，即“将大气中温室气体的浓度稳定在防止气候系统受到危险的人为干扰的水平上。这一水平应当在足以使生态系统能够自然地适应气候变化、确保粮食生产免受威胁并使经济发展能够可持续地进行的时间范围内实现”。作为框架性公约，这一目标只是定性表述了要稳定大气中温室气体的浓度，但并未明确避免“气候系统受到危险的人为干扰”应把浓度控制在何种定量化的水平上。《公约》发布后，如何确定定量的全球应对气候变化长期目标，成为后续气候变化科学评估和国际谈判关注的核心问题之一。

当前气候变化科学问题争论的焦点在于：气候系统是否超常变暖，人类活动是否是气候变暖的主要原因，全球变暖是否对人类的经济社会发展形成现实和未来的重大威胁。对这些争论焦点的认识，是应对气候变化一切政策对策的基本出发点。

一、气候系统超常变暖

近百年来，地球气候系统正经历着一次以变暖为主要特征的显著变化。

政府间气候变化专门委员会（IPCC）第五次评估报告表明，由线性趋势计算的结合陆地和海洋表面温度资料的全球平均值显示，1880—2012 年温度升高了 0.85［0.65～1.06］℃①，过去三个 10 年的地表温度依次升高，比 1850 年以来的任何一个 10 年都偏暖。1901—2012 年，全球几乎所有地区都经历了地表增暖。在北半球高纬度地区温度升幅较大。1983—2012 年这段时期很有可能是北半球过去 800 年里最暖的 30 年。

在全球尺度上，海洋表层温度升幅最大。1971—2010 年海洋上层 75 m 以上深度的海水温度升幅为每 10 年 0.11［0.09～0.13］℃。从海洋纵深来看，几乎可以确定的是，海洋上层（0～700 m）在 1971—2010 年已经变暖，甚至可能是在 19 世纪 70 年代至 1971 年就开始变暖了；极有可能的是，1957—2009 年海洋在 700～2 000 m 深度之间已经变暖，1992—2005 年在 3 000 m 到海底之间已经变暖。

海水的理化属性也发生了变化。自 20 世纪 50 年代以来，以蒸发为主的高盐度海区的表水很可能变得更咸，而以降水为主的低盐度海区的表水很可能变得更淡。这些区域性海洋盐度的变化趋势间接表明，海洋上蒸发和降水已发生变化，因此全球水循环也发生了变化。自工业革命伊始，海洋对二氧化碳的吸收造成了海洋酸化；海洋表面海水的 pH 值下降了 0.1，以氢离子浓度来衡量，相当于酸性增高了 26%。自 20 世纪 60 年代以来，变暖导致许多海域的海岸水域和公海温跃层的含氧量下降，热带含氧量最低的海域在近几十年可能已有所扩大。

---

① 本小节数据除另有标注外，均引自参考文献[6]；中括号内数字表示 90%置信区间，下同。

海平面上升也在加速。海平面的代用数据和器测数据表明，在 19 世纪末至 20 世纪初出现了海平面从过去两千年相对较低的平均上升速率向更高的上升速率的转变。1901—2010 年，全球平均海平面上升了 0.19［0.17～0.21］m，上升速率在 1901—2010 年的平均值为每年 1.7［1.5～1.9］mm，其中 1971—2010 年为每年 2.0［1.7～2.3］mm，1993—2010 年为每年 3.2［2.8～3.6］mm（IPCC，2013）。

从全球冰冻圈的变化来看，过去 20 年以来，格陵兰冰盖和南极冰盖的冰量一直在损失，全球范围内的冰川几乎都在继续退缩，北极海冰和北半球春季积雪范围在继续缩小。1971—2009 年，全世界冰川的冰量损失平均速率很可能是每年 2 260［910～3 610］亿 t，而在更近的 1993—2009 年很可能是每年 2 750［1 400～4 100］亿 t（IPCC，2013）。格陵兰冰盖的冰量损失速度很可能在 1992—2011 年大幅加快。南极冰盖的冰量损失主要发生在南极半岛北部和南极西部的阿蒙森海区，在 2002—2011 年速度也可能更高。自人类卫星观测开始以来，1979—2012 年北极年均海冰范围在缩小，缩小速率很可能是在每 10 年 3.5%～4.1%的范围内。北极海冰范围在 1979 年以来的每个季节以及每个依次年代均已缩小，夏季最低海冰范围很可能每 10 年缩小 9.4%～13.6%，即 73 万～107 万 km^2。

总的来说，尽管地球气候系统一直处于变化之中，例如，地球一直存在的冰期-间冰期周期，而当今的全球平均气温也还比中世纪温暖期低 1～2℃，气温变化幅度也远低于 3 亿～4 亿年前将近 10℃的气温变化，但当前气候变化的速率已经远高于历史上的气候变化速率，因此如果考虑更长的时间尺度，当前的气候变化幅度有可能超过古气候时期。

二、人类活动是近 50 年气候系统超常变暖的主要原因

竺可桢时代对于气候变化的成因有许多说法，太阳辐射变化、工业兴盛导致的二氧化碳排放增加、冰川期和间冰期交替、地球南北极移动、大陆漂移、火山爆发等，都曾被认为是全球气候变化的原因（竺可桢，1962）。

随着人类科学技术的进步，对于气候变化的归因研究逐渐深入。研究认为，改变地球能量收支的自然和人为物质与过程是气候变化的驱动因子。“辐射强迫”这一指标用于量化这些驱动因子引起的能量通量变化强度。正辐射强迫值导致地表变暖，而负辐射强迫值导致地表变冷。科学家基于实地观测和遥感观测、温室气体和气溶胶的特性以及各种数值模式的计算结果来估算辐射强迫值。

IPCC 研究发现，温室气体排放剧增是气候系统超常变暖的主要原因。相对于 1750 年，2011 年总人为辐射强迫值为 2.29［1.13～3.33］Wm^{-2}，自 1970 年以来其增加速率比之前的各个年代更快。其中，温室气体（二氧化碳、甲烷、氧化亚氮和卤代烃）排放产生的辐射强迫为 3.00［2.22～3.78］Wm^{-2}，大气中气溶胶总效应的辐射强迫为−0.9［−1.9～−0.1］Wm^{-2}，由于太阳辐照度变化产生的辐射强迫估计为 0.05［0.00～0.10］Wm^{-2}。除了几次大规模火山爆发以后的短暂时期以外，太阳辐照度和平流层火山气溶胶产生的总自然辐射强迫在整个过去一个世纪对净辐射强迫的贡献很小。

自 1750 年工业化以来，由于人类活动的影响，全球大气中二氧化碳、甲烷、氧化亚氮浓度显著增加，目前总浓度已远远超出了根据冰芯记录得到的工业化前几千年内的浓度值。其中，二氧化碳浓度从工业化前约 280×10^{-6} 增加到了 2011 年的 391×10^{-6}，当前二氧化碳、甲烷和氧化亚氮的浓度大大超过了冰芯记录的过去 80 万年以来的最高浓度，与此同时，二氧化碳、甲烷和氧化亚氮浓度增加的平均速率是过去 2.2 万年来前所未有的（IPCC，2013）。

自工业化时代前以来，人为温室气体的排放量已经上升，这主要是由于经济和人口的增长所推动的。2000—2010 年的排放量是历史最高水平。历史排放量已推动二氧化碳、甲烷和氧化亚氮的大气浓度达到至少过去 80 万年来前所未有的水平，从而导致气候系统的能量吸收。

人类大量使用化石燃料是大气二氧化碳浓度增加的主要原因。1750—2010 年人为二氧化碳累计排放量中大约有一半发生在前 40 年。这些人为二氧化碳排放中的约 40%（8 800±350 亿 t 二氧化碳）保留在大气中，其余的被碳汇从大气中移除或储存在自然碳循环库中。总年度人为温室气体排放在 1970—2010 年持续增加，而 2000—2010 年的绝对增长量更高。尽管在这一时期，气候变化减缓政策得以大量制定和实施，但 2000—2010 年，年度温室气体排放还是以每年10亿t二氧化碳当量的平均速率增加，年均增速达到2.2%；而相比之下，1970—2000年，每年平均增加仅4亿t二氧化碳当量，年均增速为1.3%。2000—2010年的总人为温室气体排放在人类历史上是最高的，在2010年的年排放量达到了490（±45）亿t二氧化碳当量。2007—2008年的全球经济危机只是暂时减少了排放。

越来越多的科学研究表明，在大气和海洋变暖、全球水循环变化、冰雪减少以及全球海平面上升中都能检测到人类影响；人类影响极可能是造成20世纪中叶以来观测到的变暖情况的首要原因。

三、人类必须通过减缓与适应共同应对气候变化

研究表明，人为影响很可能对1979年以来北极海冰的损耗作出了贡献，影响了1960年以来的全球水循环，对观测到的20世纪70年代以来全球海洋上层热含量（0～700 m）增加作出了实质性贡献。而作为正在发生的气候变化的响应，许多陆生、淡水和海洋物种已经改变了其分布范围、季节性活动、迁徙模式、丰度以及物种间的相互作用。基于对广大区域和大量农作物的广泛研究，评估表明气候变化对作物产量的不利影响比有利影响更普遍。自1950年以来，已观测到的极端天气和气候事件在增加，其中低温极端事件减少、高温极端事件增多、极高海平面增多以及一些区域强降水事件数量增加等均与人类的影响有关[①]。

温室气体若以当前的或高于当前的速率继续排放将会引起21世纪进一步变暖，并诱发全球气候系统中的许多变化，这些变化很可能大于20世纪期间所观测到的程度。

相对于1850—1900年，21世纪末期（2081—2100年）全球地表温度变化可能超过2℃[②]，北极地区的变暖速率将继续高于全球平均。几乎可以确定的是，随着全球地表平均温度上升，大部分陆地地区发生高温极端事件的频率将增高，而

① 本小节数据均引自参考文献[50]。

② 此处采用RCP4.5情景下的预估值，下同。“典型浓度路径”（RCP）描述了21世纪四种不同路径下温室气体排放、大气浓度、空气污染物排放和土地利用的情况，其中包括一个严格减排情景（RCP2.6）、两个中级情景（RCP4.5和RCP6.0）以及一个高温室气体排放情景（RCP8.5）。

低温极端事件的频率将下降。热浪很可能将会更为频繁地发生，持续时间将会更长。偶发性冬季极端低温将继续发生。随着全球平均表面温度的上升，中纬度大部分陆地地区和湿润的热带地区的极端降水事件很可能强度加大、频率增高。厄尔尼诺-南方涛动（ENSO）在21世纪仍是热带太平洋地区年际变率的主导模态，并且影响全球，由于水汽供应增加，区域尺度上ENSO相关的降水变率将可能加强。预计海洋变暖最强的区域是热带和北半球副热带地区的海表面。深海变暖以南大洋最为明显。到21世纪末，北极海冰范围全年都会减少。与1986—2005年相比，2081—2100年全球平均海平面可能上升0.32～0.63 m。

气候系统变暖和其他变化的速率和程度不断加大，与海洋酸化共同增加了出现灾害性、普遍性以及某些情况下不可逆性有害影响的风险。未来的气候变化将放大现存与气候相关的风险并同时制造新的风险。这些变化将给不同地区的农业、生态环境、人群健康、海洋酸化等带来不同程度的影响。在全球各个地区，风暴潮、沿海洪涝、海平面上升、内陆洪水、极热期会造成健康不佳和生计干扰风险；极端天气事件有造成基础设施网络和关键服务崩溃的系统性风险；粮食安全和水安全受到威胁，农村生计保障面临风险，尤其是对于较贫困人群；生态系统、生物多样性以及生态系统的功能和服务面临损失的风险。

通过控制气候变化的速率和程度能够降低气候变化未来影响的总体风险。就算全球平均温度比工业化前水平上升1℃，一些风险也会很显著。如果全球温度上升4℃或更高的话，许多全球风险就会变得较高或很高。这些风险包括对独特和受到威胁的系统的严重而广泛的影响、许多物种的灭绝、粮食安全的风险，以及人类正常活动受到的影响，包括由于高温度和高湿度的双重影响，在一年中的一些时间无法在一些区域种植粮食或在户外工作的影响。尽管目前仍然无法精确地确定什么样的气候变化水平足以触发突然和不可逆的变化，但是在地球系统或相互联系的人类和自然系统中温度越高跨越此类阈值的风险就越大。

与此同时，适应可以大幅降低气候变化带来的影响，但是适应的潜力、约束和限度在不同的部门、区域、社区和生态系统都不尽相同。若气候变化的速度和规模增大，则更有可能会超出适应的界限。虽然未来气候变化及其影响还存在着不确定性，包括相对于给定的二氧化碳当量稳定浓度情景下气候敏感性的不确定性、碳循环反馈的不确定性、未来气候预估的不确定性、未来格陵兰和南极冰盖变化的不确定性、大尺度海洋环流变化的不确定性等，但是全球变暖对人类的经济社会发展已经形成了现实和未来的重大威胁。根据风险规避的原则，全人类必须通过减缓与适应共同应对气候变化。

第二节　低碳发展的经济学基础

气候变化问题的实质是发展问题。地球上自然环境发生变化的科学问题有很多，能引起全球所有国家高度关注并上升到全球政治议题层面、在各国和各国家集团间引起激烈争论的绝无仅有。生物多样性问题、臭氧层破坏问题、大气雾霾问题、水资源问题等都曾引起过全球各国的共同关注，但是相应的《生物多样性公约》《蒙特利尔议定书》和各国及地区间大气污染防治与水资源管理条约等很少引起长时间的激烈争论，其根本原因在于导致上述这些问题的因素，要么是小范围的区域性因素，不会引起国际大面积争议，要么是有利于促进经济社会发展与自然环境和谐的因素，要么是仅涉及经济社会发展个别部门的因素，都不会对国家经济社会发展造成严重冲击。而气候变化问题源自各国经济社会发展导致的温室气体排放，减缓气候变化必然要求限制温室气体排放，必然涉及经济社会发展的各部门，因此气候变化问题的实质从科学问题转向了发展问题。

一、环境经济学对气候变化问题的一般性解释

气候变化虽然是自然环境发生变化的科学问题，但是目前国际上讨论的气候变化，根据 1992 年达成的《公约》定义，实际上是指由于直接或间接的人类活动改变了地球大气的组成而造成的气候变化，因此当前讨论的气候变化问题是人类社会经济发展过程排放温室气体的后果。前车之鉴表明，人类社会经济发展过程导致的自然环境变化问题，许多都是市场失灵的结果。气候变化方面的这种失灵源于温室气体排放的外部性，即与温室气体排放相关的经济社会活动的成本和收益没有完全反映在市场价格上。

（一）温室气体排放的外部性及其过量供给

作为一种具有负外部性的产品，环境污染物的排放常常因污染者可以逃避承担治污成本而造成过量供给。治理环境外部性的问题需要政府干预。一般环境污染物的排放造成的污染仅影响到局部地区。为满足居民对于优良生活环境的需求，当地政府通常将负担通过行政命令、污染排放税收等方式组织排污者负担污染治理成本。

与一般环境污染物不同，温室气体排放造成的环境问题影响到全球，而不是形成局地环境问题。全球气候变化的影响具体到某一地点或某一人群，可能并不显著，考虑到自然的耐受性和人类依靠科技适应的力量，除了面临海平面上升威胁的岛屿和加速消融的冰川，这种不显著性对于人类社区来说可能是普遍的；甚至对于有的国家而言，温室气体排放造成的气候变化对该国造成的净影响可能是有利的。温室气体排放对本国居民的影响甚微，是其外部性难以解决的核心。因此，在缺乏“全球政府”干预的情况下，全球任何一个排放国和污染者都不会主动承担这一外部成本，因此势必造成温室气体的过量供给。

对于温室气体排放外部性的认识，如同对一般环境污染物外部性的认识一样，受到来自经济学和自然科学两方面的制约，尤其是后者。一方面，科学界确认人类活动带来的温室气体排放是造成当前气候变化的主要因素经历了一个漫长的过程；另一方面，对于排放量最大的温室气体二氧化碳，由于其是地球上常规生命体生命活动的必要成分，因此人们很难将其与污染物排放及其外部性关联起来，这在一定程度上延缓了人们对于采用经济手段处理温室气体排放外部性的进程。

由于上述认识的局限，历史上遭受负外部性影响的国家无法对发达国家工业革命期间及之后大量的温室气体排放进行经济责任索赔。在获得科学支撑后，当前发展中国家的最大利益诉求之一，就是要对发达国家工业革命以来排放温室气体造成的外部成本全球分担进行追偿，即要求发达国家承担历史责任，合理分摊其发展过程中因逃避外部成本而获得的收益，补偿其他国家为此付出的环境成本。

（二）温室气体排放空间及其产权

全球减缓气候变化长期目标的落脚点是将各国温室气体排放的总和控制在

科学评估所建议的排放空间范围内。一旦国际协议认可了科学评估给出的排放空间数量，就是确立了各国拥有的总的温室气体排放权。

排放权与一般物品的产权有共同点，也有显著差异。排放权从全球层面看，各主权国家是排放权的所有者，拥有按其认为合适的方式使用排放空间和出售排放空间的权利，如果国际制度允许排放权交易的话，这与一般物品的产权是一致的。不同的是，从物理上说，排放空间是一种非物质属性的虚拟物品，而且与知识产权、金融财产等无形财产物权不同，排放空间的物理使用权属于全人类，因此，尽管法律能够界定排放空间的所有权，但是对排放空间的使用并不取决于使用者对排放空间的占有，而且实际上这种物品在物理上是无限量的，排放权所有者难以独立辨识并防止其权益受到损害，只能通过全部排放权所有者的信息充分交流，才能识别排放空间的使用情况并维护自身权益。

因此实际操作中，排放权的使用必须依赖严格的法律制度，包括产权界定、权益使用、使用监督和违规处罚。在历史上，由于国际社会并未界定各国拥有的排放空间，因此发达国家工业革命以来的排放处于不受控状态，从历史累积的角度看，发达国家累积的排放侵占了别国的排放空间；而对未来而言，即便界定了各国的排放空间，如果使用监督和违规处罚不力，也会导致部分国家，尤其是经济发展落后、排放量小的国家的排放权受损。

（三）温室气体排放过量供给问题的解决

如同一般环境污染外部性问题的解决，温室气体排放外部性导致过量供给的问题，其解决需要的步骤也是产权安排和政府干预，不同的是这些步骤需要在全球范围内进行，这就有赖于强有力的国际制度的建立。

首先是对温室气体排放权的安排。在解决了历史遗留问题之后，对于未来全球温室气体排放权的安排首先取决于全球允许的排放空间，之后是通过某种国际法律确立的方法进行排放权分配，并规定使用办法。然而遗憾的是，不仅历史遗留问题尚未解决，未来排放空间的总量和分配方法也都没有确立。科斯定理指出，只要产权设计适当，市场可以在没有政府直接干预的情况下解决外部性问题。对于温室气体排放的案例，当前需要的是一个“全球政府”，由它来充当一般外部性问题中安排产权的政府角色，而各国政府只是市场中的一个个参与者。“全球政府”的作用应该是从中立于各市场参与者的角度，提出排放空间的总量、排放权安排的原则，经各国以适当途径认可后，由它进行分配和使用监督的操作。就当前全球政治体制而言，联合国应该就是这个“全球政府”，但是与一般外部性问题中政府的绝对权威相比，联合国的力量显然太弱，大大降低了“全球政府”产权安排的效率。《京都议定书》的生效及其对2008—2012年排放空间的不完全分配，可以看作是“全球政府”安排温室气体排放空间产权的案例。然而各国2010年在《公约》下建立的“坎昆协议”减排合作机制，以及2015年达成的《巴黎协定》所建立的机制，却是由各国，即各市场参与方，提出排放空间总量和排放权安排原则，各方有各方的利益和立场，联合国作为“全球政府”的力量已经越来越弱，导致越来越难以形成共同协定。

在全球温室气体排放空间产权安排之后，“全球政府”需要构建适当的干预机制来规范和监督市场中各参与者对排放权的使用，使温室气体排放的外部成本能够内化到各市场参与者的经济社会发展活动中去，保证环境遭受的危害在预期可控制目标以内。通常可以采用的干预机制包括行政命令、税收、补贴、排放许可交易。

与一般的政府-市场关系不同，“全球政府”当前尚没有权力对全球市场的各个参与者进行行政命令式的管理，即不能在具体操作层面以行政命令要求各国政府做什么和不做什么，因此，“全球政府”只能采用经济手段对参与市场的各国进行干预。

补贴是指政府出资补贴气候友好技术和设备的使用，鼓励其发挥功效、减少排放，这可以更直接地激励企业（排放源）采用新技术和设备。补贴实际上是政府承担了排放污染的外部成本，不利于反映企业生产的真实成本，导致企业生产的排放仍将偏高。同时，对于“全球政府”而言，一是没有补贴的资金来源，二是无法直接将补贴发放到具体排放源，因此这一机制对于全球层面来说尚无法实施，且效率低。

“全球政府”还可以考虑采用税收方式干预全球市场中各参与国的排放行为。由“全球政府”设立统一标准的排放税，对全球所有的排放进行征税，以税收的形式内化温室气体排放的外部成本，促使全球各国的全部经济行为实现排放控制。考虑到保障各国经济发展的基本排放需求和对高排放的严格限制，排放税可以采取阶梯式税率。“全球政府”征得的排放税，可以用于补偿发展中国家历史上为发达国家排放温室气体付出的外部成本。

通过国际规制和市场机制的结合可以将温室气体排放的外部成本纳入各国的各项经济活动中，使各国经济社会发展的碳成本得到公平与合理的反映，从而解决全球排放总量失控和一些国家侵犯别国排放权的问题。

二、气候变化经济学的三大核心问题

气候变化经济学则更多的是为了探索世界上各决策主体如何在各自低碳转型的方向上共同、公平和高效率地应对气候变化这一全球性挑战。诺德豪斯（William Nordhaus）和斯特恩（Nicholas Stern）在这方面都作出了综合性的突出贡献。其中，世界银行前首席经济师斯特恩领导的小组受英国政府委托，于2006年10月完成了题为“从经济学角度看气候变化的专门报告”，并于2007年正式出版为 *The Economics of Climate Change：The Stern Review*，简称“斯特恩报告”，对气候变化经济学进行了系统性的梳理，并对许多国家的应对气候变化决策产生了重要影响。

（一）气候变化不同于一般环境问题的特征

斯特恩报告首先认同气候变化的存在和其正在产生非常严重的全球性风险这一事实，并赞成人类社会应该立即采取全球性的响应措施来应对气候变化及其风险，这是该报告所有分析的出发点。在此科学共识的基础上，斯特恩报告调查了气候变化本身所带来的经济学影响的证据，对控制大气温室气体浓度行动的经济学进行了阐述，并对人类社会如何向低碳经济模式转变、规避气候变化的不利影响进行了深入思考。该报告对政府部门、决策者和科学界具有重要的参考价值，也成为欧盟应对气候变化和低碳转型政策的经济学理论基础。

斯特恩认为，气候变化经济学属于环境经济学的范畴，但又与一般的环境经济学问题有显著不同。环境经济学认为，许多环境问题都是市场失灵的结果，这种失灵可能源于外部性——一项交易的成本和收益没有完全反映在市场价格上，污染往往伴随生产而产生。由于私人边际成本仅包括生产厂商实际支付的成本，而对于整个社会而言，还存在像污染之类的更广泛的成本，因此社会边际成本将超过私人边际成本。如果供给者不考虑这些额外的成本，那么其产量将大于价格等于社会边际成本时的产量。相应地，污染也供给过量。这时政府的主要职能就是纠正这样的负外部性。但是温室气体排放的影响与一般环境问题有四个基本方面的不同：它的外部性是长期的，是全球性的，包含着重大的不确定性，具有潜在的巨大规模，因此温室气体排放是人类有史以来最大的市场失灵。

气候变化经济学的研究是建立在认同“人为活动是导致全球气候变化的主要因素”的基础上的，因此除了对科学不确定性的分析外，不太关注气候变化的科学问题。气候变化经济学就是用经济学方法分析有关气候变化的问题，将所有的经济活动转化为一个有相同单位的数量，然后对比不同经济解决方法所转化的数量对总量的影响（Nordhaus W，2011），因此气候变化经济学研究的核心目标是权衡减缓气候变化的成本与气候变化带来的损失，实际上就是在考虑在气候变化影响的条件下的社会福利评价。

诺德豪斯认为，借助经济学方法分析气候变化方面的主要问题有以下方面：各国在减少二氧化碳和其他温室气体的排放上为什么针锋相对？温室气体减排的时间表应当是什么样子的？温室气体减排应当如何在各个产业之间以及国家之间进行分配？还有一些在政治上至关紧要的重要问题，关注的是如何强制消费者和厂商减少排放？是否应当有一个强加于企业、行业和国家的限定排放规模的系统存在？是否应当通过对温室气体的排放课税等方式来减少排放？应当如何确定穷人与富人、穷国与富国排放量的相对比例？斯特恩将气候变化经济分析的核心内容概括为同代人之间和代际的价值伦理、国际合作、对风险的正确评估，以及远远超出轻微调整的变革。

上述研究问题基本可以归结为三点：代际公平问题，即在存在应对气候变化成本和收益的情况下，如何考虑未来世代的福利效用，进而作出减缓气候变化应对决策的问题；减缓气候变化的国际合作问题，即是否需要设定排放限额，以及减排责任如何在不同国家之间分担；政策工具问题，即根据传统的环境经济学理论，碳税与可交易的排放权手段哪个更适用于解决气候变化问题。

（二）气候变化的代际公平问题

气候变化的代际公平问题，反映的是人们对于气候变化影响的认识和对未来世代福利效用的态度，它往往决定了决策者们采取减缓气候变化措施的紧迫性和严格程度。

一方面，通常情况下经济体为了能够在将来消费得更多，会牺牲一部分当前的消费，将这些财富投资于资本、教育和技术；但另一方面，气候变化的影响大都是在未来才能体现出来，不易为当前的决策者所感知，而采取减缓措施则需要当代人和决策者为之付出成本。因此，如果人们认为气候变化对当前世代的影响小，并且认为未来世代将有能力逐渐应对气候变化的挑战，就会倾向于不采取紧迫、严格的减缓措施；反之亦然。

为了在多条路径中选出一条最优的减排路径，需要将未来的成本折算成现值。通过对未来的商品进行贴现，将现在和未来的商品统一折算成货币。贴现率通常大于零，但是在经济衰退和萧条的情况下，贴现率可能为负数。通常，贴现率被视为资本的回报率，如诺德豪斯在其气候经济综合动态模型 DICE（The Dynamic Integrated model of Climate and the Economy）中就采用估计的资本市场回报率作为贴现率。

拉姆齐-库普曼斯-科斯优化经济增长模型（Ramsey-Koopmans-Cass model of optimal economic growth）描述了多世代的社会总福利（Stern N，2007），如式（1-1）所示。

$$W=\int_{0}^{\infty}U[c(t)]\mathrm{e}^{-\rho t}\mathrm{d}t \tag{1-1}$$

式中，W 表示社会总福利；$c(t)$ 是所对应世代的人均消费；$U[\cdot]$ 是效用函数，用于比较各世代不同消费水平的相对价值；ρ 是适用于各世代的时间贴现率。

这里比较代际福利所采用的变量并不是针对个人偏好而言，同时研究假设人口规模不变。研究中一般假定效用函数 $U[\cdot]$ 具有固定的消费边际效用弹性（以下简称消费弹性）α，因此效用函数 $U[\cdot]$ 的表达形式为式（1-2）：

$$U[c(t)] = \frac{c(t)^{1-\alpha}}{1-\alpha}，其中 0 \leqslant \alpha \leqslant \infty \quad (1\text{-}2)$$

根据拉姆齐方程（Ramsey equation），资本实际回报率（消费贴现率）r^*、消费弹性 α、时间贴现率 ρ 和代际消费增长率 g^*之间具有如下关系式（1-3）：

$$r^*=\rho+\alpha g^* \quad (1\text{-}3)$$

拉姆齐方程的含义：在福利最优化中，资本实际回报率取决于代际的时间偏好、人们对社会政策中存在的代际消费不公平的规避程度，以及代际的消费增长率。诺德豪斯在研究中设定代际消费增长率 g^*是一个常量。因此在一个不断发展的经济体中，高资本回报率要么是由高时间贴现率引起的，要么是由人们对代际不公平的规避引起的。

斯特恩与以诺德豪斯为首的经济学家在权衡未来一段时期减缓气候变化成本与气候变化带来的损失方面的辩论，主要就是来自其对上述参数设定的理解不同。

斯特恩认为，一般来说经济学讨论政策在一个世代以内（即最多几十年）的成本收益时会采用贴现的方法。这种情况下，人们可以直接感知其所制定的政策的影响，但是气候变化是事关代际的问题，当代的政治决策会替后代人制定发展路线。而时间贴现率 ρ 就表达了对不同出生年代的人的区别，如当 ρ 取 2 时，一个 2008 年出生的人的伦理权重就只相当于 1973 年出生的人的一半，而当所研究的问题涉及的时间尺度更大时，这一效应将被进一步放大。这反映了大卫·休谟（David Hume）等哲学家的思想，即认为人赋予自己家庭的福利的权重要高于赋予其他社会成员的权重，也就是“亲疏有别”的原则。斯特恩认为这不公平，是出生时间的歧视。另外，斯特恩认为气候变化问题涉及未来世代人类是否还存在的不确定性，在这种情况下，很难理解对近代人赋予比接近人类灭绝时期的人更高的权重。为了遵循自己所理解的代际公平伦理思想，斯特恩在研究中将 ρ 的取值为 0.1%，接近于零，尽量降低时间贴现率的影响。对于 α 的取值，即对于不公平的规避或支持程度，斯特恩认为对于同样的社会财富，穷人所感知到的价值将比富人更加巨大，这也是社会财富再分配的意义：如果穷人的财富是富人的 1/5，则同样的社会财富在穷人眼中的价值将是富人眼中的 5 倍；当取值为 2 时，这种效应将进一步放大为 25 倍；而当取值为 3 时，如同诺德豪斯的研究中用到的，意味着即便社会实际财富损失了 99%，只要有 1%从富人那里转移到了穷人那里，评估的社会财富也有可能是增加的。如果把这种思想中的穷人和富人换位思考为当代人和后代人（因为我们通常认为随着社会的发展，后代人将比我们更加富有），这就是气候变化经济学中面临的问题。斯特恩不赞同这种观点，因此在自己的研究中将 α 的取值为 1，比经济学家们研究中的取值都要低（Weitzmal M，2007）。斯特恩对 g^*的取值为 1.3%，这样得出的贴现率 r^*为 1.4%，远低于实际的资本市场贴现率，如经济学家们通常选择的市场回报率为 6%。但斯特恩认为在考虑气候变化，尤其是伦理问题的情况下，不能要求计算贴现率与实际的资本市场贴现率接近，反而应该取较低的数值：第一，如果忽视气候变化问题可能导致后代人的境况比当代人差，因此额外一个单位社会福利对于后代人的价值将比当代人高，也就是说贴现率为负；第二，任何金融市场和任何形式的实物市场，都不能揭示时间长达一两个世纪的政策选择组合；第三，实践中长期的、真实的（即扣除通胀因素的）、低风险的消费或其他贷款（如美国或英国国债）利率 50 年里约 1.5%，远低于 5%～6%的长期投资回报率；第四，由于气候变化经济学讨论的是一种公共的环境商品或服务，在未来其供给可能发生剧烈变化，因而不适宜用市场贴现率来表达。在这些考虑下，斯特恩计算得出气候变化的损失约为 GDP 的 5%，而减缓的成本仅为 GDP 的 1%左右，进而建议当代人应当采取紧迫和严格的减排措施应对气候变化。

诺德豪斯、马丁・魏茨曼（Martin Weitzman）和帕萨・达斯古普塔（Partha Dasgupta）等则认为斯特恩研究给出的结论和政策建议是基于有争议的研究过程和极端的非常规假设，因此尚需进一步讨论。诺德豪斯认为斯特恩报告是一种政治性的文件，其研究方法经不起推敲，完全是为其所要倡导的目标服务；魏茨曼也认为斯特恩报告的结论与其所采用的综合评价模型脱节。诺德豪斯进一步指出，斯特恩报告的核心源于一个关于极低贴现率的道德假设，这一低贴现率连同其他假设一起放大了遥远的未来冲击，使今天大幅度地削减排放合理化。而如果将斯特恩的贴现率替换为在其他全球变暖分析中更为常用的贴现率，对政府、消费者或者企业来说，斯特恩报告中的戏剧性结果将会消失，其结论将与诺德豪斯自 20 世纪 70 年代以来多年研究得出的“气候政策斜坡理论”一致。对于时间贴现率的哲学问题，诺德豪斯认为斯特恩选择接近于零的时间贴现率是代际中立的要求，反映了英国“政府大厦的功利主义”传统；而诺德豪斯倾向于罗尔斯（Rawls）最大化最贫穷一代经济福利的思想，并且赞同费尔普斯和波拉克（Phelps and Pollak）1968 年提出的思想，认为当代人不可能为更遥远的一代作决定，也不可能被其所束缚，而是每一代都处在接力队中的一个成员的位置上，将资本的接力棒传递给下一代。在传统贴现率下，几个世纪之后的意外事件会对当前决策产生微弱影响，但是在斯特恩的低时间贴现率情况下，目前的决策成为遥远未来一项意外事件的反应，未来的产出损失将被平均到从现在到永远的整个时期，大幅放大其与当前产出的比例。对于消费弹性，诺德豪斯认为斯特恩并没有论证将这一参数取值为 1 的理由，并且由于消费弹性是代际消费不公平社会选择的反映，因此不能从研究者个人的偏好中推导出来。对于资本实际回报率整体而言，斯特恩既没有论证其与真实利率的关系，也没有论证其是否符合经济达到长期均衡的要求，就将其用于部分均衡框架中是不合适的。

（三）国际合作问题

气候变化影响到全球各个国家和地区，气候变化的外部性本质也要求应对气候变化有尽可能多的参与方共同努力，因此如何促进减缓气候变化的国际合作也是气候变化经济学研究学者和政策决策者们密集讨论的问题。

在气候变化的责任认定方面，无论学界还是国际政治领域，发达国家对当前的气候变化负有历史责任是公认的结论。而对于如何设计国际合作机制，学界和决策者们讨论出从松散到严格的一系列方案。由于这两个问题更多地属于国际政治领域的研究范畴，本书后续小节将予以讨论。

减缓气候变化的责任分担和合作则是气候变化经济学必须考虑的问题：如何公平、高效地促进全球应对气候变化的合作？

诺德豪斯认为，有效率的政策意味着各个区域和国家减排温室气体的边际成本相等，并且每年减排的边际成本与减少未来气候变化损失所带来的边际收益相等。实现“处处有效率”要求所有国家强制实施协调的碳价格政策，不论采取碳税手段还是排放权交易手段，当参与率只有 50%时，社会付出的成本将比 100%参与率时多出 250%。他认为《京都议定书》是一种缺乏效率的设计，很大的原因就在于其参与率太低，在未来的全球气候变化机制设计中，必须要考虑提高参与度。实现“时时有效率”则相对难以量化计算和设计。具体而言，有效的减排政策应当是一种价格合理、能够对长期气候变化产生实质性影响的政策——缓慢、渐进、全球努力、可预测。斯特恩在这个问题上的观点与诺德豪斯一致，也认为全面参与是全球气候变化机制的重要因素，在这个问题上各国不能看别国的行动再行动，而应该主动承担责任，相互树立榜样和提供正面激励。

在减排责任的公平分担方面，学者和政策决策者的意见相对多元化。

斯特恩认为发达国家应当在2020年比1990年减排20%～40%，并且到2050年至少减排 80%，发展中国家应尽快推出可信的、到 2050 年达到人均排放 2 t的计划，并在 2030 年前实现排放峰值；同时，通过国家减排和碳交易计划的市场手段赋予碳排放价格，以碳资源的国际流动解决公平问题和国际协议所必需的资金来源问题。斯特恩研究中的减排责任分担基本遵循了《公约》下谈判对发达国家和发展中国家的定性区别，但没有给出具体国家应当承担的减排责任。与之类似，诺德豪斯的研究更多地着眼于全球应对气候变化的整体经济效率，尽管在其区域气候经济综合模型 RICE（Regional Integrated model of Climate and the Economy）中对一些区域应对气候变化的成本和效益进行了评估，但是未对这些区域进行减排责任的分配，而且除了美国、欧盟、中国、俄罗斯、印度等大国（集团）外，其区域也只包括大的地理分区，并不涉及具体的国家。

有不少学者研究了应对气候变化国际合作中量化减排责任分担的方法。第一种方法基于引起气候变化的历史责任，即考察各国历史累积的排放量，确立其未来的减排责任。这种思想最早见于气候变化谈判中的“巴西案文”（Brazil, 1997）。其后，国内外许多研究团队对世界各区域、各国未来的碳排放预算和减排责任进行了研究。多数研究在设定的全球平均气温升高控制目标及其对应的全球排放许可总量条件下，以各国的人均历史累积排放为基础，引入减排能力、基本排放需求等指标，计算各个国家被允许的排放量，得出未来应当承担的减排责任。其中，樊纲对各国人均历史累计排放的计算方法进行了调整，认为应当基于各国最终消费的排放计算，而不是惯用的、直接的生产排放。第二种方法基于发展和福利的思想，认为欠发达国家应当继续发展社会经济，相对发达国家而言，可以在减排的力度和时间上得到宽容。第三种方法基于人均趋同的思想，即按照科学和政治决议的要求，设定在某一个时间全球各国人均排放量为同一数值。

总的来说，关于减缓气候变化国际合作的讨论关注的是公平与效率，探讨的过程既有定性也有定量。经济学家与政治学研究者的着眼点和研究方法有很大差异。经济学家看重的是广泛参与，从而使全社会减排成本降低、收益相对增加，提高应对气候变化的效率，并且通过市场调节的力量实现一定程度上的公平；而政治学研究者从国际博弈的角度，看重的是在公平的名义下维护各自国家利益。对于减排责任分担的研究，定性地说，公认的基本原则是要考虑引起气候变化的责任、发展的需求、减排的能力、公平的安排，但是定量地看，很难确立一个统一的、科学的指标体系和分配方法学，而且国际政治的固有规律也决定了很难在多边体系下形成有效的“自上而下”责任分配。

（四）政策工具问题

环境经济学领域控制污染或排放的经济激励手段主要有两种：基于数量控制的排污权交易手段，以及基于价格控制的税收手段或排污收费。对于温室气体减排，采用控制排放量的排放权交易还是采用控制价格的碳税，哪一个更有效一直是学术界讨论的焦点。

气候变化问题的巨大不确定性导致边际减排成本曲线和边际损失曲线都存在很大的不确定性，从而使排放权交易和碳税手段存在效率差异。由基本的经济理论可知，在一个具备完全信息、确定性的范畴里，无论采用数量规制手段还是采用价格规制手段，两者均是等价的。然而当损失曲线和减排成本曲线存在不确定性时，采用排放权交易手段和采用碳税手段的效率是有差异的：如果边际减排成本曲线斜率较大而边际损失曲线的斜率较小，那么总体上看碳税手段要比排放权交易手段更有效；如果边际损失曲线斜率较大而边际减排成本曲线的斜率较小，那么总体上看排放权交易手段要比碳税手段更有效（樊纲，2010；约瑟夫·斯蒂格利茨，2009；威廉·诺德豪斯，2010；谢来辉，2011）。

排污权交易制度具有以下优点：第一，排污权交易有利于保证环境质量，因为其直接与排放总量的降低挂钩；第二，会创设一个新的碳信用交易市场，那些能够以较低成本削减碳排放的企业或许借此可以获得利润；第三，能将碳排放所导致的社会成本内部化；第四，可以在一定程度上避免征税带来的公众阻力；第五，可以通过市场方式为发展中国家提供资金，作为正向激励推动参与，促生全球减排协议（Stern N，2011；Keohane N，2009；Victor D，2007；刘培林，2011）。当然，排污权交易制度也有明显的缺点：第一，要想制定合理的排污总量并非易事，因为确定最优的环境污染水平在现有的技术条件下无法完成；第二，排污权的价格波动往往十分剧烈，为减排决策带来极大的困难；第三，排污权制度中通常存在补偿条款，这就导致排污权交易无法确保减排目标的实现；第四，排污权交易由于需要设定排污权的分配方法，需要监督和执行复杂的排污权制度，大大增加了行政和管理成本；第五，初始排污权的分配很可能成为腐败的温床。

碳税的优点：第一，如同其他市场机制一样，碳税能够为碳排放的外部性提供价格信号，从而纠正市场失灵；第二，碳税的税率根据碳排放的社会成本来确定，符合污染者付费原则；第三，碳税制度可以为碳减排行为提供税收优惠，从而激励企业进行节能减排；第四，碳税可以获得财政收入，用这些收入可以资助替代能源的研发；第五，根据碳税的执行效果，以及新的社会情况，政府可以对碳税税率进行必要的调整，但其不会导致碳价格的剧烈波动，有利于稳定减排决策的预期；第六，与排污权交易制度相比，在无须创设新的行政机构的情况下便可执行碳税；第七，由于碳税会对低收入群体带来负面影响，政府可以用碳税收入解决碳税的累退效果。尽管碳税具有种种优点，但是政府在征收污染税时也面临许多问题。第一，碳税与排放总量不直接挂钩，引起环保主义者的担心。第二，税收的政治阻力较大。第三，碳税税率的设置不易，如果税率太高，减排成本就会过高；如果税率太低，预期减排量可能又无法实现。碳排放权限额交易和碳税政策优缺点的比较见表 1-1。

表 1-1　碳排放权限额交易和碳税政策比较

	排放权交易	碳税
优点	直接与总量挂钩，保证环境质量； 低成本减排企业可通过市场盈利； 减少公众阻力； 资金可国际流动	提供相对稳定的价格信号； 增加财政收入； 便于税收体系综合调整； 行政负担增加较少

续表

	排放权交易	碳税
缺点	配额总量不易确定； 价格波动剧烈，不利于决策； 允许采用碳信用抵消排放，不利于总减排量； 行政监管成本高； 配额分配可能导致腐败	设定合理的税率不易； 无法确保政策实施后取得特定的环保效果； 加税的公众阻力大

学术界就这些问题的讨论仍在进行，国际社会的政策实践也在同时开展。由于英国政府和欧盟的支持，斯特恩报告对这些问题所持的观点有力地推动了全球应对气候变化的进程，逐渐构成了全球，尤其是欧盟 2007 年以来应对气候变化和低碳转型政策的基本框架：第一，积极推动自身实现低碳转型；第二，在国际上推动全球所有国家有力度地进行减排；第三，积极实践和推动采用碳排放限额交易体系作为激励减排的工具。

三、低碳发展体现了经济发展阶段从投资驱动向效率驱动的转变

历史经验表明，先行工业化国家的经济发展大体上划分为四个阶段，对应不同的发展阶段，存在着不同的增长模式。在第一次工业革命以前的“起飞”前阶段，经济增长缓慢并且主要靠增加土地和其他自然资源投入实现；从 18 世纪后期第一次工业革命发生到 19 世纪后期第二次工业革命开始前的“早期经济增长”阶段，经济增长靠投资驱动；第二次工业革命以后的“现代经济增长”阶段，经济增长主要靠技术进步和效率提高实现；20 世纪 50 年代以后开始逐步向信息时代或者知识经济时代过渡，信息化成为经济增长的重要特征（吴敬琏，2008）。伴随各发展阶段不同经济增长模式的是不同的资源投入强度和环境质量的变化。传统的工业化过程伴随着能源消费的快速增长和污染物、二氧化碳大量排放。发达国家的经验表明，随着发展阶段的进步和发展模式的转变，在经济社会继续发展的同时，能源消费和污染排放将先与经济同步增长，随后在经济继续增长的同时，伴随着政策向节约资源和保护环境转变，生产技术的进步，消费模式的转变，能源消费增速可以实现减缓甚至负增长，环境污染物和二氧化碳排放也

可以实现增长减缓或降低。

（一）环境库兹涅茨曲线可用于描述低碳转型的趋势

“环境库兹涅茨曲线”（Environmental Kuznets Curve，EKC）是关于环境质量与经济增长关系的著名理论。这一理论认为伴随现代经济的发展，环境质量将出现不同程度的退化，直至人均 GDP 达到一定程度后，环境质量又会随着经济的进一步发展而好转。这一假设以图形表示，则形成类似库兹涅茨曲线的“倒 U 型”曲线，故而命名为“环境库兹涅茨曲线”。这一概念最早由世界银行在 1992 年《世界发展报告》中提出。格鲁斯曼（Gene Grossman）和克鲁格（Alan Krueger）量化给出了“倒 U 型”曲线的拐点，认为根据已有的经验事实，就多数污染物而言，人均 GDP 达到 8 000 美元（1985 年价）之前，这一拐点就会出现。这种“倒 U 型”描述也被用于经济增长与能源消费关系的分析中。

帕纳尤多（Theodore Panayotou）对环境库兹涅茨曲线背后的原因进行了初步分析。认为在经济发展的早期阶段，人类经济活动受到资源利用能力的局限，对环境资源的消耗较少，产生的废弃物也一般都能为生物降解；随着经济发展的加速，尤其是工业的发展，资源消耗的速度超出了其再生的速度，产出的废弃物在数量和毒性上都大大增强；经济的进一步发展必须基于知识密集型产业和服务业，同时公众环境意识的提高使环境管制得到加强，新的技术和不断增加的环境保护投入使环境质量退化的状况得到稳定，并逐步好转。与之类似，阿罗（Kenneth Arrow）等对此的解释是，在经济发展早期阶段，人们首先追求物质生活的改善，因此将环境污染作为经济发展的副作用全盘接收；随着物质生活质量的改善，人们开始更多的关注环境质量，因此环境保护立法、监管机构等陆续出现，帮助人们改善环境质量。丁达（Soumyananda Dinda）将国家的资本投入分为生产消费品和治理污染两部分，其中环境污染伴随着前一部分经济活动的产出，而相对落后的国家因为资源有限，往往将全部的资本投入前者，因此导致经济增长的同时环境恶化；当国家逐步富裕，开始投入足够的资本治污时，“倒 U 型”曲线的拐点就出现了。

对于以二氧化碳为代表的温室气体排放而言，EKC 同样可以用来描述一个地区经济社会发展与二氧化碳排放的关系。从全球来看，随着现代经济的发展，尤其是自第一次工业革命以来，人类社会大量消费化石能源，排放了大量的二氧化碳和其他温室气体；当这一排放与经济共同增长的趋势达到一定程度（拐点）后，温室气体排放导致的环境损害压力迫使人类社会采取各种措施改变排放的趋势，使其在经济增长的同时排放下降。我们可将其称为碳排放环境库兹涅茨曲线（C-EKC）。对 C-EKC 的实证研究，可以总结出研究案例步入低碳转型的时间和经济拐点，但是由于不同案例的经济社会发展模式、人口结构、经济结构、产业结构、能源结构、消费结构、技术水平等诸多方面的不同，这些关于拐点的研究成果可能千差万别，因此不能简单地总结出具有普遍意义的低碳转型时间点，单一经济指标与碳排放的变化也不能构建起因果逻辑。

然而实际上，正如一些学者（Arrow Ketal.，1995；Dasqupta S，2002）所指出的，EKC 曲线并不意味着环境质量会随着经济的进一步发展而自然改善，也不意味着环境问题因此可以被忽视，同时也不表明地球对人类的经济活动具有完全的支撑能力，决策者，尤其是发展中国家的决策者，不能因为 EKC 曲线所展现的“倒 U 型”趋势而放任环境污染伴随早期的经济增长而肆意发生。一些学者进一步指出，这一“倒 U 型”曲线并非各国发展的必然路径，发展中国家通过学习发达国家的历史经验教训，将获得后发优势，借以避免重蹈污染伴随经济增长急剧上升的覆辙。

对于碳排放与经济发展的 C-EKC 曲线而言，低碳发展有两层含义。一是反映 C-EKC 曲线拐点的出现及其以后的部分，即伴随经济的进一步增长，碳排放将呈现何种下降趋势。这对于一个地区和全球实现温室气体排放控制目标和全球温升控制目标具有重要意义。二是要求拐点的提前出现和拐点峰值的降低，这要通过该地区采取排放控制命令、技术革新、经济激励、提高公众认知等积极的政策进行干预才能实现。

（二）主要国家低碳转型是政策积极干预的结果

发达国家的工业化过程和后工业化过程显著地体现了环境库兹涅茨曲线所描述的情景。从经济发展的角度说，就是从投资驱动到效率驱动的转变；从环境保护的角度通俗地说，就是“先污染、后治理”的路径。然而发达国家走过的路径也表明，欧洲国家与日本就同美国与加拿大走出了两条不同的路，如图 1-1 所示，只要采取积极的政策干预，“高碳发展”并不是实现现代化的必由之路（杜祥琬，2016）。

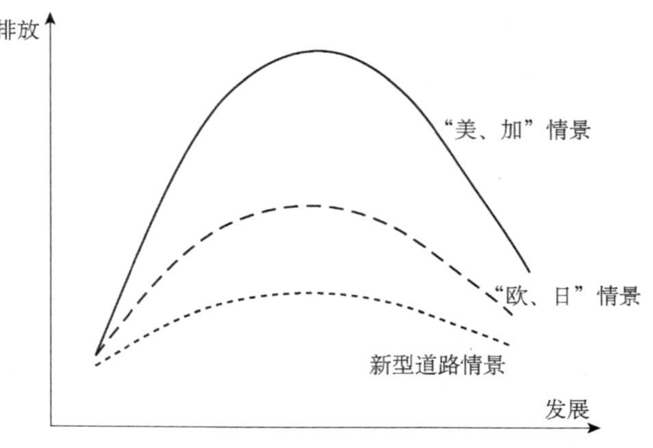

图 1-1　三条发展路径

（资料来源：杜祥琬，2016）

在工业化初期，无论西方资本主义国家，还是苏联和东欧社会主义国家都经历了能源消费与经济发展同步快速增长而环境质量迅速退化的时期。这个阶段人们所理解的工业化是狭义的工业化，即稀缺资源从农业向工业转移，通过物质生产部门产出，即工农业总产出中大机器工业份额和传统农业份额的此消彼长，实现“农业国向工业国转变”。要用机器大工业作业替代手工劳动，就要生产机器和制造生产机器的机器以及其他重工业产品，这样，经济增长就要以资本密集的重工业的高速度增长作为基础。在重工业加速发展的情况下，能源消费必然相应地快速增长，相应的污染物和碳排放也必然快速增长。

以英国为例，1760—1873 年，第一次工业革命的发生使英国的经济快速增长，与之同步的，能源消费也快速增长，如表 1-2 所示。然而这一时期，经济的效率比后来第二、第三次工业革命时期低很多。从能源消费弹性系数看，第一次工业革命时期的英国，能源消费大致每增长 2 个百分点经济增长 1 个百分点；而在第二、第三次工业革命后，即便“二战”后经济复苏使能源消费又持续上涨直至 1973 年，但经济每增长 1 个百分点所需的能源增长不到 1 个百分点。

表 1-2　英国的经济增长与能源消费（1760—2010 年）

	1760—1780 年	1780—1801 年	1801—1831 年	1831—1873 年	1873—1913 年	1929—1933 年	1960—1973 年	1973—2010 年
能耗年均增速	2.1%	2.8%	3.0%	3.4%	1.6%	−3.4%	2.0%	−0.3%
GDP 年均增速	0.6%	1.3%	1.9%	2.4%	1.8%	经济危机	3.5%	2.1%
能源消费弹性系数	3.4	2.1	1.6	1.4	0.9		0.6	−0.1

数据来源：ORNL，2013；World Bank，2013。

与此同时，英国自第一次工业革命以来快速的经济增长和能源消费，尤其是煤炭的消费，也导致环境污染事件频发。其中最典型的案例是 1952 年发生的导致数千人丧生的“伦敦烟雾事件”，这已被作为全球“十大环境公害事件”列入世界各国的教科书。工业、发电和居民燃煤向大气中排放了大量的二氧化硫、粉尘等污染物，在逆温的特定气象条件下，污染物无法扩散并持续聚集，形成有毒的硫酸盐等气溶胶。严重的雾霾使人群大面积发生眼睛刺痛、呼吸系统疾病，并进一步诱发心脑血管疾病等。

工业化时期大量消耗能源和资源，并导致严重的环境问题，并不是资本主义国家所独有。经济学上一般认为环境污染是负外部性导致的市场失灵的结果，私人生产者将治理环境污染的成本推向了社会。而苏联作为公有制国家，不存在私人生产者污染环境与社会承担治污成本的矛盾，似乎不会因此产生环境问题。然而事实上，苏联的环境污染和生态破坏同样存在，甚至更加严重（Goldman M，1972；Pryde P，1972；Pryde P，1983；刘培哲，1990；宋萌荣，2011）。

20 世纪 20 年代，在面对资本主义国家的包围、具有建立强大的军事工业迫切需要的苏联，“生产资料优先增长”的理论被推演为“优先发展重工业的社会主义工业化路线”。1932 年，苏联第一个五年计划提前完成时，斯大林根据重工业产值已占到工农业总产值 70%以上宣布苏联已经实现了社会主义国家工业化（吴敬琏，2008）。苏联快速的国家工业化以国家计划为手段，采取了投资驱动的方式，并且极力压低自然资源的价格，经济增长依靠资本积累和资本对劳动比例的提高实现。1928—1991 年，苏联年均化石能源消费增长 6.2%。然而苏联的经济效率却比资本主义国家低很多，如表 1-3 所示，在 1913—1950 年和 1950—1973

年两个时间段，苏联的能源消费弹性系数均比英、美高出很多，第一阶段也比日本高很多，这表明每支撑一个百分点的 GDP 增长，苏联投入的能源比资本主义国家高很多，也就是说经济的效率很低。高能源投入和低效的经济系统，使苏联重化工业发展的副产物——环境污染物的排放也大量增加。

表 1-3 苏联和资本主义国家的经济增长与能源消费（1913—1973 年）

	1913—1950 年				1950—1973 年			
	苏联	英国	美国	日本	苏联	英国	美国	日本
能耗年均增速/%	4.72	0.05	2.01	1.67	6.96	2.00	3.23	11.35
GDP 年均增速/%	2.15	1.19	2.84	2.21	4.84	2.93	3.93	9.29
能源消费弹性系数	2.20	0.04	0.71	0.76	1.44	0.68	0.82	1.22

数据来源：Maddison，2006；ORNL，2013。

发达国家在实现工业化后，在“后工业化”时期，其能源消费和环境质量变化的趋势不尽相同，归根到底是由其发展模式所决定的。

在资本主义国家步入“后工业化”时期的早期，环境质量并未随着经济增长而自然改善，仍出现了如前文所述的英国“伦敦烟雾事件”等。但是在那以后，英国公众的环保意识得到提升，国家加强了环境保护的立法，《清洁空气法》（*Clean Air Act of 1956*）于 1956 年诞生，英国政府实施了新的能源与环境保护政策，能源结构得到改变，伦敦的烟雾事件逐渐减少。英国的能源清洁化趋势出现，煤炭消费量急剧下降。

日本在 1970 年以前的环境污染情况与英国类似。自 20 世纪 50 年代以来，自民党推行高速增长政策，积极扶持公司发展，对公害问题有所忽视，结果造成了严重的环境污染，居民的健康和生命遭受巨大损失和威胁。在步入“后工业化”时期后，日本吸取 20 世纪 60 年代出现严重的环境公害事件的教训，迅速加强了环境保护立法和政策措施。日本的环境保护制度总的来说偏重行政和规制的措施，包括禁令和综合管理等；同时行政部门也鼓励居民和污染来源之间采取绅士协定的方式解决问题；司法制裁和财政补贴、罚款、课税、排污权交易等利益诱导也是政府保护环境所采取的手段（季卫东，2005）。

一方面，其他发达国家在这一时期也纷纷加强了环境保护的力度。例如，美国、加拿大、丹麦、法国分别在 1970 年、1971 年、1973 年、1978 年正式成立了环境保护署（部）等，全面开展国家环境保护。一些至今仍具有很大影响力的民间环保组织也在这一时期纷纷成立，如成立于 1961 年的世界自然基金会（World Wide Fund for Nature）、成立于 1967 年的美国环保基金会（Environmental Defense Fund）、1969—1972 年的绿色和平（Green Peace）等。

另一方面，以 1972 年联合国人类环境会议为标志，这一时期全球兴起了环境保护运动，不仅推动步入“后工业化”阶段的发达国家加快了保护环境的进程，也促进了发展中国家环保意识的觉醒，在工业化进程中越来越多地重视环境保护，并开始思考能否突破环境库兹涅茨曲线的逻辑，尽可能削减能耗或污染排放量的峰值，在环境库兹涅茨曲线的基础上实现“隧道式”发展。例如，我国全国人大常委会就在 1979 年通过并颁布了《中华人民共和国环境保护法（试行）》；印度在 1974 年颁布了《防止和控制水污染法》，在 1984 年颁布了《环境保护法》；埃及、巴西分别在 1983 年、1987 年颁布了《环境保护法》等。1984 年联合国成立了环境与发展委员会，其于 1987 年提交的《我们共同的未来》报告，为 1992 年里约会议的召开奠定了思想基础。

经济发展与环境保护所走过的路径，尤其是后发国家在发达国家经验教训的基础上，积极主动开展环境政策干预、转变发展方式、降低经济发展伴生的环境污染，为低碳发展带来了可供借鉴的思路。通过制定和实施积极的应对气候变化、减缓温室气体排放的政策和措施，经济社会可以在相对低投入的能源、资源的基础上得到可持续的发展。

第三节　低碳发展的政治共识

低碳发展是与全球应对气候变化的科学进程和政治进程紧密相连的。全球气候治理机制主要是由一系列政府间多边气候变化协议构成的，这些协议由全球 190 多个国家通过过去 20 多年的联合国气候变化谈判达成，对相关行为体在应对气候变化问题方面的行为起到重要的调节和规范作用。在这些协议中，处于母法地位的造法性条约是《公约》，为推进《公约》的实施，各国又通过谈判达成了《京都议定书》和《巴黎协定》，以及许多项确立缔约方应对气候变化具体权利义务的缔约方会议决定。低碳发展的政治共识也是在过去 20 多年间逐渐达成的，并经由《巴黎协定》这一国际条约强化确立的。

一、《联合国气候变化框架公约》的科学基础

基于自然科学和社会科学的研究，国际社会在 1988 年组建了政府间气候变化专门委员会（IPCC），整合人类对气候变化的认知，并为如何合作应对气候变化提出政策建议。

IPCC 在 1990 年完成并发布了第一次评估报告，对气候变化的科学、影响和响应对策进行了评估。

评估确认了人类活动产生的各种排放正在使大气中的温室气体浓度显著增加。这将使温室效应增强，平均来说就是使地表更加变暖。评估指出，可以很有把握地计算出过去增强的温室效应有一半以上是由二氧化碳造成的，并且在大气中存留时间长的气体（二氧化碳、氧化亚氮和氟氯烃）的浓度随其排放量的变化在缓慢调整，将对以后的浓度和减排形成持续性影响。报告还评估了气候变化对农业和林业、自然地球生态系统、水文学和水资源、人类居住环境、能源、运输和工业各部门以及人类健康和大气质量，海洋和海岸带，季节性雪盖、冰和永冻层的既有和可能持续影响。

关于响应对策，IPCC 认为由于对于具体的响应选择或系列选择在实际避免潜在的气候变化方面，其有效性如何尚不确定，并且其费用、对经济增长的效益，以及对其他社会和经济的可能影响也不确定，因此建议采取一种灵活渐进的方案，为解决全球变暖问题实施全球性的、全面的和分阶段的行动。这种建议最终成为全球气候治理形成政治共识的基本思路和行动，陆续在《公约》、《京都议定书》、“巴厘岛路线图”、《巴黎协定》等国际协议中得到反映和落实。

对于应对气候变化的责任与行动，IPCC 评估认为工业化国家和发展中国家要共同承担责任，但这种责任是有区别的。由于当时影响大气层的很大部分排放量源于工业化国家，并且这些国家作出改变的余地最大，因此这些国家应通过调整经济、在国内采取措施减缓气候变化；这些国家还应通过提供额外的资金，适

当地转让技术，在科学观测、分析和研究中密切合作，进行着眼于预防和控制环境问题的技术合作等途径，在国际行动中同发展中国家合作，同时又不妨碍后者的发展。评估还考虑到发展中国家的排放量在不断增多，这是为了满足其发展需要而引起的，因此随着时间的推移，这些排放量在全球排放量中的比例很可能越来越大。随着发展中国家人口和经济的增长，其温室气体的排放越来越多，因此迫切需要迅速以优惠条件向发展中国家转让有助于监测、限制或适应气候变化的技术，同时又不阻碍其经济发展。发展中国家应在可行限度内采取措施调整其经济。鉴于发展中国家的人口多数处于贫困之中，他们自然要优先争取实现经济增长。缩小工业化国家与发展中国家之间的差距，将为世界各国形成全面的伙伴关系提供基础，也有助于发展中国家应对气候变化问题。

基于这些对自然科学和社会科学研究结论的理解与综述，IPCC 在第三工作组报告中对《公约》的内容提出了建议，认为该公约应当包括十个要素。第一，需在前言部分阐明全球共同应对气候变化的科学基础和必要性，表明全球合作对国家主权的尊重，指出发达国家和发展中国家对于气候变化的共同但有区别的责任和行动需求。第二，需按照国际惯例和公约的目的，给出必要的术语定义。第三，需界定全球应对气候变化的义务，包括稳定大气的全球目标、减缓和适应措施步骤、研究与系统观测合作、技术研发合作与转让、政策合作、与相关国际组织和机制的合作、鼓励教育宣传、建立资金支持机制等，并指出是否需要设定特定的量化排放控制目标，尤其是工业化国家的控制目标，是否对不同国家采取应对气候变化的措施设定不同的时间安排，是否需要以附件或者议定书的形式来确认承诺，技术转让的性质与知识产权保护问题，是否需要建立新的资金机制，是否需要增强环境影响评价的功能，排放控制目标的表征，海平面上升和核储备问题是否需要特别提及等均需要在谈判中进一步考虑。第四，需建立必要的机构和机制，包括缔约方会议、执行机构和秘书处，并指出是否要建立遵约机制、科技咨询机构、应对措施工作组，秘书处的作用，决策程序，资金机制的运行模式，非政府组织的作用等，需要通过谈判来确定。第五，增强研究和系统观测，包括与气候变化相关的物理、化学过程，改变气候的行为，温室气体排放监测与观测，气候模型研发，应对气候变化的环境、社会与经济效应，应对气候变化的技术，海岸带管理，水资源，能源效率等研究。第六，仿照《维也纳保护臭氧层公约》

先例，应对信息交流和报告有所规定，包括是否需要建立国际气候变化科技信息交流与合作机制，是否需要将报告既有的应对气候变化措施以及按照可比的方法编制的温室气体清单作为缔约方的义务，是否还需要求缔约方制定应对气候变化的政策措施并编制清单等。第七，尽管技术研发与转让在全球义务中已经有所规定，但单独就此问题进行规定将有助于解决发展中国家在应对气候变化领域的技术需求。第八，应建立争端解决机制，自行解决、调解、裁决乃至国际法庭都是可以考虑的方式。第九，其他规定，如公约的修订、签署、批准、生效、表决权、与相关议定书的关系等。第十，关于公约附件和议定书，IPCC 指出各方需谈判确定管辖温室气体的范围和方式、部门实践、国际排放交易和碳税等政策工具、行动时间和顺序等。

基于 IPCC 的这些建议，1992 年各国通过谈判形成了《公约》，达成了国际社会共同应对气候变化的第一次政治共识。

《公约》阐明了国际气候变化机制的最终目标和指导原则，并且确立了全球气候变化治理的制度基础和决策程序，包括以附件一的形式为发达国家规定了特定的义务，鼓励国家采取恰当的政策和行动。这些原则集中体现在《公约》第 3 条中，主要包括："公平"和"共同但有区别的责任和各自能力原则"（第 3.1 和 3.2 条）、"预防原则"和"成本有效原则"（第 3.3 条）、"可持续发展原则"（第 3.4 条）、"应对气候变化与国际经济、贸易体系协调原则"（第 3.5 条）。这些原则反映了当时国际社会试图整合经济发展和环境治理两个关切，为此后具体规则的制定确立了标准。其中，"共同但有区别的责任和各自能力原则"在此后的国际气候变化谈判中具有了中心地位，也成为谈判和争论的焦点。应该说，这个原则的提出对于全球气候变化机制的创立和运作具有重要意义。它反映了全球气候变化问题的科学本质和对发达国家承担历史责任的要求，实现了正义和实质性平等，使"不对称责任"合法化，对于吸引国家参与并维持国际气候合作，提高国际气候机制的公正性、有效性、合法性、普遍性具有重要意义。与此同时，该原则没有严格界定的内容和明确的法律地位，没有明确提出"共同"和"区别"的基础或者程度，可以说，它指导而不是决定了应该或者不应该采取哪些具体的措施。

二、科学评估不断促进应对气候变化的政治共识

《公约》作为在科学指导下形成的全球应对气候变化的政治共识具有举足轻重的意义，然而限于科学认知和国际政治博弈，《公约》并没有给出明确的应对气候变化的量化目标和实现路径。这也使 IPCC 有了持续性工作的基础：为国际社会设定合作应对气候变化的路径提供科学支撑。

（一）科学评估对《公约》目标的深化认识

《公约》第 2 条确定了全球应对气候变化的目标："根据本公约的各项有关规定，将大气中温室气体的浓度稳定在防止气候系统受到危险的人为干扰的水平上。这一水平应当在足以使生态系统能够自然地适应气候变化、确保粮食生产免受威胁并使经济发展能够可持续地进行的时间范围内实现。"

国际科学界和 IPCC 围绕什么是"危险的人为干扰的水平"，以及如何在"经济发展能够可持续地进行"的同时稳定大气中温室气体的浓度，开展了持续的研究，推动了应对气候变化国际政治共识的不断深化和实践。

IPCC 于 1995 年完成了第二次评估报告，该报告的核心就是阐释公约第 2 条的有关科学技术信息。报告首先简要总结了气候变化的程度——人类活动对气候系统干扰的程度，它是由于人类活动而预测要出现的。然后，继续强调我们所了解的生态系统和人类群体对可能发生的气候变化的脆弱性，特别是对农业和粮食生产及其他对可持续发展有重要意义的因素，如水供应、健康和海平面上升的影响。通过这些评估，IPCC 为决策者提供了坚实的科学基础，以便其理解人类对气候系统造成的危险干扰。由于考虑到大部分温室气体呈增加排放的趋势，这些气体在大气中的浓度在下一个世纪及其以后还将继续上升，对气候干扰的程度及气候变化可能产生的不利危险影响也会随之加大，因此在净排放方面未来要采取的措施必须考虑到它会导致在不同水平上的稳定。报告对减排增汇的技术和政策选择作了总结。但报告并未对什么是"危险的人为干扰的水平"给出定量结论，这也表明后续评估将继续就此展开工作。

（二）《京都议定书》的科学基础

对于《公约》第 2 条留下的第二个问题，第二次评估报告讨论了关于平等和确保经济持续发展的问题，这涉及对气候变化可能产生的损失的估测，以及适应及减轻这些影响的成本和收益。报告根据既有的研究指出了应采取的一些初始行动，以防止人类对气候系统产生危险干扰。不过当时还难以确定大气浓度的指标，也无法确定对于应对气候变化时间框架的考虑。第三工作组报告肯定了一部分国家列入公约附件一率先承担应对气候变化责任的意愿，指出尽管气候变化给决策者带来了一系列悬而未决的难题，但也有几条基本的、明确的指导。第一，全面的“干中学”战略。各国应当采取减缓、适应和提高认识水平等一系列行动来应对气候变化，当然，各国根据自己的国情可采取的行动将有所不同，但关键是要选取一种稳健的战略，并随着时间的推移，根据新的知识来调整这一战略。第二，积极的“早行动”战略。各国应当意识到，对于实现《公约》第 2 条的目标，早一点采取减缓行动可以增加许多灵活性。第三，首先采取“无悔”行动的战略。在许多国家都存在意义重大的“无悔”机会，但气候变化引起总净损失的风险、考虑避险和预防原则也都要求各国采取超出“无悔”的行动。第四，全球合作与支持发展中国家的战略。为减少温室气体排放，应当鼓励进行国际合作，为此也应当建立机制帮助发展中国家提高能力。

第二次评估报告的一大贡献是对减排路径进行了量化和成本分析。研究表明，按照自上而下的方法，经济合作与发展组织（OECD）成员国达到实质性减排回到 1990 年水平的成本要高达 GDP 的几个百分点。对排放稳定在 1990 年水平的特定案例而言，大部分研究结果估计在未来几十年间每年成本大约在占其 GDP 的−0.5%（即有所收益）～2%，并且研究也表明，合适的减排时间安排和低成本方案会大大减少总成本。而自下而上方法的研究结果，对零成本或负成本减排的潜力以及发挥这些潜力更为乐观，认为发达国家在二三十年里减少 20%的排放，其成本可以忽略不计甚至是负成本，并且就长期而言，绝对量减排 50%或是更多也是有潜力的，而这并不增加甚至有可能减少能源系统的总成本。在经济转轨国家，重要的问题是将来结构方面的改变，而这很有可能极大地改变基准排放水平和减排成本。对于发展中国家，分析表明其低成本减少化石燃料二氧化碳排放的机会很大，包括提高能源效率、推动可替代能源技术发展、制止森林乱砍滥伐和提高农业生产力及生物质能源产量等发展途径都具有经济效益，但着手这些领域的工作需要有效的国际合作和资金与技术转让；而且这些活动可能不会抵消因经济增长和提高生活水平而带来基准排放的迅速增加，稳定二氧化碳排放很可能提高成本。评估还进一步肯定了在国际层面依靠市场手段进行减排、推动排放许可交易和国际碳税的必要性。

尽管这些研究还处在初步阶段，但其成果推动了发达国家率先采取阶段性量化减排指标并进行全经济范围量化减排，同时推进向发展中国家提供资金与技术支持，建立基于市场手段的灵活减排合作机制。这些都成为 1997 年国际社会谈判达成的《京都议定书》的核心内容。

（三）建立在科学评估情景之上的“巴厘岛路线图”

第三次和第四次 IPCC 评估报告除了进一步深化对气候变化科学、影响和适应的研究评估外，侧重于完善全球量化减排评估模型与情景，并最终在 2007 年《公约》缔约方大会达成的“巴厘岛行动计划”（*Bali Action Plan*）中，形成了所有国家都应当制定低碳发展战略和制定适当减缓目标的政治共识。

IPCC 第三次评估报告进一步阐述了自然、技术和社会科学为确定哪些成分构成“气候系统危险的人为干扰”提供了所需的实质性的信息和证据。同时指出，这种决策是一种价值判断，它可以在考虑诸如发展、公平、可持续性以及不确定性和风险下，通过一个社会政治进程来决定。这个观点也在第四次评估报告中得到进一步确认，并且鉴于气候变化的程度和速率都很重要，确定“危险的人为干扰”的构成基础会随着区域的不同而发生变化，并取决于当地的特点和气候变化影响的后果，以及可获得的对气候变化的减缓和适应能力。目前尚没有一组普遍适用的最佳政策，相反地，既考虑到一系列未来世界可能采取的不同政策措施的力度，也考虑到将这些特定的气候政策与更为广泛的可持续发展政策相结合，是十分重要的。

IPCC 第三次评估报告使用了一系列温室气体排放情景，对未来 25 年、50 年和 100 年的区域和全球的气候、环境以及社会经济的后果进行了评估。排放情景特别报告（SRES）中六个例证的情景预测到 2100 年二氧化碳的浓度将达到 540×10^{-6}～970×10^{-6}，而其在工业化前和 2000 年却分别约为 280×10^{-6} 和 368×10^{-6}。更进一步的不确定性，尤其是对于目前汇过程的延续性和陆地生物圈的气候反馈程度，将使每个情景 2100 年的浓度变异范围达到−10%～+30%，因此，总的变化范围为 490×10^{-6}～$1\ 250\times10^{-6}$，比 1750 年工业化前的浓度高 75%～350%。根据 SRES 排放情景，不同的气候模式预测认为全球平均地面气温在 1990—2100 年将升高 1.4～5.8℃，较 20 世纪观测到的变暖中值高 2～10 倍，预测到的变暖速率，根据古气候资料，极可能在最近至少一万年内都是史无前例的。如此的气候变化将对自然生态系统、降水、海岸带、农业生产、人类健康等产生不同的影响。总的来说，很多可能的应对气候变化的适应性措施已经被确认能够减少气候变化的不利影响并增强其有利影响，不过这需要投资。

评估利用碳循环模型预测了 WRE 情景将大气中二氧化碳浓度稳定在各种水平的二氧化碳排放随时间变化的曲线，结果表明，最终大气中二氧化碳的浓度稳定在 $1\ 000\times10^{-6}$ 之下的减排措施将使 2100 年全球平均温度增幅限制在 3.5℃之内。大气中二氧化碳的浓度最终稳定在 450×10^{-6}～$1\ 000\times10^{-6}$ 的情景，预计 2100 年全球平均地表温度增加 1.2～3.5℃。在 21 世纪，虽然分析的所有二氧化碳浓度稳定情景都可能避免 SRES 预测的 2100 年增温幅度为 1.4～5.8℃的上部部分，但应注意，在 2100 年后大多数情景的二氧化碳浓度将会继续增加。平衡状态时的温度上升将需要数百年的时间，若稳定在 450×10^{-6}，温度将比 1990 年升高 1.5～3.9℃，其中值大约为 2℃；若稳定在 $1\ 000\times10^{-6}$，温度将比 1990 年高 3.5～8.7℃。

IPCC 第四次评估报告进一步认定自 20 世纪中叶以来，大部分已观测到的全球平均温度的升高很可能是由于观测到的人为温室气体浓度增加所导致的；温室气体以当前的或高于当前的速率排放将会引起 21 世纪进一步变暖，并会诱发全球气候系统中的许多变化，这些变化很可能大于 20 世纪期间所观测到的变化，并有可能诱发突变的或不可逆转的影响。这一结论加深了国际社会对积极、尽快、全面应对气候变化必要性的理解。

在减缓情景方面，第四次评估报告着眼于展望 2030 年和 2050 年的相关研究结论。评估认为为了稳定大气中温室气体浓度，全球排放量需要达到峰值并回落，同时温升控制目标越严格，要求全球排放达峰的时间越早，并且要求总量下降速率越快。评估认为未来 20～30 年的减缓努力，将对实现较严格的温升控制目标产生重大影响。在 2050 年，平均宏观经济成本将处于全球 GDP 收益增加 1%和下降 5.5%之间。

评估还给出了《公约》附件一缔约方和非附件一缔约方的减排情景，如表 1-4 所示。

表 1-4　附件一和非附件一缔约方 2020/2050 年相对 1990 年的减排需求

情景	集团	2020 年	2050 年
450×10^{-6} CO_2 当量	附件一	减排 25%～40%	减排 80%～95%
	非附件一	拉美、中东、东亚、中亚显著偏离于基准情景	所有发展中国家显著偏离基准情景
550×10^{-6} CO_2 当量	附件一	减排 10%～30%	减排 40%～90%
	非附件一	拉美、中东、东亚偏离于基准情景	多数地区偏离基准情景，尤其是拉美、中东
650×10^{-6} CO_2 当量	附件一	减排 0%～25%	减排 30%～80%
	非附件一	维持基准情景	拉美、中东、东亚偏离于基准情景

资料来源：IPCC，2007。

这是 IPCC 首次就不同国家集团在不同温升控制情景下总结出的各研究得出的排放控制建议。这一总结具有显著的政策含义，它首次给出了量化的减排目标，使全球合作减排力度的问题有了一个可参考的值，对引导谈判和国际合作形成新的政治共识起到了重大作用。

在这两次评估报告的影响下，国际社会通过谈判形成了“巴厘岛路线图”，确认了所有国家，而不仅仅是《京都议定书》附件 B 所载列的发达国家，都要努力采取减缓行动，并加强合作。“巴厘岛路线图”通过《京都议定书》之“多哈修正案”（*The Doha Amendment to the Kyoto Protocol*）以及“坎昆协议”（*The Cancun Agreements*）得到落实，形成了附件一缔约方在《京都议定书》下开展第二承诺期减排，包括非《京都议定书》缔约方在内的所有《公约》附件一缔约方在“坎昆协议”下承担全经济范围量化减排指标，《公约》非附件一缔约方在“坎昆协议”下承担国家适当减缓行动的模式。主要的发达国家和发展中国家根据这些国际协议的要求提出了量化减排和减缓行动目标。然而这些目标与 IPCC 第四次评估报告总结出的附件一和非附件一减排需求相比，尚有较大差距。

（四）《巴黎协定》集低碳发展政治共识之大成

2013—2014 年，IPCC 陆续发布了第五次评估报告。第一工作组得出了两个极具政策含义的结论：一是认为极有可能的是，观测到的 1951—2010 年全球平均地表温度升高的一半以上是由温室气体浓度的人为增加和其他人为强迫共同导致的，这确定了人类社会通过合作减排温室气体实现减缓气候变化的科学逻辑性；二是定量给出了将温升控制在工业化前不超过 2℃所剩余的全球碳排放空间，这对全球合作减排给出了明确的量化要求。

第三工作组则指出，如按 2100 年大约 450×10^{-6} 二氧化碳当量大气浓度描述各类减缓情景，则在这些情景中相对于工业时代前水平因人为温室气体排放引起的温度变化可能保持在低于 2℃；其中，凡在 2100 年达到大约 450×10^{-6} 二氧化碳当量的减缓情景一般会暂时超出大气浓度值，许多在 2100 年达到 500×10^{-6}～550×10^{-6} 二氧化碳当量的情景也是这样的。超出大气浓度值的情景一般倚赖在 21 世纪后半叶生物能源、碳捕获和地质封存（CCS）的具备程度和普遍推广利用以及造林，但具体结果取决于超出大气浓度值的水平。上述以及其他二氧化碳清除（CDR）技术和方法的具备程度和规模是不确定的，而 CDR 技术和方法在不同程度上与面临的各种挑战和风险相关。根据各国“坎昆协议”承诺估算的 2020 年全球温室气体排放水平难以满足低成本、高成效的长期减缓轨迹要求。如果要实现将温升控制在 2℃以内的目标，需要 2020 年以后进一步大幅减排。如果排除目前已采取的努力，将额外的减缓努力拖延到 2030 年再实施，预计会大大增加实现长期低排放水平的难度，同时缩小了实现 2℃目标的政策和技术选择余地。这些结论表明，要将全球温升控制在 2℃以内，必须尽早提高各国和全球减排力度。

在 IPCC 第五次评估报告的推动下，国际社会在 2015 年年底达成了《巴黎协定》，协定的核心是广泛参与和提高行动力度。在机制上，《巴黎协定》建立了全球所有国家参与、自主提出减排目标、公开透明交流行动进展、通过全球盘点识别整体力度差距的全球减缓合作新模式；在理念上，《巴黎协定》确认了温室气体低排放发展战略的必要性，并要求所有国家都制定、提交并实施。这也是低碳战略首次作为政治共识写入国际条约。

三、全球2℃温升控制目标的演进

如前文所述，《公约》并未明确避免“气候系统受到危险的人为干扰”应把浓度控制在何种定量化的水平上。而由于科学认知发展水平的局限，气候变化科学本身存在不确定性，排放和影响后果之间存在时间滞后和空间差异，加上危险水平的判定涉及非科学评估范畴的价值判断，IPCC 的历次评估都没有从科学上认定应该用什么指标表征“气候系统受到危险的人为干扰”，也无法单纯从科学上界定全球升温到何种程度是不可接受的。《巴黎协定》提出把全球平均气温升幅控制在较工业化前水平的2℃之内，并努力限制在1.5℃之内，这是第一次使“全球2℃温升目标”具备国际法律效力。《公约》第2条关于最终目标的定性表述，至此演进为《巴黎协定》第2条包含具体数值的全球温升目标，这也经历了一个政治共识形成的长期过程。

（一）与“2℃目标”相关的早期科学研究基础

与全球地表平均温度上升2℃相关的研究可以追溯到20世纪70年代欧洲自然和社会科学为推动气候变化有关决策所做的探索性研究。温度控制目标的提出与科学家对平衡气候敏感性的研究有很大关系。所谓平衡气候敏感性（Equilibrium Climate Sensitivity，ECS）是指均衡状态下，全球平均地表温度对大气中二氧化碳浓度相对于工业化前加倍的响应（IPCC，2013）。如果气候敏感性为2℃，意味着二氧化碳浓度倍增（一般采用550×10^{-6}）将导致全球平均2℃的增温。1967年科学家最先用热平衡模式估算二氧化碳浓度倍增的温度响应大概为2℃（Manabe S and Wetherald RT，1967），之后的气候变化科学尤其是气候系统模式的预估都将二氧化碳倍增作为核心情景进行计算，相应地2℃温升的影响也成为当时气候变化研究关注的重点。实际上，最初 ECS 的值只是专家估计，后来在 IPCC 第一到第三次评估报告中 ECS 均取值为1.5～4.5℃；IPCC 第四次评估将 ECS 确定为2.0～4.5℃。在更多后续研究的基础上，IPCC 第五次评估报告对这个问题作了细致的分析，认为 ECS 在1.5～4.5℃区间，极不可能低于1℃，很不可能大于6℃。

气候变化的减缓政策和行动涉及一系列社会经济成本的估算和政策分析。1977 年，诺德豪斯探索性地用二氧化碳浓度倍增情景进行了气候变化的成本效益分析，虽然从气候敏感性的估计值看，在大气中二氧化碳浓度倍增并不唯一对应全球平均 2℃的温升，但后续的应对成本效益分析都逐渐将二氧化碳倍增或 2℃情景作为探索的起点，并得到了很多的研究结论。

20 世纪 80 年代 IPCC 发布第一次评估报告之前，关于气候变化的研究更多集中于人为温室气体排放的增加与大气温室气体浓度和全球平均气温的关系，呼吁全球关注人为因素导致的气候变化可能带来威胁，但当时没有足够的研究基础确定应该选择何种指标，以及用什么样的具体数值作为全球应对气候变化的最终目标。此外，由于气候变化应对涉及领域复杂，在政治或政策层面的讨论也更倾向于对温室气体减排作出相对谨慎的表述，以等待进一步科学研究的成果。

（二）IPCC 第一、第二次评估报告与欧盟理事会的决定

1990 年，IPCC 发布第一次评估报告。该报告基于当时的研究进展指出：人类活动产生的各种排放正在使大气中的温室气体浓度显著增加，增强了温室效应并使地表升温，建议国际社会立即启动政治进程，讨论如何采取应对全球气候变化的行动。报告认为若要将浓度稳定在当时（1990 年）的水平，需立即把以二氧化碳为主的长寿命温室气体的人为排放减少 60%，甲烷减少 15%～20%。但是 IPCC 第一次评估的重点在于强调人为温室气体排放导致的增温效应，而当时的科学基础也不足以形成更为具体的应对目标建议，因此在这次评估推动下形成的《公约》对最终目标仅作出了定性的表述。

作为《公约》后续谈判进程的重要科学支撑，IPCC 根据世界气象组织执行理事会的决议，在第二次评估中纳入了对实现《公约》第二条途径的评估，并专门形成了解释《公约》第 2 条有关科学技术信息的综合报告。实际上，从 IPCC 第二次评估开始，为《公约》谈判提供有助于确定定量化长期目标的科学信息，就成为后续历次科学评估的重要任务。1996 年发布的第二次评估报告认为，科学、技术、经济和社会科学文献的确指出了实现《公约》最终目标的前进方向，但判定什么构成了“危险的人为干扰气候系统”，及需要采取什么行动阻止类似的干扰还有很大的不确定性。在第二次评估报告中，与 2℃温升相关的结论是在中等

排放情景和气候敏感性的最佳估计值下考虑气溶胶增加的影响，预测到 2100 年全球平均气温将比 1990 年上升 2℃，海平面会上升约 50 cm，小岛国和沿海地区面临较大的威胁，带菌生物体的地理范围和季节扩展。

明确提出将“全球地表平均温度升幅控制在工业化前水平以上低于 2℃之内”，最早见于 1996 年欧盟理事会会议决定（Community strategy on climate change-Council conclusions）。欧盟理事会基于 IPCC 第二次评估报告及相关的中等排放情景，考虑气候变化可能带来的风险，认为应使全球温室气体排放在 1990 年的基础上减半，将大气中二氧化碳浓度控制在工业化前浓度的 2 倍，即约 550×10^{-6}，从而实现将温升控制在与工业化前相比不超过 2℃以内，并以此作为全球减缓合作的目标。欧盟在这份文件中并没有给出作出这一目标决定的理由，其确定性表述也无法从 IPCC 第二次评估报告中得到有力的支持，因此这一提法在当时并没有获得更为广泛的国际认可。

（三）IPCC 第三、第四次评估报告与八国集团峰会推动

2001 年 IPCC 发布第三次评估报告。报告指出，自然、技术和社会科学可以对确定哪些要素构成“气候系统危险的人为干扰”提供所需的信息和证据，但这种决策是一种价值判断，需要在考虑发展、公平、可持续性、不确定性和风险等情况下，通过一个社会政治进程来决定。由于气候变化的程度和速率都很重要，因此确定“危险的人为干扰”的构成基础会随着区域的不同而不同，取决于当地的特点和气候变化影响的后果、适应以及减缓能力。

值得关注的是，第三次评估报告引入了五个“关切理由”，概念性地表达了重视气候变化风险的原因，包括独特和濒危系统的风险、极端天气气候事件风险、影响的分布、综合影响，以及未来大规模突发事件的风险。报告认为，设定避免“气候系统危险干预”水平的战略、目标和时间表时，需要考虑气候、生态和社会-经济系统存在的惯性和不确定性，从更为综合和直观的角度，评估气候变化可能带来的风险，并且将其与全球平均温度相联系。虽然这次评估也没有明确提出什么样的温升应该成为“气候系统危险干预”的指标，但报告显示 4℃以上的温升将带来极大的风险。而这次报告提出的这五大“关切理由”在 IPCC 的后续评估中被不断使用。

2007 年，IPCC 发布第四次评估报告。在这次评估报告中，与五大“关切理由”相关的许多风险被确定为具有更高的可信度。如对于“独特的并受到威胁的系统”，观测到的气候变化已对极地和高山群落和生态系统产生影响；如果全球平均温度比 1980—1999 年高 1.5～2.5℃，在迄今为止所评估的植物和动物物种中，有 20%～30%可能面临增大灭绝的风险；海面温度上升 1～3℃将导致更频繁的珊瑚白化事件发生和大范围死亡等。

由于 IPCC 的评估需要保持政策中立，因此 IPCC 倾向于提供有助于读者对风险作出自己判断的信息，而不是直接就什么构成了对“气候系统受到危险的人为干扰”作出结论。但相比前三次评估，第四次评估报告对风险的解释和表述更加清晰直观。这一阶段重要的标志是科学界强化了气候变化风险评估与价值判断对确立长期目标的重要性，这也推动了政治进程上关于温升目标的讨论。

2005 年 2 月，欧盟委员会应欧盟理事会要求，就中长期减排战略和目标的成本效益分析进行了报告［COM（2005）35final］。该报告认为到 2100 年，全球平均气温将比 1990 年升高 1.4～5.8℃，其中欧洲气温将上升 2.0～6.3℃；如果将温升控制在 2℃，其效益将足以抵消减缓政策的成本；而如果温升超过 2℃，则极有可能引发更快和难以预期的气候反应，甚至造成不可逆的灾难性后果。在该报告的基础上，欧洲议会在同年再次重申“2℃目标”，并认为 IPCC 第三次评估报告的结论表明，需要强化减排行动来限制全球风险。2005 年 7 月，时任英国首相的托尼·布莱尔（Tony Blair）利用英国担任八国集团（G8）峰会轮值主席国的便利，力推苏格兰鹰谷 G8 峰会将气候变化列为两个优先主题之一，但会议没有就减缓气候变化的全球目标达成一致。

2006 年，时任英国首相经济顾问的斯特恩爵士发布了 *The Economics of Climate Change: The Stern Review*，指出如果未来几十年不采取及时的应对行动，气候变化将使全球损失 5%～20%的 GDP；如果全球立即采取有力的减排行动，将大气中温室气体浓度稳定在 500×10^{-6}～550×10^{-6}，其成本可以控制在每年全球 GDP 的 1%左右。伴随着 IPCC 第四次评估报告的发布，此后在 2007 年德国海利根达姆、2008 年日本洞爷湖、2009 年意大利拉奎拉召开的八国集团峰会上，气候变化都成为一个核心议题。拉奎拉峰会最后发表的声明表示，八国集团同意和其他国家一起以工业化前的水平为基准，将全球温度的升幅控制在2℃内，并在2050年前将全球温室气体排放量减少50%，发达国家整体到2050年排放量降低80%或更多。虽然仍有争论认为，将2℃温升作为目标在科学上的意义并不清楚，但欧盟在政治层面的强力推动进一步使温升目标的讨论从科学界进入国际气候变化政治和外交层面。

（四）从哥本哈根走向巴黎政治共识

紧随2009年的八国集团拉奎拉峰会，“经济大国能源与气候论坛”（MEF）召开了第一次峰会。MEF与会的17国元首和政府首脑发表了联合宣言，要求2009年年底举行的哥本哈根气候变化大会成果符合《公约》目标和科学要求，一致认同全球平均气温的升高不应高于工业化前水平的2℃以上（The White House，2015），这使得“2℃目标”首次在主要发达国家和发展中国家中达成了共识。峰会对气候变化问题的关注给同年底哥本哈根气候变化大会传递了强烈的政治信号，在主要大国的推动下，“2℃目标”写入了当年的“哥本哈根协议”。虽然“哥本哈根协议”因没有得到《公约》缔约方一致认可而不具有法律效力，但在2010年坎昆气候变化大会形成的“坎昆协议”中，“通过减少全球温室气体排放量，使与工业化前水平相比的全球平均气温上升幅度维持在2℃以下……考虑报告以最佳可得科学知识为基础，包括有关全球平均升温1.5℃的知识，加强长期全球目标”被纳入了“长期合作行动的共同愿景”。尽管“坎昆协议”仅仅是《公约》缔约方会议的决定，不属于传统意义上的国际法，对各缔约方不具有法律约束力，但“2℃目标”自此已经成为全球性的政治共识。

2009年之后“2℃目标”的政治共识对国际学术界产生了巨大的影响。此后的气候变化趋势模拟、影响评估及减排路径研究等都以“2℃目标”作为情景研究的对象。由于IPCC的评估工作需基于国际社会公开发表的科学研究成果，2014年完成发布的第五次评估报告实际成为以“2℃目标”为核心内容的评估报告。

第五次评估报告第一工作组报告首次量化评估了2℃温升目标下的累积排放空间，认为21世纪末及其后的全球平均地表变暖主要取决于二氧化碳的累积排放量。报告指出，如果与1861—1880年相比，要把全球平均升温幅度控制在2℃

以内，在 66%、50%和 33%概率下，全球排放空间分别为 10 000 亿、12 100 亿和 15 600 亿 t 碳，但 2011 年前已有 5 310 亿 t 碳被排放到大气中。

第二工作组报告通过对未来不同领域、区域以及关键风险的评估，指出未来相对于工业化前温升 1℃或 2℃时，全球所遭受的风险将处于中等至高风险水平，而温升超过 4℃或更高时，全球将处于非常高的风险水平。

第三工作组报告指出最有可能实现在 2100 年将全球温升控制在工业革命前 2℃以内的情景，是将温室气体浓度控制在 450×10^{-6} 二氧化碳当量，这要求到 2030 年全球温室气体排放量要限制在 500 亿 t 二氧化碳当量，即与 2010 年排放水平持平；2050 年全球排放量要在 2010 年基础上减少 40%～70%；2100 年全球实现净零排放。报告还评估了此限定目标下能源、交通、建筑、城镇建设等领域的发展路径与技术选择。

综合上述评估结论，IPCC 在第五次评估的综合报告中给出了到 2050 年累积人为二氧化碳排放量、全球平均气温变化，以及气候系统可能面临风险之间的对应关系。如图 1-2 所示，任一给定的全球温升水平和五大“关切理由”所标示的风险水平都对应着一定范围的累积人为二氧化碳排放量。

第五次评估报告仍然没有明确什么指标或数值构成了对“气候系统受到危险的人为干扰”。实际上，因为各方对《公约》第 2 条有关的信息高度敏感和关切，2014 年 10 月的 IPCC 第 40 次全会在审议通过第五次评估报告的综合报告时，最终放弃了原本计划在综合报告中纳入的“关于《公约》第 2 条有关信息”的文本框，只在综合报告的引言部分说明本报告包括了与《公约》第 2 条有关的信息。但第五次评估报告就“2℃目标”得到的一系列评估结论，以及决策所需的科学信息，包括排放空间、路径和技术选择等，均强化了这一政治共识的科学基础。

2011 年，《公约》第 17 次缔约方会议建立了“德班加强行动平台问题特设工作组”（以下简称“德班平台”），启动了关于 2020 年后适用于所有缔约方的国际机制谈判，有关的进程要参考 IPCC 报告。

从“德班平台”的启动到巴黎气候变化大会达成《巴黎协定》，各方曾在《公约》原则的表述、协议涵盖范围、最终成果的法律形式等问题上存在不同观点，但“2℃目标”似乎已经不再是一个存在争议的问题。中国分别与美国、法国、

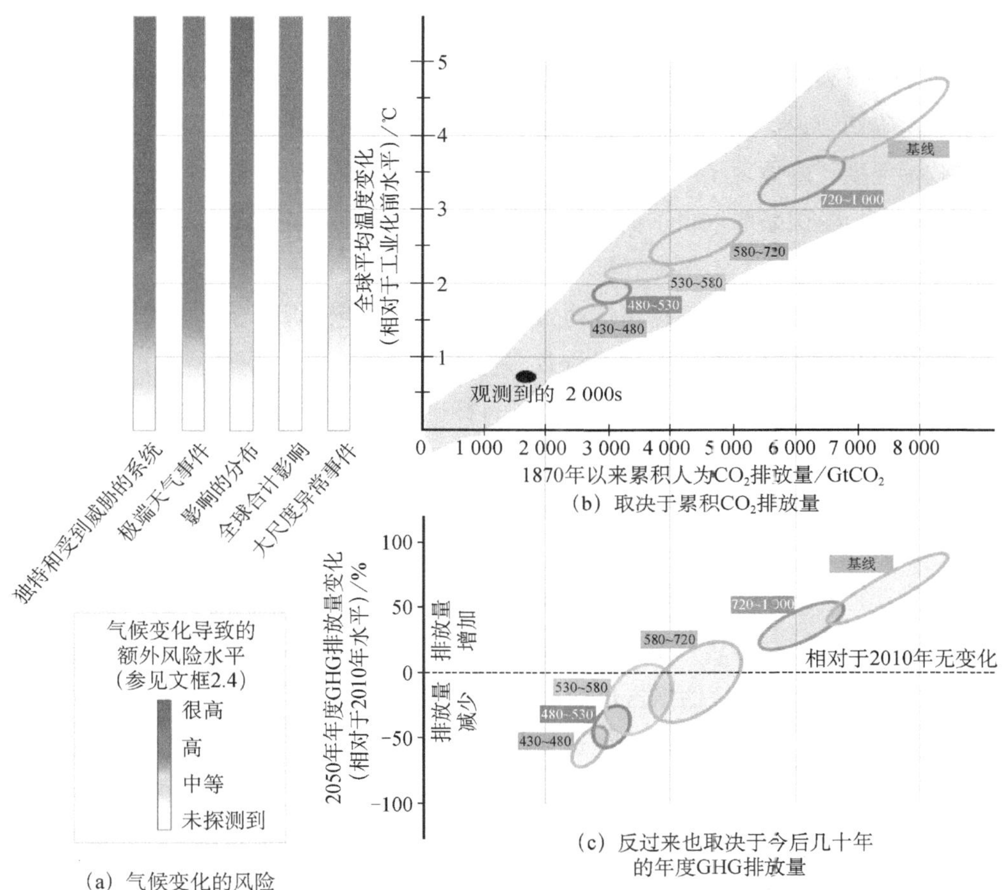

图 1-2　到 2050 年，气候变化、温度变化、累积的二氧化碳排放量以及年温室气体排放变化等风险之间的关系

（资料来源：IPCC，2014）

欧盟等在巴黎气候变化大会前发布双边联合声明，也都认可“2℃目标”。这在一定程度上代表了中国和发达国家在这一问题上的共识。在科学评估和一系列政治活动推动的基础上，《巴黎协定》最终将“把全球平均温度上升幅度控制在不超过工业化前水平 2℃之内，并力争不超过 1.5℃之内”作为协定的三个目标之一，“2℃目标”正式纳入具有法律约束力的国际条约。

（五）实现“2℃目标”的前景

自从《公约》生效以来，关于长期目标的谈判一直是一个不断具象和量化的过程。确切地说，温升控制目标是基于科学评估的政治共识，既有科学基础，也有政治需要，既体现了一定的灵活性，也保证了应对活动的有效性。在这一目标的指引下，各国采取以自下而上的“国家自主贡献”承诺方式开展应对气候变化的行动，加上 2023 年起每五年一次全球盘点的制度安排，国际社会建立起了一个全面参与、渐进、有序提高行动力度的应对气候变化国际合作模式，这对于实现《公约》第 2 条确定的最终目标具有重要意义。

需要进一步重视的是，在温升控制目标确定后，对应的大气温室气体浓度控制目标、排放空间和减排路径将是未来科学研究和谈判进程必须面对的问题。由于目前地球系统模式、减排路径及减排方案的研究仍存在不确定性，从温升目标到各国减排行动的转换过程仍然面临着相当大的困难。在欧盟提出“2℃目标”时，实际上还伴随提出过 2050 年全球温室气体排放量比 1990 年至少降低 50%的建议控制目标。由于这一目标较为激进，科学上也存在不确定性，各方对此分歧很大。IPCC 第五次评估报告也指出，温升控制目标对应的大气温室气体浓度、累积排放空间，以及减排路径的选择都不是唯一的。在后续的制度建设中，就稳定大气温室气体浓度的量值、累积排放空间、减排路径及责任分担等达成共识还面临极大的挑战，也将需要来自气候变化的自然和社会科学界更多的支持。

由于小岛屿国家和最不发达国家认为 2℃温升对于易受影响的脆弱地区仍具风险，一直试图推动将全球温升控制幅度从 2℃降低到 1.5℃。出于对这些国家关切的照顾，《巴黎协定》确认“2℃目标”的同时也提出了努力实现 1.5℃的目标。目前科学界并没有就 1.5℃温升情况下的气候系统风险、实现路径等进行过系统评估，因此 IPCC 接受巴黎气候变化大会的邀请，决定在第六次评估报告周期内就 1.5℃温升对气候系统的影响，以及实现这一目标的全球温室气体排放路径形成特别报告。总体而言，这是个更为严格的目标，无论 IPCC 特别报告的结论如何，都意味着各国需要更早、更快地实现低碳转型。

应该指出的是，在具有巨大不确定性信息的基础上制定气候政策，一直是决策者面临的重大挑战。IPCC 评估在呈现气候系统变化的信息、为决策者提供决策参考的同时，高度重视通过各种方法降低气候变化对社会影响的不确定性，以便为决策者提供参考。例如，采用成本效益分析、成本效果分析的方法可以帮助决策者分析实施政策的收益、效果，通过专家判断分析也有助于识别政策中的不确定性所在，从而减少气候政策的不确定性。

虽然由决策者确定的温升控制目标是一个建立在科学评估基础上的政治共识，但这一目标提供了确定的行动方向。即便科学不确定性依然存在，但在这一共识下，所有的国家和社会机构都可以采取积极、无悔的措施应对气候变化。这符合《公约》确定的原则。《巴黎协定》的落实在后续的制度建设和合作行动上面临很多挑战，但在应对气候变化的国际制度建设上已经是个巨大的历史性进步。

第二章　全球低碳发展的实践

第一节　全球低碳发展的思想实践

低碳发展应当是一场社会革命。源于欧洲的第一次和第二次工业革命，推动主要国家或主动或被动地进入现代化进程。这个过程中，以启蒙运动为代表的社会科学的发展推动科学战胜宗教、理性压倒神性，人类的创造力得到前所未有的释放，精神文明发展有力地推动了物质文明的发展。然而，物极必反。长期以来，自由主义和理性过度发展，科学技术被任意应用，对自然和世界的敬仰与尊重消失殆尽，物质主义大行其道，精神文明停滞不前——哲学逐渐萎缩，沦为实用性工具；信仰被遗忘，变成可有可无的消费品。社会阴暗面对社会发展和政治的影响越来越明显，人类坐在了文明的“火山口”。低碳发展是一个让我们审视过去发展道路的机会——低碳发展需要产业和技术的发展，更需要让人们回想一下那些原初的、被遗忘的问题，生命的价值和意义是什么，人类将何去何从？每一代人都需要回答这个问题，这应该是低碳发展的根本所在，否则低碳发展就仅仅是技术的革命，而不是真正意义的社会革命。

一、应对气候变化的社会理论

尽管相比物质文明发展，社会思想发展陷入混沌，但是由于环境生态问题的一再显现，相应的应对理论还是处在发展之中的。然而这些理论或是已经较为陈旧，或是尚停留在理念宣传的层面，还无法对低碳发展提供系统性的指导，因为后者需要在社会各个方面都作出重大调整。

（一）生存主义理论

生存主义理论产生于20世纪60年代末，其核心思想是“生存危机论”，即经济增长与环境保护之间的矛盾是不可协调的，如果不从根本上改变人类的消费行为，发展和增长将不可避免地导致生态崩溃。主要代表人物和著作是蕾切尔·卡逊（Rachel Carson）的《寂静的春天》（1962）、“罗马俱乐部”的《增长的极限》（1972），其他著作如《地球的毁灭》（1970）、《生存的蓝图》（1972）、《人类的最后时刻》（1974）等，也都对工业文明的未来表现出深切的忧虑。

1972年斯德哥尔摩人类环境会议就是在这样一种以“生存危机论”为基础的氛围下召开的。大会通过的《人类环境宣言》及其《原则声明》构成了国际社会关于环境事务最早的“软法律”基础，并成为世界各国，包括发展中国家此后20年环境保护实践的行动指南。

这种生态崩溃的观点进入20世纪80年代以后逐渐失去其在环境理论中的主流地位，主要原因是“生存危机论”既低估了人类社会协调自身活动的能力，也忽视了科技发展及其应用对人类未来经济活动可能产生的巨大影响，但这种理论遗产构成了几乎所有激进环境政治理论与运动的根基。“生存危机论”并非耸人听闻，它给人类社会带来的警示永远具有价值。

（二）可持续发展理论

可持续发展理论旨在通过建立世界不同经济社会发展水平国家和人类不同代际之间的需求平衡来解决生态环境问题，以1987年发表的联合国环境与发展委员会报告——《我们共同的未来》和1992年举行的里约热内卢环境与发展大会为标志，其基本思想是通过确定走向“可持续发展”这一国际社会认可的共同目标，协调发达国家和发展中国家之间，人类不同代际之间，经济目标与环境、社会、政治目标之间的矛盾和利益冲突。

除了进一步认可人类的当务之急是依据生态可持续原则重建现有的经济社会活动秩序外，可持续发展理论的突出特色在于它认为经济要素是一个广阔视野下的三维目标——“经济、社会和生态相统一”的内在组成部分，经济增长不是一个被动必需而是一个应主动追求的目标，问题在于经济增长的方式或手段而不是经济增长本身。也就是说，真正可持续的经济增长完全可以与可持续的社会福利和生态环境相一致。

经过 20 多年的演变，可持续发展理论已经发展成为较为完整的绿色经济、绿色增长发展理论，到目前为止，可持续发展依然是世界各国生态文明建设所追求的目标。

（三）生态现代化理论

生态现代化理论产生于 20 世纪 90 年代，与可持续发展理论类似，它是对环境保护与经济增长不相融性理论的反思。生态现代化理论的核心是，环境保护不应被视为对经济活动的一种负担，而应视为未来可持续增长的前提，工商界及其他利益相关者应该积极参与其中。它包含三个理论要点（郇庆治，2007）：

一是环境保护与经济目标的协调性。两者可以相互促进，经济增长与环境目标的政策一体化完全可以赢得一个环境、经济和商业“三赢”的理想结果。

二是技术中心主义或“技术预防”。技术创新可以同时带来增长和环境改善，相应地，严厉的环境标准和政策不再被视为工商界的一种支出负担，而是视为实现其技术创新和提高竞争力的动力。全球化背景下的竞争力更依赖于经济增长与环境保护的成功连接，优先使用新型环境标准的企业，由于资源使用效率高，将具有更强的国际竞争力。

三是市场的优先性。强调市场作用是生态现代化理论的重要特征。要求政府部门通过税收、生态商标、排放贸易等手段，建立和创造有利于市场发展与环境保护的政策环境，而不是单纯地通过行政命令手段实现其目标。

生态现代化理论的核心之处在于对当代社会面临的生态挑战作出了积极的解释，认为不必对现行的社会经济秩序作出大规模或深层次的重建，通过市场激励和政府推动，完全可以在实现经济繁荣的同时避免和减少环境破坏。

（四）气候变化风险管理理论

风险指的是造成人类宝贵事务（包括人类本身）处于危境且结果不明等后果的可能性，通常表述为危害性事件和趋势发生的概率乘以这些事件和趋势的后果。

IPCC 评估报告将风险的概念引入气候变化研究领域，使对气候变化风险问题的认识不断深入。特别是第四次评估报告发布以来，“风险”成为气候变化适应研究领域的核心关键词。

2011 年，IPCC 发布了《管理极端事件和灾害风险，推进气候变化适应》的特别报告（SREX）。报告指出，极端天气气候事件常常但并非总是与灾害相关，极端和非极端天气气候事件的严重程度和影响在很大程度上取决于承载体的暴露度和脆弱性。SREX 以来的研究更明确地将社会经济系统、发展路径纳入气候变化风险评估框架内。研究认为人类和生态系统关键脆弱性的决定因子，如暴露度、影响敏感性和适应能力，在很大程度上取决于社会经济发展路径和状态；不仅如此，社会经济路径、适应和减缓措施以及治理策略还可以通过温室气体排放和其他辐射强迫以及土地利用变化来对气候系统的物理属性产生影响（李莹等，2014）。因此，影响、暴露度、脆弱性和适应等基本概念得到了清晰的界定，气候变化风险评价框架得到了重新认识，气候变化、影响和适应已经不再是一个简单的单向线性关系，而需要在一个复合系统的框架内予以理解和评估。提高整体适应气候变化的能力涉及整个政治、经济和社会系统的转型。

英国科学家在气候变化风险认知和管理方面的研究相对深入。2015 年 7 月正式发布的、由英国科学家主持完成的《气候变化风险评估》对这一理念进行了深入阐述和分析（King D et al.，2016）。报告与 IPCC 的评估报告不同，采用了不确定下的决策方法，将评估气候变化影响的危险阈值与其概率相结合，对气候变化的风险进行了评估。风险报告认为气候变化风险是非线性的，而且充满巨大的不确定性，气候变化各领域之间的相互影响和联系将会放大气候变化的风险。现在的研究（包括 IPCC 研究）普遍关注的是最可能发生的情景或我们努力追求的情景，风险认知需要更加关注危害最大（虽然发生概率可能比较低）的情景。更为难能可贵的是，报告还将保险公司对风险进行评估的理论和经验纳入气候变化风险评估中，为读者提供直观的经济量化概念。同时，报告没有回避 IPCC 一直回避的伦理问题，即我们应该承担多少对子孙后代、弱势群体及非人类环境的义务。这一系列评估将不仅会引导决策者对适应的重视，更会引起大家对减缓紧迫性的进一步重视。

二、案例：德国能源转型背后的社会思潮

德国能源转型以低碳发展为最终目的。这场能源转型是经过长时间酝酿、辩论而形成的一种变革而非剧烈的革命。社会、技术和政治因素都起到很强大的作用，其中社会因素起到的作用非常关键。

德国的能源转型可以追溯到 20 世纪 80 年代，环境运动兴起和绿党崛起起到了初始但决定性的作用。相比之下，2011 年福岛核事故仅仅是一个导火索而已。德国绿党作为一个新的政治力量诞生后，对德国政治带来了深刻影响，主要表现在三个方面：第一，带来了德国政党格局的变化；第二，使传统政党纷纷“绿化”；第三，绿色理念渗透到德国的国家政策中（沈素红，2006）。

德国绿党于 1980 年 1 月成立于卡尔斯鲁厄，由德国原有的绿色团体合并而成，是在德国 20 世纪 60—70 年代的环境保护运动、反核运动、和平运动、妇女运动以及第三世界运动等社会运动的基础上发展起来的，至今已经发展成为欧洲最成功的绿党。它最鲜明的特点是提出了一些不同于传统政党的原则，如生态优先、社会公正、基层民主、非暴力等。早在 1980 年，绿党成立不久就参加了德国的联邦选举，虽然只赢得了 1.5%的选票，算是牛刀小试；到 1983 年，绿党一举突破了 5%的界限，成为联邦议院的第四大党，长期以来被联盟党、社民党和自民党垄断的“两党半”格局被打破，绿党在联邦层面的参政道路就此开始。1990 年绿党在竞选纲领中提出了“关注气候变化问题”的口号；在 1994 年大选中，绿党的得票率超过自民党，成为第三大党。1998 年，德国绿党赢来了更值得庆祝的一年：不仅保持了第三大党的地位，而且还与社民党签署了联合执政协议，组成了德国历史上第一个“红绿联盟”政府，绿党因此成为德国的执政党。

由于绿党的冲击和环境意识的广泛增强，其他传统大党不得不提出一些与绿党类似的理念和主张以争取选票，其中受到影响最大的是社民党。社民党于 1989 年通过了新纲领，提出了生态现代化和质量增长的概念，其中处处可以看到绿党的痕迹，由此也奠定了两党联合执政的基础。

不仅是环境保护思想，绿党的经济发展理念也为国家政策所接受。绿党在

1983 年纲领的序言中宣称："我们不承认目前的浪费经济能够增加兴奋或生活的成就感，尽管它可以增加收入。……我们只有把自己从过分看重生活的物质标准中解放出来，我们的创造力才能获得解放，才能在生态基础上重新塑造我们的生活。"为此，"对我们短视的经济理性进行激进的重组是至关重要的。"由此可见，绿党经济政策的首要目标是重新确定经济理性，使经济活动的目的从单纯追求增长和创造利润转到满足人们必要需求、减少浪费和污染、保护生态环境、实现社会和谐的可持续发展道路上来。在这样的观念影响下，德国制定了环保和经济同步发展的生态社会市场经济政策。为此，德国政府把环境保护列为经济发展战略目标之一，把保护环境、生态和资源作为发展经济的一项长期战略措施，并且每年给予大量资金予以保证和落实。

德国绿党的诞生对德国和世界的影响都是深远的。虽然很多人批评绿党的主张过于激进，但 30 年的实践表明，德国绿党的主张和政策不仅是超前的，也是可实践的，符合德国和全世界人民的根本和长远利益。目前德国以及欧盟其他成员国在低碳发展方面的成就首屈一指，正是绿党积极探索人类发展精神家园的成果。

第二节　全球低碳发展的政策实践

低碳发展虽然是较新的发展理念和战略概念，但是环境经济学、发展经济学的理论研究，环境与可持续发展的实践，都为低碳发展提供了理论基础和政策借鉴。与低碳发展相关的政策工具已在各国的经济社会发展实践中得到采用，为世界各国的低碳发展建立起了相应的政策工具基础。

一、立法保障

气候变化与低碳发展已经成为国际社会普遍关注的重大问题。为应对气候变化，各国政府从科技、经济和法律等诸多领域加强了国际合作和国内行动。法律作为国家制定的社会规范，具有告示、指引、评价、预测、教育和强制等多种功能。用法律指引和规范应对气候变化的行动和低碳发展，对于回应气候变化所带来的挑战具有十分重要的作用。在国际层面，《公约》《京都议定书》和《巴黎协定》共同构成了全球应对气候变化、开展低碳行动和加强低碳合作的法律框架。在国家层面，主要国家和地区也开展了气候变化立法的尝试，既有成功经验，也有曲折经历。

（一）欧盟气候变化行动立法

2007 年 7 月，欧盟委员会发布了“气候与能源”一揽子计划草案，首次完整地提出了欧盟 2020 年的低碳发展目标和相关政策措施；在经过广泛征询公众意见的基础上，欧盟委员会于 2008 年 1 月正式提出了“气候与能源”一揽子方案的立法及建议，并于 2009 年获得欧盟首脑议会和欧洲议会的批准，成为正式法律（Decision No 406/2009/EC）。2014 年 1 月，欧盟委员会提出了《2030 年气候和能源政策框架通讯》（*Communication：A Policy Framework for Climate and Energy in the Period from 2020 to 2030*），公布了欧盟 2030 年低碳发展目标和政策框架。其间，欧盟委员会还发布了《构建 2050 年具有竞争力的低碳经济路线图》（*A Roadmap for Moving to A Competitive Low Carbon Economy in 2050*），对中长期低碳发展的路径进行了规划。目前这一路线图尚未提上立法日程。

欧盟的气候变化和低碳发展立法缘起于直面气候变化的挑战。在过去几十年里，欧盟一直向气候研究和评估项目提供资助，评估气候变化在未来可能给欧盟国家带来什么样和何种程度的自然灾害以及由这些自然灾害引发的经济、社会和政治后果。这些研究项目的主持者既有官方机构，如欧洲环境署，又有纯粹民间性质的非政府组织。在揭示气候变化挑战方面，欧洲的环境非政府组织和公众的参与功不可没，尤其是在揭示事实真相、跟踪事态发展、吸引公众关注、督促政府行动等方面。

在确定了立法事项后，欧盟各界进入凝聚共识的过程。这一过程其实就是广泛征询意见、倾听各界声音、吸取民间智慧的过程，也是决策和立法的必要前奏，或者说进入政策酝酿阶段。同时，这个过程也是以环境非政府组织为代表的公众参与欧盟公共事务、实现官方与民间互动合作最充分、最活跃的环节。在这个过程中，起到关键作用的是欧盟委员会以及欧盟理事会工作小组。在涉及气候变化领域的重大事项时，一般是由欧盟委员会先以绿皮书的形式提出一项政策咨询文件，目标是就该领域面临的重大问题在公众中引发讨论、辩论和协商。欧盟委员会的绿皮书虽然也是正式的官方文件，但并不具有法律效力和约束力。它只是把欧盟委员会正在考虑、有待决策的相关问题提出来供社会各界讨论，希望各界特别是利益攸关者提出自己的看法或建议。环境非政府组织总是其中积极的参与者，他们甚至还是讨论的引导者、组织者、相关回应文件的起草者，他们会充分利用欧盟提供的各种途径，表达自己的看法和主张。

在经过一段时间（一般为半年到一年）的讨论和协商后，欧盟委员会一般会在广泛吸收各方意见的基础上，根据实际需要再发布一份新的政策动议文件，称为白皮书、通讯、意见等，经过多方协商和必要的检查后，提交给欧洲议会和欧盟理事会。在这份文件中，欧盟委员会会对各种意见、建议或方案的优劣可行性进行评价，发表委员会自己的倾向性看法，并系统地提出对策草案。

欧盟立法遵循“共同决定”程序，即由欧洲议会和欧盟理事会共享立法权。欧盟委员会把它的提案提交给这两个机构，两个机构都批准后才能成为正式法律。欧盟涉及气候变化的法规或法规性文献主要包括指令（Directive）、条例（Regulation）和决定（Decision），它们被统称为法规（Legislation）。其中，指令用以设定必须达成的目标，但成员国可以选择达成目标的具体途径。指令被通过后，成员国必须在规定的时限内（一般为 2～3 年）转换为自己的国内法。条例是有约束力的法规，在欧盟官方公报上发布若干天后，自动在所有成员国内生效。决定主要送交成员国、公司法人或个人，仅对送达对象具有不完全的约束力。

欧盟理事会是所有决策和立法主体中最重要的部分。它对所有立法提案拥有最后的否决权。它的成员是各个成员国相应议题领域的部长，因此直接听命于各自所属的成员国政府。如果在政策动议阶段体现了“超国家行为体”特征，即欧盟委员会在发布政策咨询文件和动议文件中并不特别考虑国家立场，而更倾向于集体合作利益，那么在决策阶段各国政府的权利会更大一些。当涉及对外的气候变化政策时，如制定《公约》框架下欧盟 2020 年和 2030 年温室气体减缓目标，在协商一致后成为欧盟理事会的议事规则。

在欧盟层面的气候变化和低碳发展方案以法律形式固定下来之后，欧盟及其成员国将制定和应用各种政策工具贯彻实施气候政策和法规，包括国内法、市场手段、财税政策、标准标识、自愿协议等。

简而言之，面对气候变化挑战，欧盟的政策响应体系以立法为基础，由直面挑战、凝聚共识、依法决策和贯彻实施四个鲜明完整的阶段构成，如图 2-1 所示。公众可以充分参与，决策过程既体现超国家特征，也不乏国家政府之间的博弈，充分体现了欧洲国家的合作和法治精神，为世界各国和国际社会应对气候变化树立了良好的榜样。

直面挑战	• 对气候变化的事实和危害进行全方位评估 • NGO和公众积极参与
凝聚共识	• 欧盟委员会提出政策咨询文件，广泛征求意见；之后形成政策动议文件 • 以环境NGO为代表的公众全面参与 • 公开、透明、包容
依法决策	• 欧盟理事会是欧盟的主要决策机构，在欧盟委员会政策文件的基础上形成环境法规 • 欧洲议会与欧盟理事会共享立法权 • 法治主义和合作精神
贯彻实施	• 指令(Directive)、条例(Regulation)和决定(Decision)共同构成法规(Legislation)体系 • 指令2~3年内转化为国内法；条例自动生效；决定仅对送达对象具有约束力 • 技术路线、政策工具、国际路线

图 2-1 欧盟气候变化政策响应模式

（二）美国气候变化行动立法

美国虽然迄今为止没有通过专门的气候变化行动和与低碳发展相关的立法，但在奥巴马（Barack Obama）总统任期内，美国曾经试图推动这一领域立法，并且已经获得了众议院通过，这也是美国应对气候变化和低碳发展历史上的重要事件。

自 2009 年 6 月美国国会众议院通过《2009 年美国清洁能源与安全法案》（*American Clean Energy and Security Act of 2009*）成为美国气候变化立法史上的里

程碑事件以来，随着联合国气候变化哥本哈根会议无果而终、国际应对气候变化进程扑朔迷离，美国国内气候变化立法进程也随之淡出。2010 年 5 月 12 日，民主党参议员克里（John Kerry）与独立参议员李伯曼（Joseph Lieberman）联合提出了《2010 年美国能源法案（讨论草案）》（*American Power Act of 2010*）作为参议院《2009 年美国清洁能源就业与美国能源法案》（*Clean Energy Jobs and American Power Act of 2009*）被搁置后新的参议院气候变化立法版本，使迫在眉睫的气候变化立法又前进了一步。

《2010 年美国能源法案》是众议院通过的《2009 年美国清洁能源与安全法案》提交参议院审议后参议员提出的最新匹配法案。该法案的目的是保障美国的能源安全与独立，促进国内清洁能源技术发展，减少温室气体排放和促进就业。法案设定的温室气体减排目标与美国根据“哥本哈根协议”要求提交给《公约》秘书处的减排目标一致，即要求美国在 2020 年将全国温室气体排放量相对于 2005 年水平减排至少 17%，2030 年减排至少 42%，2050 年减排至少 83%。与众议院《2009 年美国清洁能源与安全法案》和参议院《2009 年美国清洁能源就业与美国能源法案》规定的 2020 年减排 20%的目标相比，《2010 年美国能源法案》设定的目标更加保守（高翔和牛晨，2010）。

《2010 年美国能源法案》包括七个部分：①促进国内清洁能源发展；②减少温室气体污染；③消费者保护条款；④保护和增加就业；⑤应对气候变化的国际行动；⑥防止气候变化侵害，即适应气候变化项目；⑦预算条款。

在国内能源发展方面，《2010 年美国能源法案》通过支持核能利用研发、提供项目担保贷款、提供投资赋税优惠以及提高项目审批效率等措施，鼓励国内核电的发展；对海上油气资源开发的安全性提出了更高要求，明确了沿海各州在海上油气资源开发中的收益及其用途，并赋予沿海各州否决在本州海岸线 75 英里（约合 120 km）以内开发油气资源的权力；在煤的清洁利用方面，法案对燃煤电厂的温室气体排放标准作出了规定，并要求联邦政府每年提供不少于 20 亿美元的资金支持碳捕集和封存技术的研发、示范和商业运营；在发展可再生能源和提高能效方面，法案提出开展农村节能项目，并支持各州发展可再生能源和提高能效的项目，继续支持自愿可再生能源发展市场；在交通领域，法案要求加强与发展电动汽车相适应的基础设施建设，并要求各州和大都会区提出交通领域温室气体减排目标和计划，建立高速公路基金以支持提高公路交通效率；同时，要求建立清洁能源技术基金以支持清洁能源技术的开发，确保美国在先进能源技术方面的全球领先地位。

在减少温室气体污染方面，《2010 年美国能源法案》要求美国自 2013 年起实施全国排放限额与排放许可交易制度。该制度要求在 2008 年或以后某一年排放大于等于 2.5 万 t 二氧化碳当量温室气体，或生产、进口和销售大于等于 2.5 万 t 二氧化碳当量温室气体物质的实体以及向上述实体供电的部门，按规定向国家温室气体登记簿报告其温室气体排放量或相关信息。其中，电力、制造业和交通部门，以及温室气体物质进口和销售商、二氧化碳地质封存点是受管制的排放实体。法案规定，受管制排放实体的年排放量不得超过其拥有的排放许可量，当年节省出的排放许可可以储蓄，同时允许排放实体有条件透支未来五年内的排放许可。排放实体可以有限制地使用经美国国家环保局（EPA）局长和国务卿认可的外国排放许可。法案规定了合规的国内碳减排项目及其产生的碳信用，允许全国受管制排放实体每年以 20 亿 t 二氧化碳当量的碳信用履行其减排义务，其中每 1.25 t 国外碳信用折合 1 t 国内碳信用使用，并且在国内碳信用供给量大于 15 亿 t 时，国际碳信用的使用不能超过 5 亿 t，国内供给不足 15 亿 t 时，可提高国际碳信用的使用额度，但最多不超过 10 亿 t。电力部门将于 2013 年起受排放限额与排放许可交易制度管制，而制造业部门将从 2016 年起；交通部门受管制排放实体履行法律义务的方式与其他不同，燃油供应商需每季度按环保局定价直接向环保局购买排放许可，并且不允许进行排放许可买卖。法案为排放许可交易设立了价格控制区间，以减少投机行为对制度的影响，确保制度的减排成本可预测。

作为与《2009 年美国清洁能源与安全法案》相匹配的参议院版本，《2010 年美国能源法案》与前法案一样都重视维护碳市场的稳定。参议院法案在众议院法案要求维护碳市场稳定的基础上进一步制定了具体规则：①设定碳价格区间，要求在 2013 年每吨二氧化碳当量排放许可的价格需保持在 12～25 美元（2009 年不变价），并且要求之后每年价格上限以高于通胀率 5 个百分点的速率变化，而价格下限以高于通胀率 3 个百分点的速率变化；②不设立碳衍生品市场；③规定市场准入，只允许受管制排放实体和有限的做市商参与排放许可拍卖和初级现货市场，二级市场虽对所有群体开放，但只允许进行现金清算活动。这些规定体现了法案起草者对于防范金融市场投机的考虑，表明法案实施排放许可交易制度的根本目的是通过市场调节手段降低全社会的减排成本，促进减排目标的实现，而不是为了形成新的金融产品市场，为华尔街提供新的追逐对象。这一规定减少了公众因金融危机恐慌而对排放许可交易制度产生的疑虑。

两份法案还一致要求对受管制部门产品种类的进口实施“边境调节措施”，即所谓征收“碳关税”，除非出口国满足以下三项条件的至少一项：①该国加入了一个有美国作为缔约方的国际条约，并且条约对该国全国减排温室气体的要求不低于美国；②对于特定受管制部门，如果该国与美国有双边部门减排协议，或共同作为多边部门减排协议的成员国；③对于特定受管制部门，该国的能耗强度或碳排放强度不高于美国。但如果满足上述条件的国家，在某一受管制部门的产品产量占全球份额超过 70%，则该产品仍将被征收“碳关税”；这一比例在众议院法案中是 85%。此外，对于美国认定的最不发达国家，以及排放量占全球比例不超过 0.5%且特定受管制部门产品产量占全球份额不超过 5%的国家，将不被征收“碳关税”。克里和李伯曼表示，这一规定是符合世界贸易组织（WTO）规则的。

自奥巴马就任总统以后，美国政府对待气候变化问题的立场发生了巨大转变。奥巴马认为，气候变化和对石油的依赖将继续削弱美国经济，威胁国家安全，因此树立了振兴经济、保证安全与应对气候变化彼此补充、相互促进的理念（李海东，2009）。相应地，美国也从小布什政府的消极参与国际气候变化合作、保守执行国内应对气候变化政策转变为积极参与并主导国际气候变化合作、积极开展国内应对气候变化行动。其中，国内行动最典型的事件是美国国家环保局于 2009 年 12 月将二氧化碳认定为大气污染物，随即可以根据《清洁空气法》（*Clean Air Act*）的授权，对其进行管制（Goldenberg S，2014），而无须等候国会通过气候变化立法并授权。

尽管美国国家环保局的上述行动得到了奥巴马总统的支持，但是由于美国的法律和行政体系制度规定，政府行政规章在一届政府届满后，该届政府推出的行政规章可以被下一届政府废止；而制定全国范围的温室气体减排制度和规章并实施需要一定的准备和缓冲时间，因此，奥巴马和美国国家环保局此举应该被看作是敦促国会通过气候变化立法的举措，而在该届政府任期内（2009 年 1 月 20 日—2013 年 1 月 19 日）不会取得明显实质作用。

由于美国国内的金融危机和亚利桑那州移民法案等对美国社会带来的影响，国际层面哥本哈根会议无果而终使全球主要国家减排形势不明，这些都严重波及美国的气候变化立法进程。最终，这次气候变化立法进程没有取得成功。美国总统和国家环保局对于温室气体排放的管制，成为美国应对气候变化和推动低碳发展的主要动力。然而由于缺乏立法保障，美国新任总统特朗普（Donald Trump）于 2017 年 1 月 20 日就职以来，就积极废除奥巴马时期应对气候变化的各项政策措施，包括决定推翻奥巴马以总统行政协定方式批准的气候变化国际条约——《巴黎协定》。

二、行政和规划手段

气候变化是典型的环境外部性问题，其解决必须通过政府干预来实现。环境经济学为解决这一问题通常有三种手段：行政命令、排放权交易、环境补贴和环境税。行政命令的颁布在西方国家往往被认为是与“小政府大市场”价值观相违背，因此普遍不受欢迎，但是在现实中各国也都通过制定规划方案、设定法定标准等措施来管控温室气体排放。

在国家（联盟）层面，欧盟制定了系统的“20/20/20”行动方案，设定了 2020 年欧盟整体比 1990 年减排温室气体 20%、节能 20%、可再生能源消费比例提高到 20%的目标，并通过按国别的目标责任分解、建立欧盟碳市场、提高机动车排放标准等一系列的配套措施来落实这一整体行动方案。这一套行动方案还被欧盟立法所确认。美国制定了“总统行动计划”，也对 2020 年比 2005 年温室气体排放减排 17%的目标进行了按领域的分解落实，包括更新新建以及既有发电厂碳排放标准、发展新能源、激励对清洁能源的长期投资、提高能源效率、确立四年一次的能源评估制度等。印度在 2008 年宣布了首个《气候变化国家行动计划》（*National Action Plan on Climate Change*），该计划作为纲领性文件，包括应对气候变化的原则、规划以及组织实施方式等，其重点是八项国家行动计划，其中，侧重于减缓领域的是太阳能国家计划、提高能源效率国家计划和可持续生活环境国家计划；侧重适应的有水资源国家计划、喜马拉雅生态保护国家计划、绿色印度国家计划和农业可持续发展国家计划；另有一个加强气候变化战略研究国家计划的能力建设规划。巴西能源部制定的“国家能源规划 2030”（*Plano Nacional de Energia 2030*）要求，到 2020 年，非化石能源占全国能源生产量的比重将提高至 48.3%，占能源消费量的比重提高至 47.3%，到 2030 年，这一比重进一步分别提高至 49.6%和 49.4%；随后，巴西又制定并颁布了国家应对气候变化法——《应对气候变化国家计划》(*Institui a Política Nacional sobre Mudança do Clima*)，明确规定巴西的减缓行动目标是 2020 年将在 BAU 情景下偏离 36.1%～38.9%，并且在相应的法令和国家信息通报中提出了各部门的行动和相应的减排量；如果实现这一目标，将意味着巴西 2020 年的排放量比 2005 年绝对减少 5.7%～9.8%。中国也在 2007 年发布了首份《中国应对气候变化国家方案》，详细介绍了中国在应对气候变化方面的目标、原则、政策和行动，在说明中国面对气候变化的脆弱性的同时，也充分强调中国已在能力范围内为全球应对气候变化作出了相应贡献。2014 年中国又发布了《国家应对气候变化规划（2014—2020 年）》。这是中国应对气候变化领域首个国家专项规划。

在国际层面，实际上《公约》下的国际谈判就是各国政府共同采取行政干预手段、合作应对气候变化的方式。各国通过谈判，共同设定全球应对气候变化，尤其是减排温室气体的目标，并设计相应的实施手段，如资金支持机制、技术转移机制、能力建设机制、灵活减排机制等，其典型案例就是《京都议定书》、“坎昆协议”和《巴黎协定》。

总的来说，由温室气体排放导致气候变化的经济学属性使行政干预手段虽不为西方发达国家和“市场至上”的观点所喜，但却是解决气候变化问题的必要手段，也是排放权交易等其他手段的基本前提。

三、财税手段

对于环境污染的外部性问题，庇古（Arthur Pigou）在其著名的《福利经济学》

中，详尽地分析了边际私人净产值与边际社会净产值背离的原因。他认为这一现象的出现来源于“外部经济”或“外部不经济”。庇古认为，正是因为边际私人净产值与边际社会净产值背离现象的存在，使国家干预有了必要性与合理性。他建议，政府应根据污染所造成的危害对排污者收税，以税收形式弥补私人成本和社会成本之间的差距，将污染的成本加到产品的价格中去。这种税被称为“庇古税”（Pigovian Taxes）。从经济学的意义分析，庇古税所偏重的是效率原则，从中性立场出发，引导资源配置优化，以实现帕累托准则，也就是说，建立碳税制度并以此来控制二氧化碳的排放量，可以使不同企业根据各自的控制成本来选择控制量。相比较而言，庇古税较之其他控制手段，如排污标准、罚款，在同样的排污控制量的情况下，成本相对要低。所以人们认为，征收碳税可以获得“双倍红利”（double dividends），即用中性的碳税来替代如收入调节税等现有税收，在总税收水平不变的情况下，可达到减排温室气体的目标与调整现有税收制度对经济绩效扭曲程度的双重效果。

碳税和与之相关的能源税、环境税、资源税等在世界许多地方都有所应用。丹麦、芬兰、荷兰、挪威、波兰和瑞典等国已经开始推行不同的碳税政策。瑞典是在消费端征收此税。瑞典国家碳税对私人用户征收全额碳税，而对工业用户减半征收，对公共事业机构则免征此税。由于瑞典全国所耗电能半数以上都是用于供暖，并且所有可再生能源（如由植物产生的能源）都免税，所以自 1991 年以来，生物燃料工业蓬勃发展。加拿大魁北克省也已经开始对石油、天然气和煤征税。该省此税的纳税对象将是中间商——能源和石油公司，而不是消费者。尽管此税面向供应链上的高端用户征收，但纳税企业还是可以并且很可能通过提高能源收费价格将成本部分转嫁到消费者身上。在消费阶段征税比在生产阶段征税要容易得多。消费者会比较愿意每年支付额外的 16 美元碳税，但生产者往往不愿意支付。美国科罗拉多州的玻尔得市（Boulder）向所有的消费者——房屋所有者和商业组织征收本市的地方碳税，玻尔得市的居民根据其用电度数来支付此项费用。官方声明此税的税额规定如下：在电费账单基础上，每年向私人用户多收 16 美元，向机构用户多收 46 美元。中国则在 2016 年 12 月 25 日正式通过了《中华人民共和国环境保护税法》，开始对应税大气污染物、水污染物、固体废物的排放量和噪声的分贝数进行征税。温室气体排放未被纳入这一体系。

四、排放权交易手段

产权经济学和环境经济学为建立排放权交易制度提供了经济学理论根据。科斯（Ronald Coase）认为，所有权、财产权失灵是市场失灵的一个根源，资源配置的外部性是由资源主体的权利和义务不对称所导致的。只要明确界定所有权，市场主体或经济行为主体之间的交易活动或经济活动就可以有效地解决外部不经济性问题。

排放权交易就是对以上理论的实际应用。其作法一般是，政府机构评估出一定区域内满足环境要求的污染物的最大排放量，并将最大允许排放量分成若干规定的排放量，每份允许排放量为一份排放权，政府可以用不同的方式分配这些权利，如可以有选择地卖给出价最高的购买者，并通过建立排放权交易市场使这种权利能合法地买卖。在排放权市场上，排放者从其利益出发，自主决定买入或卖出排放权。因为总的排放权量是以满足环境容量要求为限度的，所以无论这些排放权如何分配，环境质量都不会低于预设的环境目标。

从广义上讲，碳交易还包括自愿碳减排交易，但是从经济学原理上看，在没有政府干预设定碳排放权限额时，自愿碳减排交易的需求是不固定的，供求关系不受政府调控，无法起到纠正市场失灵的作用；而当这种自愿碳减排交易与某个或某些限额交易体系具备法定的联系时，其供求也就纳入了这个或这些体系，这导致一方面自愿减排交易受到相应的政府调控影响，另一方面自愿减排量相当于提高了总的排放权数量，有可能影响预设环境目标的实现。

自 20 世纪 70 年代开始，美国将基于产权理论的排污权交易用于大气污染源管理，逐步建立起系统的排污权交易政策和体系。最早开始也是迄今为止最广泛的排污权交易实践是美国以二氧化硫为交易对象的“酸雨计划”。这一计划通过在电力行业实施二氧化硫排放权限额交易来实现到 2010 年美国的二氧化硫年排放量比 1980 年的排放水平减少 1 000 万 t 的政策目标，并取得了积极而显著的效果。基于对环境经济学和二氧化硫排放权限额交易应用的拓展，桑德尔（Richard Sandor）于 1992 年提出了碳排放权限额交易的概念，成为后来应对气候变化国际实践中的重要内容。

欧盟、英国、美国（部分地区）、墨西哥、澳大利亚、新西兰、日本、韩国、中国（部分地区）等国家和地区都陆续开展了碳排放权交易的探索，尽管有些地区的碳市场由于政权变动而暂时中止。不同的排放权交易体系形成了各自独立的交易市场，目前尚未形成互联的国际碳市场。以《京都议定书》为依据建立的清洁发展机制（CDM）和联合履约机制（JI）虽然是国与国之间的减排量交易，但由于交易标的是在《京都议定书》这一相同体系下生成的，因此仍应看作是同一碳交易体系，而不是碳市场的国际互联。当前各碳交易市场的交易品种不同，价格、市场的活跃程度、交易方式和规模差异巨大。

从碳排放权配额规模看，目前最大的是欧盟碳市场，2013 年的总配额为 20.8 亿 t，这一配额在 2013—2020 年将每年递减 1.74%（European Commission，2017）；根据北京环境交易所数据，中国北京、天津、上海、重庆、深圳、广东、湖北七省市碳排放权交易试点的总规模约为每年 12 亿 t，紧随其后，但随着 2017 年中国全国碳排放权交易市场的建立，中国将超越欧盟成为全球最大的独立碳市场。

从交易规模看，首先是欧盟碳市场，其规模最大，2011 年交易量占全球交易量的 76%，市场较为成熟，活跃程度高；其次是 CDM 市场，2011 年一级和二级市场交易量约占全球交易量的 20%，市场活跃程度也相对较高；然后是美国 RGGI 市场，活跃度较高；最后是新西兰和日本等国，交易量相对较低，市场规模小。

从定价方式看，欧盟排放许可（EUA）价格完全由市场决定。澳大利亚则计划最初由政府设定价格，经过三年的过渡期后转为市场决定，政府设定了价格上限和下限。美国东北各州区域温室气体交易市场（RGGI）的一级市场以拍卖方式定价，二级市场则通过期货、期权等多种方式进行交易，由市场决定价格。

从交易价格看，交易产品的价格与该国或该地区的减排成本密切相关，同时受到经济走势和能源及其他相关商品价格的影响。尽管金融危机等因素造成价格下跌，但是欧盟排放权交易体系的 EUA 价格仍相对较高，2011 年平均价格为 13 欧元；澳大利亚排放单位的价格设置基本参照 EUA 的价格；来自 CDM 机制的核证减排量（CER）价格低于 EUA 价格。美国市场和自愿减排交易市场的交易价格一般在 10 美元以下。

从交易品种和交易方式看，欧盟碳市场形成了 EUA 现货和期货、掉期、远期、期权等多种金融产品的体系，交易分为场内交易和场外交易，方式灵活多样。CER 交易也包括现货和期货等交易品种，美国 RGGI 二级市场包括了现货、期货和期权等交易品种，而新西兰、日本和自愿减排交易市场以现货为主。

第三节　全球低碳发展的技术实践

能源系统革命是低碳发展的关键，低碳发展需要能源系统的各个环节都作出革命性的变化，从能源的生产、加工转换到能源输送和终端利用。在能源生产环节，非化石能源（可再生电力、核电、生物能源）的成本和安全性都需要越来越具有竞争性；在能源加工转换环节，能源效率得到最大幅度的提高，碳捕集与封存（CCS）在比较大的范围内得到利用以降低全球减缓的成本；在传输环节，传统电网向能容纳多点输入、双向流通的智能电网转换；在终端利用环节，替代技术和产品的渗透、能源效率持续提高都非常重要。总体而言，低碳发展下的能源系统将向能源品种多样化、电网智能化、用能设备高效化方向发展，体现出融合性（各个环节之间的联系前所未有的紧密）、多样性（能源品种多样化对基础设施提出新要求）以及高效性（无所不在的效率问题）特点。网络、计算工具和大数据为优化系统效率提供了基础。

一、电力生产与传输技术

一方面，在电力生产环节，可再生发电的规模一再扩大，光电、风电和太阳能热发电技术的发展使可再生能源的发电成本不断降低，可再生能源发电已经逐步进入市场竞争阶段。另一方面，化石能源发电的高效技术、低碳技术也是电力生产环节的重要技术，主要包括超超临界燃煤发电技术的发展、碳捕集与封存技术及核电等。

（一）可再生电力技术

可再生电力发展逐步进入市场竞争阶段：2014 年全球风电装机已经达到 3.7 亿 kW，其中 5 100 万 kW 是在 2014 年安装的；光伏发电装机达到 1.78 亿 kW，其中 4 000 万 kW 是在 2014 年完成的。成本的不断下降是可再生电力持续增长的重要原因，这个现象在欧洲表现得最为明显。现在整个欧洲的光伏装机容量为 8 100 万 kW，德国光伏装机容量则达到了 3 800 万 kW。自德国从 21 世纪开始决定用半个世纪的时间实现德国的能源转型以来，该国的可再生能源获得了人类历史上前所未有的高速发展。最新数据显示，2014 年德国可再生能源发电量已占全国总发电量的 26.2%，其中太阳能发电量又占所有可再生能源发电量的 21.7%。2015 年 7 月 25 日，德国太阳能、风能和其他可再生能源的发电量创下占该国当日总用电量 78%的纪录，这可谓是德国在以煤炭和石油为主的能源结构向低碳能源转型过程中的一座里程碑。2015 年 7 月 22 日晚上，即使在夜晚太阳能发电量降为零且没有强风的情况下，风能、生物质能和水电等可再生能源依然为德国提供了近 1/4 的电力。随着可再生电力规模的一再扩大，可再生能源电力将结束无条件补贴全额并网的计划时代，今后也将与传统电力一样，在电力市场上进行交易，进入市场经济时代，从而促进可再生能源发电的市场竞争力。2014 年《可再生能源》修正案规定，可再生能源电站运行必须直接介入市场竞价，且在 2017 年之前，可再生能源项目要实施招标政策；提出鼓励可再生能源固定补贴的“市场竞价”替代固定电价，并且对固定补贴设定了三航线，通过新增的装机容量进行调整，当新增装机容量超过给定目标后，可再生能源补贴将会降低。这些调整虽然可能给可再生电力发展带来一定挑战，但有利于可再生能源市场竞争力的提高和长远发展。作出这样的“断奶”式决定，除了由于可再生能源规模的一再扩大对电网稳定性有影响，需要适度控制之外，成本的不断下降也提供了基础。以太阳能发电为例，2014 年多晶硅价格比 2006 年下降了 90%以上，多晶硅电池组件价格下降了85%，如表2-1所示，晶体硅电池效率也在不断提升，如表2-2所示。薄膜和聚光光伏电池效率也在提升，新型电池技术研发活跃，推动光伏技术不断发展，为光伏技术未来大幅度降低成本提供了广阔的空间。

表2-1　2006—2014年太阳能光伏产品价格

年份	多晶硅/（美元/kg）	硅片/（美元/W）	电池片/（美元/W）	电池组件/（美元/W）
2006	200	3.50	3.80	4.0
2007	300	3.00	3.50	3.8
2008	400	2.50	3.00	3.5
2009	150	0.90	1.40	2.0
2010	90	0.80	1.30	1.5
2011	30	0.50	0.75	1.0
2012	23	0.40	0.60	0.8
2013	20	0.30	0.50	0.7
2014	18	0.29	0.15	0.6

资料来源：《2015国际可再生能源发展报告》。

表2-2　晶体硅电池效率发展情况

	商业化电池片效率	商业化组件效率	实验室效率	2020年组件效率	2030年组件效率
单晶硅	16～22	13～19	24.7	23	40
多晶硅	14～18	11～15	20.3	19	21

资料来源：《2015国际可再生能源发展报告》。

根据美国能源部《四年度能源技术评估》，当光伏发电站的平准成本降低到6美分/kW·h、商业光伏用电平准成本降低到8美分/kW·h、居民光伏平准成本降低到9美分/kW·h，光伏发电就会具有较强的经济竞争力。这个目标相应要求电站、商业屋顶发电和居民屋顶发电的装机成本分别降1美元/W（目前预计的2020年目标是1.50美元/W，如图2-2所示）、1.25美元/W和1.50美元/W。2010—2014年，美国的光伏电站装机成本已经下降了60%。降低系统中的软件成本是未来继续降低成本的研发关键。

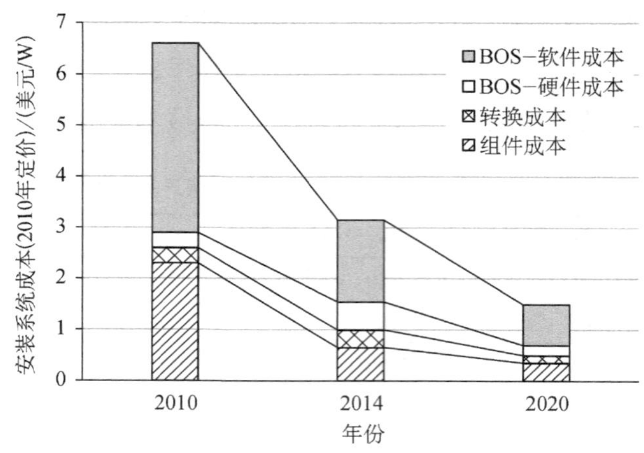

图 2-2　美国光伏电站装机成本下降趋势和目标

（资料来源：根据 Quadrennial Technology Review 数据，作者自制）

随着风电制造、开发技术的日益成熟和风电的规模化发展，风电成本在近 20 年中不断下降。陆上风电开发中，风电机组的成本占 65%～84%，风电场的运行和维护成本（包括服务、备件、保险、管理和其他费用等）约占 25%。目前中国陆上风电单位装机平均投资为 8 000～9 000 元/kW，2030 年和 2050 年可能降低到 7 500 元/kW 和 7 000 元/kW。海上风电的发电效率高于陆地风电，对景观、闪烁和噪声的要求标准也比较低，但成本是后者的 1.5～2 倍，特别是基础设施和运行维护的费用占比超过 20%，直接抬高了海上风电的成本。欧洲海上风电成本一般在 1 700～2 000 欧元/kW，以单位发电量核算，成本为 0.08～0.10 欧元/kW·h（0.65～0.82 元/kW·h）。我国目前近海风电的工程造价在 2 万元/kW 左右，是陆上风电的两倍多，风电成本在 0.7～1.0 元/kW·h。随着开发技术的成熟，近海风电的运行维护成本将会逐渐与陆上风电持平。

太阳能利用出现新趋势。太阳能热发电（CSP）的全球市场发展还不成熟，但因具有稳定处理、承担基础负荷的技术特点而受许多国家的重视，市场规模逐步扩大。2014 年太阳能热发电装机容量达到 440 万 kW，相对于 2013 年增长 27%。美国新增太阳能热发电装机量连续两年位居全球第一。2014 年美国几个大的太阳能热发电站投入运行，其中美国的第一家 CSP 电站——Ivanpah 塔式发电装机 37.7 万 kW，Mojave 槽式电站装机 25 万 kW，Genesis 二期槽式电站装机 12.5 万 kW（总装机 25 万 kW），从而使美国新增装机达到 75 万 kW，累计装机超过 160 万 kW。

太阳能热利用技术与火电厂一体化发电系统也是目前的研发方向。这种技术将太阳能引入常规火电发电机组回热系统，为火电机组的节能减排和太阳能大规模利用提供新途径。相关示范项目已经在多个国家出现，包括美国南佛罗里达州的马丁下一代太阳能中心（Martin Next Generational Solar Energy Center，太阳能装机占总装机 380 万 kW 的 2%）、澳大利亚的 Kogan Creek Solar Boost（太阳能装机占总装机 75 万 kW 的 6%）、埃及的 ISCC Kuraymat（太阳能装机占总装机 14 万 kW 的 15%）和阿尔及利亚的 ICSS Hassi R'Eml（太阳能装机占总装机 15 万 kW 的 17%）。Vishwanath H 等研究认为，就减缓温室气体排放而言，在现有太阳能热利用技术补贴政策下，利用太阳能热利用技术改造现有的燃煤发电机组比加装 CCS 工程更有竞争力，一方面能够充分利用现有基础设施，另一方面能提高太阳能热发电的效率。

（二）超超临界燃煤发电

超超临界燃煤发电技术仍大有用武之地。常规燃煤发电技术依然在各国电源结构中占据最重要的位置，未来的发展方向是通过提高蒸汽的温度和压力参数实现效率提升降低煤耗。目前先进的超超临界机组的主蒸汽参数已经达到 600℃，其发电效率可以达到 45%以上，煤耗约为 271 g/kW·h。相对传统的燃煤机制 35%左右的发电效率，超超临界机组的发电煤耗可降低 80 g/kW·h 左右，若全面替代现有火电机组，年节煤量可达到 2.33 亿 t 标准煤，减少二氧化碳排放 6.46 亿 t，节能效果非常明显。上海外高桥第三发电有限责任公司两台装机 1 000 MW 超超临界机组，年发电量在 120 亿 kW·h 左右，是上海电网乃至华东电网的主力机组。2011 年两台机组实现供电煤耗 276 g 标准煤/kW·h，成为世界上率先冲破 280 g 标准煤/kW·h 最低煤耗整数关口的电厂。实现温室气体减排 28.47 g 标准煤/kW·h，全面减排二氧化碳 35.46 万 t。为了进一步降低能耗和减少排放，在材料工业发展的支持下，各国的超（超）临界机组都在朝着更高参数的技术方向发展。据不完全统计，2005 年后欧洲开工的 1 000 MW 以上机组有 7 台，其中 3 台机组的再热汽温为 619℃，1 台机组的再热汽温提高为 620℃。日本已经投运一台 600℃/620℃等级的机组（新矶子 2#机组），德国和意大利也正在建设以 600℃/ 620℃等级为主的超超临界机组。其中，德国的 Datteln 4#于 2011 年投运，容量为 1 100 MW。此外，欧、美、日等国家还纷纷提出了发展 700℃超超临界机组的计划。欧洲 700℃系列计划是 1998 年启动的世界上第一个高效超超临界发展计划，以丹麦 Elsam 电力公司为主，联合了欧洲约 45 家研发单位参加；日本在 2008 年 8 月启动的 AUSC-9 年计划是由日本国家材料研究所、高温材料科学研究中心联合日本的汽轮机、锅炉和电力系统的制造厂及研究单位共同进行的，于 2016 年完成产品的设计开发；美国通过政府和企业合作，从 2001 年开始由 EPRI-美国电力研究院、EIO-洱海和州能源协会负责，于 2016 年开始实现商业化目标。2011 年中国也启动了 700℃超超临界技术的研发，计划在 2021 年前完成工业示范，预计发电效率为 51%，单位发电煤耗可降低至 241 g 标准煤/kW·h。

（三）碳捕集与封存

碳捕集与封存技术（CCS）具有竞争性，但面临投资不足的挑战。目前全球有 11 个大型 CCS 项目在运行，33 个项目处在较早期阶段，其中有代表性的有美国的 Sask Power Boundary Dam Project 以及 Southern Company Kemper Project。这些项目的平稳运行说明 CCS 技术可以在商业层面整合到现有发电厂中，保持稳定安全的操作。Boundary Dam 是世界上第一个大型燃煤电厂配备燃烧后二氧化碳捕获技术的电厂，其捕获技术基于 Shell's Cansolv 工艺，能够捕获 90%的二氧化碳排放量，捕获规模大约 110 万 t/a。第二代 CCS 包括一整套提高捕获效率、电厂效率和降低组件成本以及扩大埋存范围的技术，预计到 2020 年中期，这些技术将达到一定成熟度。美国国家能源技术实验室认为届时 CCS 煤电厂的成本将比第一代技术降低 20%。CCS 技术进一步普及的障碍很多，主要包括示范规模还有待扩展、公共投资较少、无市场激励、市场较少企业不愿意投资以及安全埋存质疑（实际上已经非常安全了）。IPCC 认为，如果没有 CCS 的介入，实现 2℃的减排成本要比预期提高 138%，因此 CCS 技术对全球气候安全有至关重要的作用，持续的研发和示范必不可少。

总体来看，全球 CCS 研究所（GCCSI）认为 CCS 是具有竞争性的。图 2-3 显示了 CCS 电厂的平准成本位居各种低碳发电技术的中游，相当具有竞争性。但考虑到风电、太阳能发电的成本还在不断下降，CCS 也必须逐步降低成本才能保持竞争性。

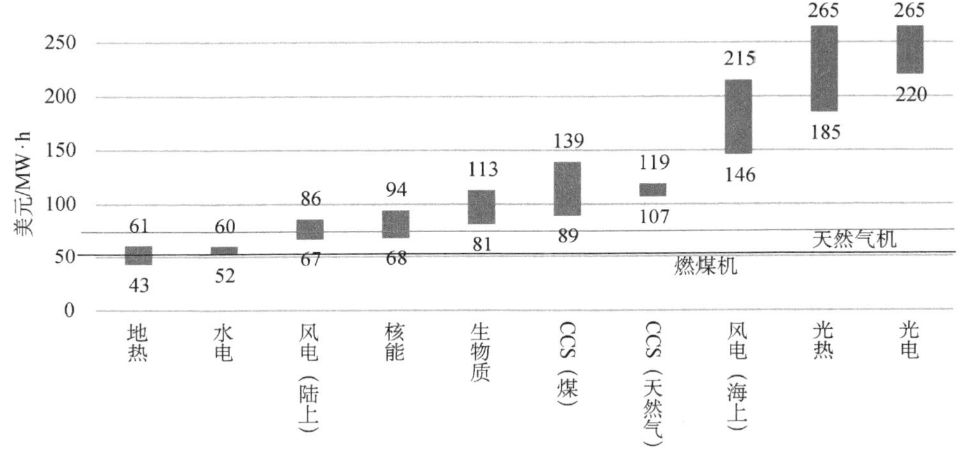

图 2-3　CCS 发电成本与其他低碳技术的比较

（资料来源：UNFCCC，2014）

《巴黎协定》将 1.5℃温升控制目标纳入框架之内，使得以“生物能源+CCS”为代表的负排放技术设想变得更加不可避免。这种技术处于极早期的示范阶段，例如在美国的伊利诺伊州，工程人员将生物乙醇生产过程中的二氧化碳通过管道运输埋存于西蒙山砂岩储层，大约 7 000 英尺[①]之下。但是，这种技术的前景以及给人们带来的消极思想也备受质疑（Arderson K，2015）。与此类似的地球物理工程也必须在道德和伦理层面进行讨论（潘家华，2012）。

（四）核电

核电依然是低碳电力的重要组成部分，虽然全球核电发电量从 2004 年的 2 760 TWh 下降到 2014 年的 2 537 TWh（下降了 8%）：除德国坚定弃核之外，其

① 1 英尺＝0.304 8 m。

余主要国家对核电的态度相对积极乐观。以美国为例，从 2012 年开始，五台核电机组退役，到 2019 年还将有一台机组退出生产；同时，一台新核电机组开工建设，另有四台第三代机组（西屋公司的 AP1000）也在开工。新增机组在安全性方面的保障措施非常到位。第三代核技术因采用“非能动”安全系统，就是在反应堆上方顶着多个千吨级水箱，一旦遭遇紧急情况，不需要交流电源和应急发电机，仅利用地球引力、物质重力等自然现象就可驱动核电厂的安全系统，巧妙地冷却反应堆堆芯，带走堆芯余热，并对安全壳外部实施喷淋，从而恢复核电站的安全状态。美国西屋公司在 AP600 基础上开发的 AP1000 三代技术，是双回路百万千瓦级先进压水堆。它采用非能动的安全系统，并具有简单性、安全性、可靠性和经济性等三代堆型的特点，且是唯一获得美国核管会最终设计批准书的第三代核电技术，是目前全球核电市场中最安全、最先进和最有竞争力的商业核电技术。欧洲先进压水堆 EPR 是第三代核技术的另一个代表。EPR 是法国法马通公司和德国西门子公司联合设计和开发的面向 21 世纪的新一代改进型压水堆核电技术。与 AP1000 的理念不同，在提高安全水平上它更多的是采用了“加法”，降低了发生核事故的概率，提高了核电站运行的安全性和可靠性。另外，它单机容量较大，在经济性上也具有竞争力。核电先进国家于 21 世纪初提出了面向未来的第四代（Generation Ⅳ）反应堆的开发计划。第四代反应堆是一种革新型反应堆，其开发目标是要在2030年或更早一些时间创新地开发出新一代核能系统，使其在安全性、经济性、可持续性、防核扩散、防恐怖袭击等方面都具有显著的先进性和竞争能力；它不仅要考虑用于发电或制氢等的核反应堆装置，还应把核燃料循环也包括在内，组成完整的核能利用系统。第四代国际核能论坛（GIF）选出了六种优先发展的第四代核能系统：钠冷快堆（SFR）、铅冷快堆（LFR）、气冷快堆（GFR）、超临界水冷堆（SCWR）、超高温气冷堆（VHTR）和熔盐对堆（MSR）。

（五）电力传输技术

传统的电力基础设施已经可靠地供电长达一个世纪，但目前能源发展对这些设施提出了新的要求：电力供应和发电构成发生了重大变化，需求依然在上升，但消费者与生产者“合二为一”——在美国，安装光伏发电设施的用户从

2004 年的 15 500 家上升到 2014 年的超过 60 万家，装机容量增长到 146 万 kW（其中 80%是在 2010 年以来安装的）；“插电式”电动汽车异军突起——预计美国 2013—2022 年的年均增长率将达到 18.6%，将形成新的、显著的电力需求。电子控制和通信设备的发展在管理分布式发电、能源储存方面提供了机会，但也带来新的安全和整合挑战，同时持续可靠的供应依然具有高度的优先性。因此，现代电网技术必须足够灵活、敏捷和动态，能够整合和优化范围越来越广的发电设备、需求和存储能力。智能电网的概念和实践应运而生。智能电网控制技术和电力储能技术可以为更好地将新能源发电整合到电力系统提供关键的解决方案。

虽然各国对智能电网的理解和路线图设计不尽相同，总体而言智能电网是将现代先进的传感测量技术、通信技术、信息技术、计算机技术和控制技术与物理电网高度集成而形成的新型电网。目前智能电网的关键技术包括用于传输的相位测试装置（PMU）、用于配电的自动大电容组和线路以及用于用户端（以及新的发电端）的先进测量设施。2006 年以来，美国在这三项技术上的投入呈现跳跃状态，这与 2009 年出台的《美国复兴和再投资法案》相关，预计未来将稳定增长，如图 2-4 所示。可以看出，对 PMU 的投入还显不足。2010—2014 年，美国共有 1 300 套 PMU 与电网连接。

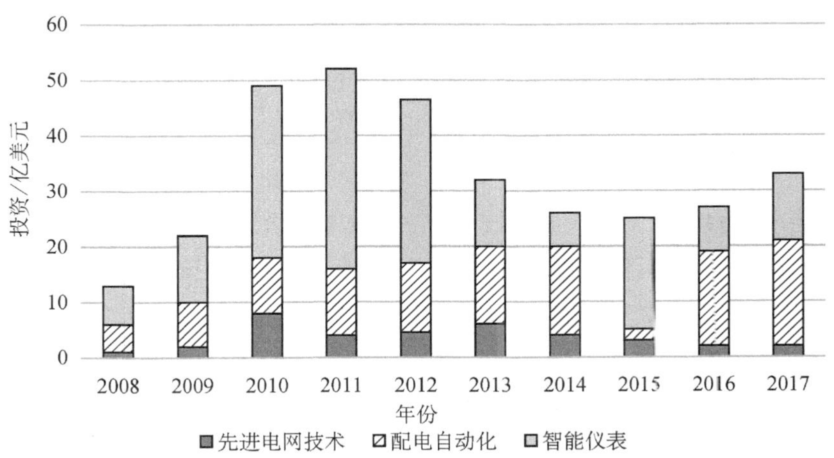

图 2-4　美国智能电网投资

（资料来源：根据 Quadrennial Technology Review 数据，作者自制）

在目前阶段，欧洲也将大量智能电网投资用于智能电表的安装，先进的计量技术是智能电网市场发展最好的一块。根据欧盟联合研究中心发布的《智能电网项目展望 2014》，2002—2014 年第一季度，欧盟 28 个成员国加瑞士和挪威共参与了实施了 459 个智能电网项目，总投资额达到 31.5 欧元，其中研发项目共 210 个，示范项目 250 个。在示范项目中，资金多投入智能消费者和智能家庭建设。到 2020 年欧洲有望部署约 2 亿块智能电表，惠及 72%的欧盟消费者，总投资额预计将达到 350 亿欧元。德国、英国、法国和意大利是最重要的智能电网研发投资国家。许多德国消费者为自己家安装上数码智能计量表，以便更高效地使用能源。这一仪表能实时读出家中每个电器正在消耗的电能，让消费者更有节能意识。

法国伊西已经建成了第一个地区级智能电网 ISSY Grid。2012 年投入运营以来，这个电网对能源生产和消费进行统计分析，在配电网络的合作下，建议和鼓励消费者在“合适的时间”消费电力，从而降低电力消耗高峰的需求。伊西市塞纳西区目前共有 94 户家庭配备了智能电表。这些由运营商在 2013 年 7 月安装的智能电表能够实时收集家庭的能源消耗数据，个人账单则会根据实际的用电量分发到每个家庭。这样使用户能够详细地了解自己的用电情况，规划以一种更好的方式使用电量。而一旦出现问题，客户场内的大部分维护都可以通过远程进行及时的处理。在这 94 户人家中，大约有 20 户配备了测量和预警电表箱。这些家庭的用电分析可以很快地在该区内的数据分析中心进行。用户可以把自己的用电数据与类似家庭进行比较，并且能够得到如何以一种更加明智的方法进行用电的建议。

（六）储能技术

智能电网的发展离不开储能技术，特别是电网级储能技术。欧盟 2012—2013 年启动的智能电网项目就将储能技术作为主题。目前储能技术主要分为物理储能（如抽水储能、压缩空气储能、飞轮储能等）、化学储能（如铅酸电池、氧化还原液流电池、钠硫电池、锂离子电池）和电磁储能（如超导电磁储能、超级电容器储能等）三大类。目前应用最广泛的储能技术还是抽水储能，占全球储能容量的 95%左右。抽水储能规模可以很大，美国最新建造的洛基山抽水储能电站可以以 109.5 万 kW 的功率持续供电超过 10 h，而且其循环次数可达到 25 000 次以上，生命周期内储存的能量是建造运行过程中消耗能量的 210 倍。另外一种大型储能技术为压缩空气储能（CAES），只有两处示范应用项目，分别位于美国和德国。其他储能技术有各自的特点，适应不同的场合，相对来说能量存储容量要小得多。此外，这些以电池技术为主的储能技术，相比抽水蓄能，循环次数少（多的 6 000 次，少的只有 700 次），生命周期内存储的能量相比制造耗能并不十分突出，因此对于电网级储能的意义不大，当然对电动汽车或便携电子设备是很重要的。

同其他技术一样，影响储能技术发展的最大障碍是成本。通常来说，储能设备本身（如电池、飞轮组件等）的成本只占整体系统成本的 30%～40%，安装和系统整合的成本比例很高。

二、替代燃料技术

（一）非常规油气

页岩气开发技术引领了美国的“能源革命”，为近期部分国家减排路径提供了选择。美国从 20 世纪 80 年代开始投资水力压裂技术，同时产业界也在持续投资和应用这些技术，终于在 21 世纪头十年后期带来了非常规油气产量的攀升，如图 2-5 所示。到 2014 年，非常规天然气（包括煤层气）在天然气产量中的比例已经达到 48%，占到半壁江山。

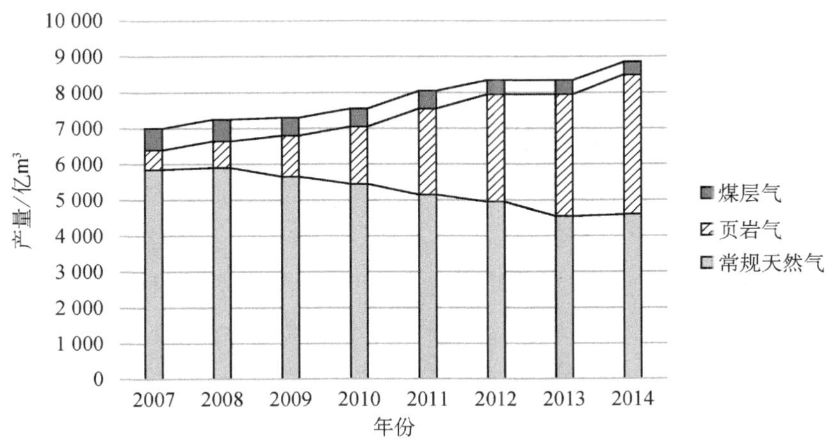

图 2-5　美国天然气产量和构成

（资料来源：根据美国能源信息署 EIA 数据，作者自制）

非常规油气规模的扩大，不仅降低了美国的石油进口和本国石油产量以及促进 LPG 出口，更通过替代煤炭而较大幅度地降低了火电的温室气体排放。2005 年美国电力行业的二氧化碳排放量为24.17 亿 t，到 2013 年降到 20.53 亿 t（2014 年几乎与 2013 年持平），其中“煤转气”的减排贡献率大约为 27.8%。

但是美国的页岩气革命是否值得效仿以及是否具有复制意义还有待探讨。随着时间的推移，页岩气开采所引发的环境问题引起了越来越多的关注。第一，大量消耗水资源。开采页岩气所用水力压裂法中的压裂液主要由高压水、砂和化学添加剂组成，水和砂含量 99%以上。开发页岩气用水量极大，每口页岩气井需耗费四五百万加仑（1 加仑约合 3.78 L）的水才能使页岩断裂。页岩气开发行业正试图减少气井钻探以及水力压裂带来的环境足迹，如在每次压裂完成之后，30%～70%的水回流被获取再次利用，但也不能否定水力压裂法大量消耗了水资源。第二，污染地下水。水力压裂过程中，化学物质可能直接通过断裂、裂缝系统自地下深处缓慢向上运移至地表或浅层，页岩气采气管道也可能因质量问题或操作不当而破裂和空洞，化学物质也会泄漏到地下水层中，污染河流、湖泊、蓄水层等水资源。水力压裂过程完成之后，大部分压裂液回流到地面，其中不仅有压裂液中的那些化学物质，还有地壳中原本含有的放射性物质和大量盐类。这些有毒污水先储存在现场，然后再转移到污水处理厂或回收再利用，过程中可能渗入地下或随雨季到来而外溢，进而污染地下水。第三，甲烷泄漏。甲烷是一种比二氧化碳更强大的温室气体，甲烷逃逸到大气中会加剧全球变暖，甲烷渗入地下蓄水层会造成地下水污染。页岩气以甲烷为主要成分，页岩气井泄漏的甲烷比常规井要多。甲烷泄漏可能来自页岩气开发过程中的故意排气、设备泄漏，或者水力压裂过程。美国康奈尔大学的研究人员指出，页岩气生产过程中所产生的甲烷大部分都被排放到大气中，而不是捕捉用作燃料。美国国家环保局在报告中也承认，严重低估了页岩气开发中的甲烷排放。采气管道需要穿过含水层才能到达更深的页岩层，如果管壁因质量问题或者操作不当而破裂和空洞，气井内壁的混凝土没有铺好或者老化而剥落，甲烷都有可能泄漏到含水层中。水力压裂过程打开的新裂缝连接天然存在的裂缝，可能提供甲烷向上渗入地下水层的通道，而且甲烷也可能溶解在废水中因压裂液回流而释放到大气中。美国天然气系统的甲烷逃逸排放约占全国温室气体排放的 2.5%（U. S. DOE，2015）。第四，诱发地震。在美国阿肯色州、宾夕法尼亚州、俄亥俄州、俄克拉何马州等地区的页岩气开发中广泛使用了水力压裂技术，而这些地区出现一连串轻微地震，理论上表明水力压裂和地震之间具有关联性，但具体原因还未查明。专家表示，地震不一定是由水力压裂过程引起的，而可能是因水力压裂使用过的大量压裂液被打入地下深井导致地层应力不稳定而发生微震。

考虑到这些复杂的影响，国际能源署（IEA）出版了非常规油气开采的《黄金法则》（*Golden Rules*），内容包括公众参与、选择好钻探的地点、高质量建设防止泄漏、负责任地处理污水、减少气体排放和燃烧等要素，这也是保证水力压裂技术可持续发展的研发重点。

（二）生物燃料

生物燃料可以为道路交通、航空以及用于化工行业的油品提供减排机会，尤其是后两个领域，现在几乎没有可行的其他替代品。目前，作为世界上最大的生物燃料生产国，美国生物质能商业化应用的规模大约是 2 亿 t（干吨），其中 80%以上用于生产生物燃料，到 2030 年，这个规模可能拓展到 10 亿 t，其中 90%以上用于生产生物燃料，如图 2-6 所示。

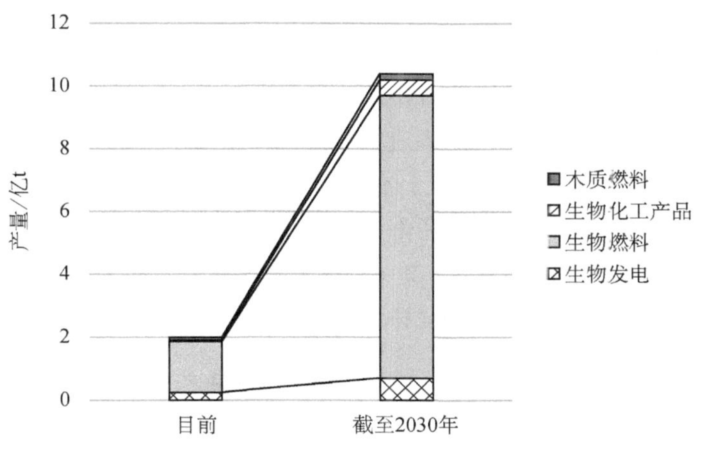

图 2-6　美国生物燃料经济发展现状和潜力

（资料来源：根据美国能源信息署 EIA 数据，作者自制）

2014 年，美国 211 家生物炼厂生产了 4 272 万 t 燃料乙醇，占世界产量的 58%，大部分用作交通燃料。美国重视燃料乙醇产业发展的一个重要原因是该产业能够提供稳定的就业机会，达到社会和环境的双重效益。根据美国可再生燃料协会的统计数据，2014 年美国燃料乙醇产业在整个经济领域提供了 38 万个工作岗位，其中有 8.4 万个直接岗位；乙醇生产商为美国的 GDP 贡献了 530 亿美元和 100 亿美元税收；燃料乙醇的应用减少了 3 960 万 t 二氧化碳排放，相当于 840 万辆汽车的排放量。

在技术和成本方面，由于2009年以来快速高温裂解技术已经取得相当突破，未来成本降低的主要环节在油品质量改造方面，研发重点是催化剂升级。美国尽力在 2017 年使燃料乙醇的生产成本降低到 3.4 美元/加仑，使之与汽油媲美。除此之外，温室气体排放率也可以降低 60%以上。美国计划在 2022 年前后将生物燃料成本降至每加仑 3 美元。

相比之下，除巴西外，欧洲各国、中国的生物燃料规模要小得多，所受到的制约因素比较多。

三、交通减排技术

交通温室气体排放特征有别于工业排放，其特殊性表现在以下几个方面：第一，随着社会经济的发展，排放重点领域由工业排放为主转向交通、建筑排放为主，这是后工业化时代的显著特点，从各国的发展历程看似乎是一条难以超越的发展道路；第二，汽柴油主导的内燃发动机技术已经相当成熟，交通基础设施建设也非常完善，因此替代燃料的渗透相对困难；第三，排放源分散，既不宜实施排放权交易，强制性行政措施在社会交通中也容易引发争议，效果逊于工业领域，同时由于油品价格相对较高，交通部门对碳税不敏感。因此，要想使交通部门走向低碳，多重策略是非常必要的。其中，技术发展是非常重要的减排措施，表 2-3 展示了汽车王国——美国的车辆减排技术路线。

表 2-3 道路交通关键减排技术

技术途径	基准	目标
内燃机技术改善（低温燃烧技术、系统优化技术、材料革新技术）	轻型车，2009 年	燃油经济性：汽油车提高 35%，柴油车跳高 50%（2020 年，新车）
	重型车，2009 年	发动机效率提高 30%（新车），货运效率提高 100%（2020 年）

续表

技术途径	基准	目标
燃料和润滑油（替代燃料技术，通过润滑油技术减少摩擦损耗）	2010 年	旧车车队的燃油经济提高 4%，CNG 汽车的续驶里程提高 25%
燃料-发动车联合优化（整合生产、输配和加油基础设施）	2013 年	到 2030 年，汽油消耗降低 30%
减重（新型钢材、合金、碳纤维等材料）	2002 年	到 2019 年，轻型车重量降低 35%
电池成本（高电压高容量阴极、先进合金阳极、电解质、分离器等）	300 美元/kW·h（2014 年）	到 2022 年，降低到 125 美元/kW·h
电动汽车车身（电机、电子设备、车身材料等）	16 美元/kW（2012 年）	到 2022 年，降低到 8 美元
燃料电池全成本	55 美元/kW（2014 年）	到 2020 年，降低到 40 美元/kW 并能持续工作 5 000 h
氢气车载存储	17 美元/kW·h（2014 年）	到 2017 年，降低到 12 美元/kW·h

（一）电动汽车

美国能源部认为通过使用先进电极、提供工艺、改良设计、优化组合等措施，在过去几年里电动汽车的成本已经大幅度降低了：锂离子的成本降低了 70%，能量密度提高了 60%。如果能够批量生产（产量达到 10 万辆/年），插电式电动汽车的电池成本将从 2008 年的 1 000 美元/kW·h 下降到 2014 年的 289 美元/kW·h，市场价格也显著下降。这还远远没有达到电池的理论极限水平。在未来 5 年里，通过利用高容量电力材料、高电压电解质、用高容量硅片或锡基合金替代石墨电极，锂电池技术的能量密度有望从目前的 125 Wh/kg 提高到 250 Wh/kg；目光再长远一些，新型电池（如锂硫二次电池、锂空气电池、镁二次电池）将进一步提高电池的能量密度。

Nykvist 和 Nilsson 的研究也认为，2007—2014 年，全球锂离子电池的成本从约 1 000 美元/kW·h 下降到 410 美元/kW·h，先进生产企业的成本已经降低到 300 美元/kW·h；产量倍增所带来的成本下降率在 6%～9%。该研究还认为锂电池的成本还将不断下降，尤其是龙头企业的成本将比预计成本低很多，这将给未来的低碳交通带来很多福音。

（二）氢燃料电池汽车

相比电动汽车，氢燃料电池汽车可以在几分钟之内完成充电，能广泛地应用于不同车型，续驶里程可超过 300 英里①。如果氢来自低碳资源，这种汽车可以带来很大的减排潜力。

虽然目前氢燃料电池汽车依然面临着很大的技术、经济和体制障碍，过去几年的研发已经在很大程度上降低了成本。如果能够批量生产——如年产量能达到 50 万辆，氢燃料电池汽车的成本将从 2006 年的 124 美元/kW 降低到 2014 年的 55 美元/kW。当成本进一步降低到 30 美元/kW 以下时，氢燃料电池汽车就与汽油内燃机车具有了竞争性（美国 2020 年的目标是 40 美元/kW）。

表 2-4　氢燃料电池的成本与能量密度

性能	2014 年	2020 年目标	长期目标
能源效率	60%	65%	70%
系统能量密度	640 W/L	650 W/L	850 W/L
系统功率系数	659 W/kg	650 W/kg	650 W/kg
催化剂功率系数	6.0 kW/g_{PGM}	8.0 kW/g_{PGM}	>8.0 kW/g_{PGM}
成本	55 美元/kW*	40 美元/kW	30 美元/kW
循环次数	2 500 h	5 000 h	5 000 h

注：*如果产量低于 50 万/年，成本可能达到 280 美元/kW。PGM：Platinum Group Metals，铂属金属催化物。

同样地，量产对降低氢燃料存储系统的成本也是非常重要的：如果年产量能达到 50 万辆，一个能保证续驶里程达到 300 英里的 700-bar Ⅳ系统的成本大约为 2 800 美元（17 美元/kW·h），但如果年产量只有 10 万辆，那么这个存储系统的成本可能就高达 5 500 美元（33 美元/kW·h）。

（三）大数据时代的无人驾驶汽车和“on-demand”服务技术

基于互联网技术的 Uber、Lyft、滴滴打车、快滴打车等按需、“专车”服务（On-demand Service）以及拼车 APP、公交 APP 已经在大中型城市相当普及。移

① 1 英里＝1.609 km。

动互联和信息化技术的发展创造了更多的数据资源，并可通过大数据技术实现更好的数据可视度，为获取大量数据创造了条件。但在已有研究中还比较缺乏此类“智慧交通”及其在私人交通的扩展是否能真正促进低碳交通的机制研究和定量分析，相关管理政策相比创新应用也较为滞后。王健和 Barth 等研究认为出租车空载率的下降可有效降低大气污染物排放，有助于交通拥堵的缓解，也可以有效降低温室气体排放，可以定性判断智慧交通对低碳交通有积极正面的贡献。

在不多的定量研究中，针对美国已经出现的可以合法上路的无人驾驶汽车，Greenblatt 和 Saxena 对无人驾驶出租汽车对美国轻型汽车的温室气体减排进行了定量测算，认为无人驾驶出租汽车可以成为无人驾驶汽车的优先发展领域，到 2030 年这种技术的车公里温室气体排放将比常规汽车降低 90%以上，而且成本更低。这种减排效应依赖于三个假设：①机动车电动化，无人驾驶出租汽车可以自动将出行距离与其续驶里程进行匹配，更适合电动技术；②无人驾驶出租汽车可根据客户出行特点（如单独出行还是多人出行、分乘还是合乘）选派最经济实用的车型，降低车公里能耗；③无人驾驶出租汽车可以通过优化路线提高载客率、降低空驶率，从而进一步降低人公里能耗，同时通过峰谷电价差有效降低减排成本。当然这是一种非常理想化的状态。Brown 认为，技术进步带来的反弹效应（如出行舒适度上升使人们提高了交通需求量）和人们对豪车的天然喜好可能使这种减排效果大打折扣，因此呼吁面对新技术，决策者要作好两手准备。

四、节能技术

（一）建筑节能技术——被动式节能建筑

被动式节能住宅是在低能耗建筑的基础上发展起来的一个全新的节能概念，1990 年始于德国。此种节能建筑在室外温度为−20℃的情况下，室内可以不必开空调或暖气就能保持正常生活所需的温度，意味着房屋基本不需要主动供应能量。被动式节能住宅每年单位面积供热能耗仅为 15 $kW \cdot h/m^2$，远远低于目前的德国标准 75 $kW \cdot h/m^2$。而达到这种节能效果，只需通过材料、设计、施工等手段就可实现。

被动式建筑的核心内容是最大限度地减少热损失，同时要求充分利用当地太阳辐射入室（非主动式利用太阳能），以达到供暖需热量低于 15 kW·h/（m^2·a）。此外，被动式建筑还必须达到其他技术要求，如室内换气次数应为 n50＜0.6 ach[①]，即在室内外压差为 50 Pa 时，室内空气换气次数应低于 0.6 次/h；又如，热水供应和用电所需的一次能源需求量应低于 120 kW·h/（m^2·a）。在被动式建筑应用较多的德国，基于这几项关键的具体技术参数，被动式建筑对建筑材料、结构和技术设备都提出了非常高的要求：25～40 cm 厚的高性能外保温材料（构成建筑围护结构——屋顶、外墙和地面）；含三层玻璃和镀膜的高性能外窗；无热桥；建筑围护结构高气密性能；带有高效热回收装置的可控新风系统；供水给水超低热损失和高效的家用电器等。

被动式节能房通过优化建筑设计、外保温系统和保温门窗、带有热回收的可控通风系统、建筑物的密封性、外遮阳系统及可再生能源的应用实现建筑需热量降低。被动式节能建筑有两个重要技术部分。一是注重房屋的保温密闭性。在保温方面，被动式节能房匹配了一系列的技术和材料系统：其外墙保温铺装厚度达 20 cm，屋顶保温层是 30 cm，并且两层之间的楼板均铺设有保温板，阳台与外墙之间也进行了保温分隔；采用节能性较好的三层玻璃塑钢窗，每个窗的空腔内都安装了保温材料；几乎是有冷桥的地方全部被保温材料隔绝。同时，为了有效地规避建筑气密性差的问题，在窗户与建筑间装置了封闭胶条，设计了构造节点，使房子的气密性非常好。二是利用可再生能源技术。被动式节能房的能量来源于可再生能源，主要是由屋顶上的太阳能装置来供电，只是在极少数的情况下需要额外的能量用于取暖，如使用地源热泵技术。同时，为了尽量多地接收阳光，房子大多向南，窗户面积也尽量大，而三层隔离窗的设计是为了使室内产生的热量不会向外流失。

被动式房屋等低能耗建筑采用高能效建筑组件，如三层玻璃窗或热回收通风系统，因此造价比传统常规建筑高出 10%～15%。欧洲各国建造低能耗建筑（住宅）的附加成本介于 3%～10%，但节能率可以达到 45%～65%，如表 2-5 所示，因此从建筑使用的全生命周期中可节约大笔能源费用。总体而言，欧洲被动式建筑所需的额外投资在每平方米 100 欧元以内，投资回报期少于 20 年。此外，随

① ach：换气率。

着技术的不断发展，预计该成本将进一步下降。被动式房屋折现回收期为 4～19 年。成本效益与能源价格增幅紧密相关。当前，德国被动式房屋标准具备经济可行性。研究显示，德国、奥地利或瑞典的被动式房屋造价不再远远高于常规建筑。究其原因，标准化被动式房屋建筑组件的市场竞争激烈，而且技术不断进步亦有助于价格下降。

表 2-5　被动式房屋与常规建筑造价对比

	单位	法国	德国	意大利	西班牙
标准建筑	欧元/m^2	1 100	1 400	1 200	720
被动式房屋	欧元/m^2	1 203	1 494	1 260	744
额外成本	欧元/m^2	103	94	60	24
	%	9	6.71	5	3.35
额外资本成本	欧元	103	94	60	24.1
	%	9	6.71	5	3.35
标准建筑能耗	kW·h/（m^2·a）	70	90	101	80.5
被动式建筑能耗	kW·h/（m^2·a）	15	15	15	15
能源节约总量	kW·h/（m^2·a）	55	75	86	65.5
	%	45	50	65.4	57.3
单位节能［kW·h/（m^2·a）］额外成本	欧元	1.87	1.25	0.70	0.37
10 年生命周期成本（标准建筑）	欧元	143 731	184 716	193 817	101 828
10 年生命周期成本（被动房）	欧元	152 621	190 104	190.437	95.676
20 年生命周期成本（标准建筑）	欧元	160.343	204.942	221.148	117.928
20 年生命周期成本（被动房）	欧元	160.552	200.579	198.458	103.647
成本效益比	10 年	−0.72	−0.48	0.39	2.13
	20 年	0.02	0.39	2.63	4.94
折现回收期	年	19.5	19.0	8.0	4.0

资料来源：http：//www.passive-on.org/。

（二）案例：德国被动式节能建筑

这里以德国的 Weingarten Bugginger Straße 50 被动式房屋作为案例，展示此类建筑技术的效果和对低碳发展的重要意义（表 2-6）。

表 2-6 案例信息概述

建筑名称	Bugginger Straße 50
气候区	温带
项目状态	改造
建筑领域	住宅
建筑类型	高层建筑
状态	完工
能效水平	超低能耗建筑（被动房）
改造年份	2010 年
位置	德国巴登-符腾堡州布赖施高的弗赖堡
地理位置	47.99° N，7.81° E
处理的楼层面积	8 473 m^2
处理的建筑总量	248 m^2
公寓数量	140 套
造价	1 680 欧元/m^2

该建筑建于 1968 年，属于德国弗赖堡 Weingarten West 小区。改造前，该建筑共有 90 套公寓，一楼部分为办公场所，总居住面积 7 200 m^2。改造工作 2009 年开始，2010 年完工。

原来的 90 套公寓中，45 套为 65 m^2 的两居室，45 套为 86 m^2 的三居室。建筑年能耗总量为 68 kW·h/m^2。20 世纪 80 年代，该建筑一楼和水泥表面经过简单改造。

当前改造工作属于建筑供暖和楼宇服务改造组成部分，后者亟须更新换代。此外，由于当前人口变化，该建筑内的公寓显得单元面积过大。

针对这栋高楼的改造工作相当彻底，楼层平面结构得到重新调整。采取的节能改造措施包括翻新建筑围护结构的保温隔热层、噪声隔离措施、防火措施、封闭现有阳台并设计新阳台。

改造措施包括：

①楼层平面结构调整；

②幕墙、屋面和地窖的保温隔热处理；

③改善建筑气密性；

④消除热桥；

⑤更换供暖系统；

⑥更换老旧卫生间；

⑦安装配置热回收装置的通风系统；

⑧将通风系统安装在屋顶；

⑨翻修所有电气系统；

⑩新入口；

⑪屋面安装光伏装置。

通过改造楼层平面结构，公寓数量增加至 139 套，举例而言，单个楼层现有六套50 m^2的两居室和三套70 m^2的三居室。总居住面积达7 750 m^2，增加了935 m^2。经处理楼层面积为 8 473 m^2。结构重整过程中，卫生间和厨房位置仍在建筑内，并打开建筑外立面。

1. 建筑围护结构

外墙构造有三种类型。所有墙壁均经保温隔热处理，确保满足被动式房屋墙壁标准，即传热系数（U 值）小于 0.15 W/（m^2·K）。外墙全由混凝土制成，两面为钢筋混凝土材质，一面为加气混凝土。外墙外侧采用隔热保温复合系统。地板和天花板亦采取严格保温措施。该项目全部使用三层玻璃。关键接合处经过特别处理，避免产生热桥。公寓接受了经认证的风门测试，测量其气密性，密封任何潜在的漏风位置，满足换气指数（n50）值=0.2 ach 的被动式房屋标准。所有窗户均来自 Rehau Geneo 的三层玻璃，配置 PVC 框架。部分窗户为固定式，不可开启。

2. 建筑系统

经改造的建筑采用区域供暖，配置 3 000 L 缓冲储存罐帮助减少供暖高峰期的负荷。供暖系统供水温度为 50℃。部分管路设在未经保温处理的房间，但管路装有 6 cm 隔热层，导热性仅为 0.035 W/（m^2·K）。室内散热器可独立进行调节和控制室内温度。

该建筑安装了两套 Nova 公司的 Universal Ⅱ中央通风装置，热回收率为 70%。两套装置最大运行量均为 5 000 m^3/h。此外还可通过窗户实现公寓通风。

热水系统亦通过区域供暖系统加热。热水管路为二次管网系统，保持二次网热水循环。

3. 整体能效

改造前，建筑供暖年负荷为 68 kW·h/m^2。改造后，能耗降至 15 kW·h/（m^2·a），节约 78%。

4. 成本与成本效益

被动式房屋节能围护结构和系统的造价比常规系统高出 30%。该建筑总造价为 1 680 欧元/m^2。

改造后，该建筑内的公寓租金每平方米上涨 1.85 欧元，而且供暖成本大幅下降。整个项目造价的 35%由德国联邦政府、州政府和当地市政补贴。

（三）工业节能技术

经过长期实践，制造业的能效技术已经得到长足发展。随着科技革命和信息革命的深入，工业节能领域依然有潜力可挖，尤其是在全过程控制方面。总体而言，工业节能技术的覆盖面非常广泛，涉及先进制造技术、装备材料、自动化技术、循环经济、余热回收等各个环节。2015 年美国对目前的工业节能技术研发重点进行了盘点，表 2-7 列出了工业节能依然有潜力可挖的技术和领域。

表 2-7　主要的工业节能技术

技术类型	节能潜力分析
快速成型制造技术（Additive Manufacturing）	与传统的“减材”制造业相比，增材制造技术（3D 打印）可以减少废弃物、降低工序，还可以生成传统工艺不能制造的产品
先进材料	新型材料制造工艺，如电子金属生产工艺（Electrolytic Metal Production Processes）和电场加工工艺（Electric Field Processing）能够生产具有超级性能的先进材料或者降低目前工艺的能耗需求；同时，电子模拟和数据交换过程可以加速新型材料测试过程
先进传感器、控制器和模拟过程	自动化技术可以在车间、工厂和公司等各个层面实时监控能源、产品和成本动态，起到协助管理的作用
复合材料	结构化的复合材料有助于降低车辆、风机和汽轮机的重量，帮助终端用能环节降低能耗
临界物质（Critical Materials）	众多清洁能源技术都依赖于临界物质（如风机磁铁中的钕 Neodymium），可持续供应链将促进这些物质的生产

续表

技术类型	节能潜力分析
直接热能转换材料、设备和系统	直接热能转换技术可以减少能源转换工程中的中间环节，提高热电转换效率的技术，如热电技术（Thermoelectric）可以应用在废热回收、电冰箱等各种过程和产品中
适合非常规条件的材料	高温高效电厂材料、防腐蚀天然气和氢燃料输送管线、防腐蚀废热回收材料、核能电镀材料等
工艺热（Process Heating）	工艺热几乎占据了制造业现场耗能的 2/3，节能机会包括低工艺热技术（如微波加热）、整合系统、废热利用以及电子控制手段
工业强化（Process Intensification）	这种技术将多种操作过程集于一体，提高制造效率、质量和能源效率
Roll-to-Roll 工艺	这种制造工业可以促进很多 2D 清洁能源产品的生产，如用于光伏板的灵活电子设备
可持续制造工业-物料循环	物流分析可能提供很多节能机会，如使用再循环材料比使用一次材料所需要的能耗少得多，但要实现这种潜力要求系统进行设计
废热回收系统	废热既可以直接回收利用也可以用来发电
宽禁带半导体技术	可以促进更好、更轻和更高效的电子动力设备的生产和使用

第三章　主要国家和地区低碳发展实践

第一节　美国低碳发展的实践与进展

美国在奥巴马总统执政时期对内积极实施“清洁电力计划”等温室气体排放控制措施，对外积极推动全球气候治理，有力促进了《巴黎协定》的达成和生效。然而2017年6月1日美国新任总统特朗普宣布，美国将退出《巴黎协定》，包括终止实施其国家自主贡献的减排目标，终止向绿色气候资金捐资，以及要求就《巴黎协定》中对美国“不公”的条款重新谈判。由于美国在全球气候治理中的地位举足轻重，消息一出，国际舆论哗然。特朗普政府如果成功地废除或削弱现行政策，那么实现国家自主贡献的成本将会更高，且难度更大。目前尚不清楚特朗普的这些行动能否获得长期的成功，因为诸如“清洁电力计划”这样的行政法规不可能立即撤销，而且无疑会引发激烈的诉讼。

美国各大组织对特朗普政策可能造成的影响尚有分歧。荣鼎集团发现，如果奥巴马总统行政令所针对的政策均被撤销，并且未来没有新的政策实施，美国将完全无法实现其国家自主贡献的目标。相比之下，塞拉俱乐部（Sierra Club）确定了一些填补由特朗普政府带来的目标缺口的方法，包括加强企业和地方政府的行动，全面实施现有政策，如“汞和空气毒性标准”和“车辆行驶里程标准”，加快清洁能源替代煤炭等。特朗普政府将会重新设定国家自主贡献的目标，但特朗普的这些政策仍有较大不确定性，因此其对美国未来排放的影响也具有较大不确定性。

一、美国温室气体排放现状

根据美国能源信息署（EIA）2015 年 11 月发布的报告 *U. S. Energy-Related Carbon Dioxide Emissions 2014*，2014 年能源燃烧相关的二氧化碳排放为 54.06 亿 t，相比 2013 年增加了 0.9%，如图 3-1 所示。其中由 GDP 增长驱动排放增长约 2.4%，由单位能源碳排放强度下降为减排作出的贡献约 0.3%，单位 GDP 能源强度下降作出的减排贡献约 1.2%。

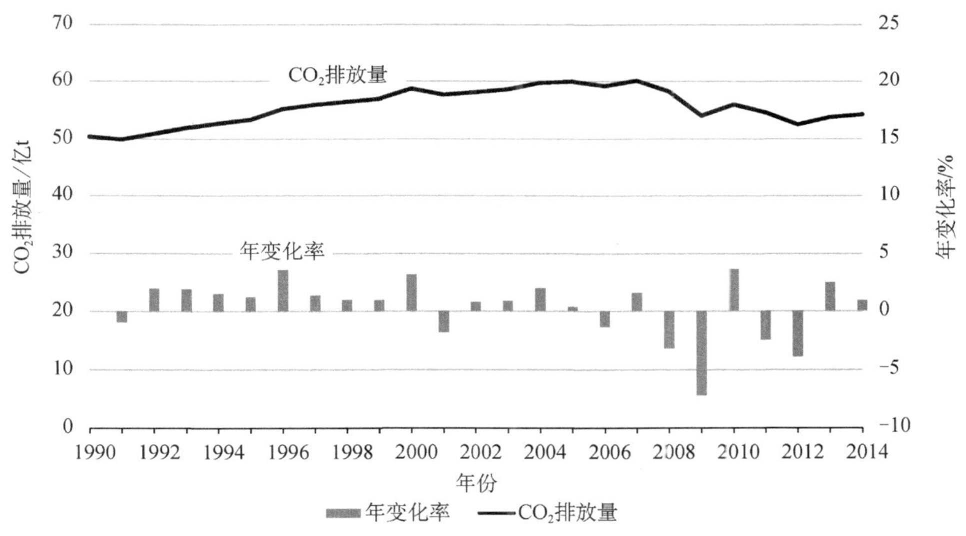

图 3-1　1990—2014 年美国能源活动 CO_2 排放情况

（资料来源：U.S. Energy Information Administration，October 2015 Monthly Energy Review）

其中石油及其他液体燃料一直是美国能源燃料燃烧排放二氧化碳的主要来源，2004—2007 年进入平台期，之后逐渐下降直至 2012 年，近两年略有上涨。自 2008 年起煤炭燃烧排放逐渐下滑，天然气燃烧排放逐步增长，这主要反映了天然气发电逐步代替煤炭发电，如图 3-2 所示。

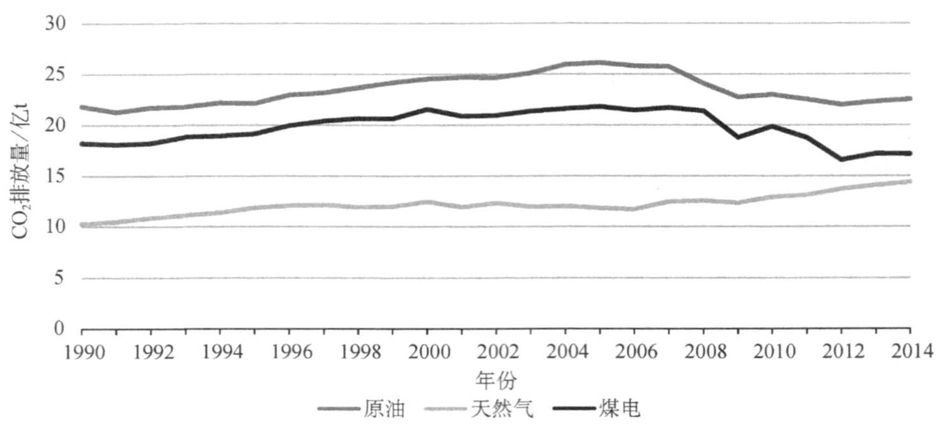

图 3-2　1990—2014 年美国不同种类能源活动 CO_2 排放情况

（资料来源：U.S. Energy Information Administration，October 2015 Monthly Energy Review）

从美国各终端部门能源相关二氧化碳排放情况来看，自 1998 年起交通部门就一直是最大的排放部门，到 2007 年达到排放峰值，之后有所下降，2014 年又有略微上涨。20 世纪 90 年代前期排放的最大户是工业部门，但之后逐年下降，2008 年以后进入相对稳定期。建筑排放分为民用和商用两部分，其中主要由用电带来的间接排放相对 2014 年提高 1%（与 1990 年以来的历史水平持平），直接排放增长 4%，如图 3-3 所示。

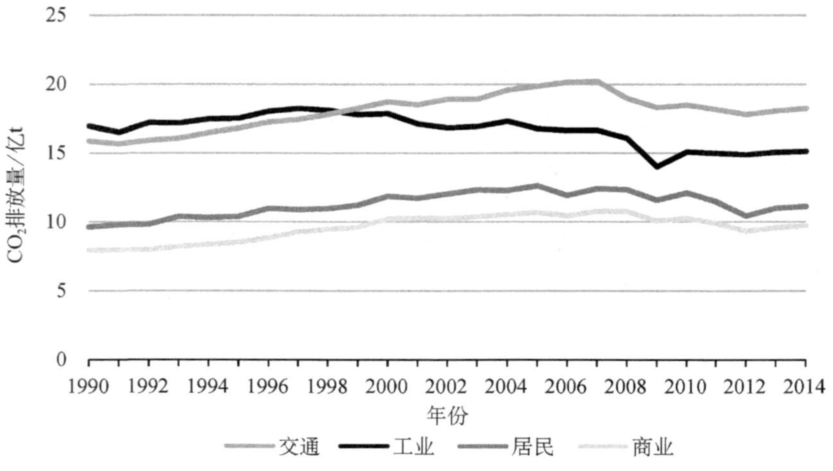

图 3-3　1990—2014 年美国终端部门能源活动 CO_2 排放情况

（资料来源：U.S. Energy Information Administration，October 2015 Monthly Energy Review）

美国2012年的碳强度为0.36 t二氧化碳/1 000美元[①]，比国际能源署（IEA）统计范围内国家的平均碳强度0.31 t二氧化碳/1 000美元高，是碳强度第七高的国家。美国的碳强度自1970年的1 t二氧化碳/1 000美元以来一直下降，2012年的碳强度相比2002年下降了24.5%，下降速度超出IEA的平均降速19.1%。

美国2012年的单位能源碳排放为56.6 t二氧化碳/TJ，比2002年下降了4.6%。下降的主要原因是机动车的燃油经济性提高了，但美国的单位能源碳排放仍然比IEA的平均水平55.3 t二氧化碳/TJ要高。

二、美国应对气候变化的主要政策行动

（一）奥巴马总统期间的气候变化行动计划

奥巴马总统发布的一份《应对气候变化国家行动计划》是迄今为止美国总统发布的最为全面的气候变化应对计划。该计划的目标是全面减少温室气体排放，并保护美国免受日益严重的气候影响。通过制定并切实落实清晰的国家战略，美国政府不但能够保护本国人民，而且能够提振国际社会应对气候变化的雄心。这一目标实现的前提是多个经济部门必须联合开展进取行动。其中，减排的最大机遇存在于四个领域：电厂、能源效率、氢氟化合物和甲烷，这些领域都已明确列入气候变化应对计划。同时，该计划的内容还涉及应对气候影响和鼓励增强参与国际进程。这些措施将帮助美国在气候变化问题上重振国际形象和领导力。虽然许多细节还有待完善，但总体而言该计划将有利于美国迈向更加安全的未来（表3-1）。

表3-1　总统气候变化行动计划的主要内容

	《总统气候变化行动计划》 2009年奥巴马承诺，2013年再次承诺
基准年	2005
目标年	2020
减排目标	减排17%的全经济范围减排目标

① 此处美元指以购买力评价计算的国内生产总值。

续表

	《总统气候变化行动计划》 2009年奥巴马承诺，2013年再次承诺
气体种类	CO_2，CH_4，N_2O，HFCs，PFCs，SF_6，NF_3
涵盖的行业	所有 IPCC 考虑的排放源和排放行业，以完整的年度库存衡量（如能源、交通、工业生产过程、农业、土地利用与林业、废弃物等）
土地利用与林业	对土地利用与林业部门的排放及对排放清除的测量，使用“净-净法”的方法，并以 2005 年为基准年。美国政治考虑识别自然界对排放和排放清除的干扰产生的影响
其他	符合美国法律的规定

总统气候变化行动计划中具体的一些行动包括：

（1）减少发电厂的碳排放。为了达到这些目标，奥巴马向美国国家环保局签发了总统备忘录，要求短期内完成对新建以及现存发电厂碳排放标准的制定（2013—2016 年）。

（2）发展新能源。该计划呼吁美国到 2020 年将可再生能源产量翻一番，并向可再生能源发展开放公共土地，加速清洁能源许可证的发放，力争到 2020 年将公共土地上的可再生能源发电装机容量增加 10 GW，这将满足 260 万个美国家庭的用电需求。该政策为即将出台的电厂排放标准提供了有力补充，并为电厂达到排放标准提供了便利。联邦政府拥有大约美国 28%的国土，有选择地对清洁能源项目开放一些公共土地将有利于缓解电厂和项目开发商在选址方面的担忧。

（3）激励对清洁能源的长期投资。奥巴马要求能源部颁布一项“联邦登记通知”，发布一项贷款请求的草案，在 1703 号贷款担保项目下，为新一代化石能源项目提供 80 亿美元的贷款资金。

（4）提高能源效率，提高能效是实现减排最为经济有效的方法之一。能效较高的设备能耗较低，可为消费者节约成本。已有数十项产品符合新的和升级能效标准，其中有些还在等待审批。此外，还可通过多种途径在民用、商用和工业领域轻松实现减排目标。最新分析表明，目前共有 6 项标准正在等待审批，而审批每拖延一个月，都会给消费者带来 2 亿美元的储蓄损失并向大气中多排放 300 万 t 二氧化碳。对家用电器和公共建筑采取新的或现行能效标准之后，预计可以使 2030 年二氧化碳减排量达到 30 亿 t，如此大规模地减排几乎相当于美国燃煤电厂两年的排放总量。此外，在奥巴马总统的第二任期内，美国政府将再次与领军企业以及其他利益相关方合作，制定 2018 年后重型交通工具的燃油经济性标准。

（5）确立四年一次的能源评估制度。要求美国政府停止支持在海外用公共融资去建燃煤电厂。

特朗普总统就任的当天，通过白宫网站宣布将以“美国优先能源计划”取代前任总统奥巴马的“气候行动计划”。从此，该计划成为了奥巴马政府的“气候遗产”之一。

（二）中美应对气候变化联合声明

中美两国于 2014 年 11 月 12 日共同发表《中美应对气候变化联合声明》，宣布加强清洁能源和环保领域合作。联合声明提出，美国计划于 2025 年实现在 2005 年基础上实现 26%～28%的全经济范围减排目标并将努力减排 28%。美国一直重点强调要在现行的法律体系下基于成本效益分析设定全经济范围内的碳排放降低目标。

在《中美应对气候变化联合声明》中，中美将有望在多方面加强合作。

资金方面，未来五年中，中美有望在清洁能源联合研究中心投入至少 1.5 亿美元（中美各出一半）。中心在两国各设一总部。优先研究课题将包括建筑能效、清洁煤（包括碳捕集与封存）及清洁汽车。

中美有望启动中美电动汽车倡议，这预计使中美两国在未来数年有几百万辆电动汽车投入使用。

中美有望进一步发展 21 世纪清洁煤炭技术。预计未来中美双方之间将进一步大规模发展碳捕集与封存示范项目方面的合作，并就碳捕集与封存技术的开发、利用、推广和转让立即开展工作。

中美有望就大规模利用风能、太阳能、先进生物燃料和现代电网制定路线，在设计和执行实现这一远景所需的政策和技术手段方面进行合作。鉴于两国相加市场规模巨大，中美可再生能源的加速利用将在全球范围内极大降低这些技术的成本。

中美将会进一步加强能源合作项目——一种政府和产业间的伙伴关系，旨在加强能源安全和应对气候变化。该项目将利用私营部门资源和专长，加快清洁能源技术的应用。

在核能利用方面，中美表示将会促进核能和平利用，通过互相协商，以便寻找包括保障燃料供应和全程核燃料管理的办法，从而使各国在核扩散风险最小化的同时能够和平利用核能。

（三）特朗普就任美国总统后气候政策的动向

美国总统换届是影响能源与气候变化业界的一件大事。从竞选前的“气候阴谋论”，到入主白宫后大幅调整奥巴马时期的能源与气候政策、通过重要人事任命和部门预算大幅削弱执行机构能力，特朗普政府的一系列高调举动，对美国气候能源领域产生了深刻影响。

一是以增强传统行业竞争力为目的，调整能源政策。奥巴马政府推行以应对气候变化为重要目的的能源政策，即所谓“能源型气候政策”，如推行“气候变化总统行动计划”“清洁电力计划”，加速更新机动车燃油经济性标准。特朗普入主白宫以后，“秒删”白宫主页上的气候变化措辞，火速推出仅包含366个单词的“美国能源第一计划”。该计划主题明确：取消“气候变化总统行动计划”；继续页岩气革命；开发本土能源，减少石油进口；支持清洁煤技术，重振煤炭工业。其主要目的是通过进一步降低能源价格扩大本土制造业的比较优势，提高国际竞争力。此外，特朗普宣称要撤销与伊朗达成的协议，进一步阻止其石油出口，对本国的传统能源产业也是利好消息。

二是以改善空气质量和水质为首要目标，调整环保政策和机构。美国国家环保局（EPA）是奥巴马当政期间应对气候变化政策的主要执行机构。特朗普担任总统任命的新任环保局局长斯科特（Scott Pruitt）在担任俄克拉马州总检察长期间，曾对美国国家环保局提出控告多达14次，个人背景也与化石能源公司有千丝万缕的联系。上任以来表示要重写或延缓现有规则，包括降低执法力度，更加尊重各州的行动，同时弱化气候行动，重视大气质量和水质。特朗普削弱环保局的作用，一方面将大幅度削减其预算，将其用于减小国内的财政赤字并加大美国基础设施的投资，另一方面是要其放松监管，为支持化石能源的开发和基础设施的建设铺设道路。

三是以对美国不公平为由，宣布美国退出《巴黎协定》。美国的积极参与是促成《巴黎协定》的重要原因。在竞选阶段，特朗普多次声明要退出《巴黎协定》，上任以来的相应呼声看似减弱，表示对《巴黎协定》持“开放的态度”，也曾多次推迟就是否退出《巴黎协定》作出最后决定，但最后还是出于规避国内法律风险、维护“美国优先”治国方略、捍卫自身阵营立场等原因作出了退出《巴黎协定》的决定。

美国的气候变化政策可能会有反复，但不会出现太大程度的后退，主要原因有以下三点：

第一，共和党内部的不同声音始终存在。除了民主党的反对，共和党内部也存在支持气候进程的“温和派”，其中最为明显的表态来自新任国务卿雷克斯·蒂勒森（Rex Tillerson），他曾公开表示将确保美国在气候治理上“占有一席之地”；共和党议员 Ted Halstead 提出征收碳税的计划，布什时期的国务卿 James Baker 予以积极响应。虽然碳税前景暗淡，却能折射出共和党内部在气候变化问题上的分歧。此外，对特朗普施政有重要影响的家庭成员对国际气候变化进程的支持也有别于特朗普。

第二，市场因素驱动下的低碳技术发展趋势难以逆转。美国的煤炭行业已经全面下行，无论是生产、消费，还是就业以及燃煤电站数量，都在持续下降，而这种衰退完全是在市场推动下发生的。首先，煤电在大多数地区已经失去了竞争力，天然气发电在各个方面都保持着显著的优势；其次，美国可再生能源成本持续下降——相比 2008 年，陆上风电和大型光伏发电的成本分别降低了 40%和 60%以上，在部分地区风电的竞争力仅次于天然气发电；最后，可再生能源发展为美国带来了客观的税收和就业。例如，2014 年美国燃料乙醇产业为整个经济领域提供了 38 万个工作岗位，其中有 8.4 万个直接岗位；乙醇生产商为美国的 GDP 贡献了 530 亿美元和 100 亿美元税收；2016 年，太阳能发电从业人员达到 37.4 万人，比 2015 年增长了近 1/4，远远超过火电行业的 15 万从业人员。煤电行业的工作损失在可再生能源行业得到了弥补。因此，即便没有清洁电力计划，美国的天然气发电装机都将大幅度增长，可再生能源也将持续增长，而不会有任何新建煤电装机，区别仅在于现存煤电装机的淘汰速度快慢。

第三，影响美国国内应对气候变化行动的诸多关键因素并不在特朗普的管控之下，甚至也不在联邦政府的管控之下。美国政治体系存在多重制衡，权力高度分散，社会也高度分化，一些关键性的州，包括加利福尼亚州和纽约州，以及众多具有国际影响力的城市，包括纽约、洛杉矶、芝加哥等，依然在推行积极的应对气候变化政策。加利福尼亚州的排放交易制度依然在领跑，包括东部九个州在内的强制性区域碳交易制度要求2018年管控企业的二氧化碳排放比2009年降低10%；29个州和华盛顿特区有电力配额标准（Renewable Portfolio Standards），要求可再生电力比例要逐年上升，24个州拥有电力能效资源标准（Energy Efficiency Resource Standards，其中16个州还同时有天然气能效资源标准），要求电力（天然气）消费总量必须以一定比例逐年下降。作为市场力量的代表，私营部门近年来也逐渐加大了在清洁能源领域的投资，可以很好地抵消联邦政府公共财政投入的减少，如比尔·盖茨发起了突破能源联盟（Breakthrough Energy Coalition），致力于联合众多亿万富翁共同投资数十亿美元推动新的能源技术的商业化。因此，即使没有联邦政府的支持，关键的州和城市的行动、市场力量、私营部门投资以及技术进步，仍然持续推动美国经济和能源系统的低碳化进程。

三、美国电力部门排放现状及主要政策行动

（一）美国电力部门排放现状

电力部门是美国第一大排放部门。近期的美国 EIA 报告发现，2015 年美国发电领域二氧化碳排放创 1993 年以来最低水平，二氧化碳排放总计 19.25 亿 t，比 2005 年的排放水平低 21%。EIA 把这一下降归结于国家发电构成的转变，即可再生能源和天然气发电正替代老化的燃煤资产。

根据 EIA 发布的最新统计结果，2015 年，美国有 1 800 万 kW 的发电机组退役，其中 80%都是老煤电厂，占当年初煤电总装机的 4.6%。这些退役的煤电厂都是在 1950—1970 年投入运行的，平均每个机组装机容量为 133 MW，平均服役年限为 54 年。余下的大约 3 亿 kW 美国煤电装机大多在 20 世纪 70—80 年代投入运行，平均服役年限已达 38 年，同样即将被淘汰。这些煤电机组的平均装机规模为 278 MW。总的说来，美国煤电厂既老又小。在更具经济性的天然气电厂的竞争之下，煤电面临自然淘汰。因此，在一定程度上可以认为，最高法院是否最后推翻奥巴马的“清洁电力计划”都不会影响美国煤电走向没落的大趋势。

2013 年和 2014 年，电力销售和二氧化碳排放增加，而 2015 年两者都减少。

报告认为，温暖的冬季削减了整体电力需求，减少了临界发电设备的使用，并降低了天然气价格。2015 年中有 7 个月天然气发电量超过了煤炭发电。图 3-4 显示了美国 1990—2015 年电力部门的二氧化碳排放结构。

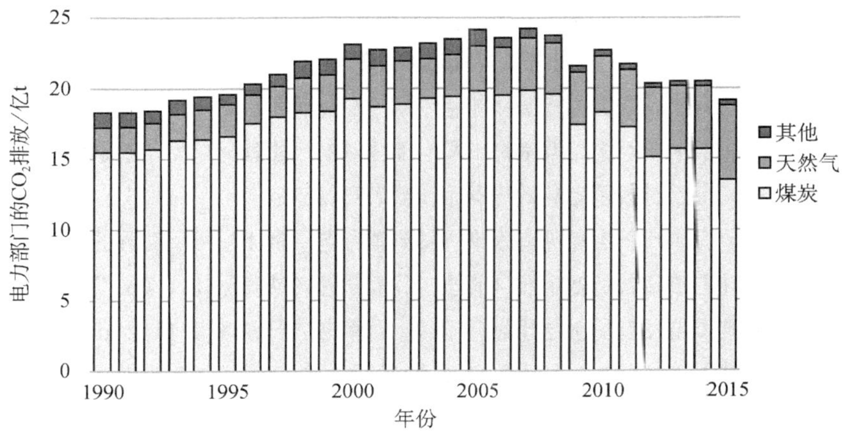

图 3-4　1990—2015 年电力部门的 CO_2 排放结构

（资料来源：EIA，monthly Energy Review）

发电及其带来的排放要视可用容量和不同技术的相关运营成本而定。最近的新增容量主要是天然气和可再生能源，同时退役的容量大部分是煤炭发电设施。近年来，天然气价格下降和燃气联合循环技术的高效率，使天然气成为替代燃煤发电服务基本负载需求的一种具有吸引力的选择。由于发电成本高，以及越来越严格的排放监管，燃煤发电正逐步减少。

发电构成的近期转变已影响到能源消耗量及相关的二氧化碳排放。相比利用燃气联合循环技术发电，燃煤电厂效率更低。尽管不同发电厂有所波动，但是生产相同电力时燃煤电厂消耗的能源更多。另外，煤炭每单位的含碳量是天然气的近 2 倍。综合考虑，发电量相同，天然气发电可减少 40%的二氧化碳排放。

此外，发电构成中的其他变化也有助于二氧化碳排放的减少。可再生能源正占据发电中越来越多的份额，主要得益于太阳能和风电容量增加。虽然过去 10 年核能发电相对平稳，但核电仍是二氧化碳零排放的最大发电资源。2015 年，可再生能源和核能总计占美国发电量的 33%，创下了最高纪录。

（二）美国电力部门应对气候变化的主要政策行动

在美国总统特朗普2017年3月28日签署行政命令废除《清洁电力计划》之前，基于《清洁空气法案》的清洁电力计划一直是美国电力部门低碳发展最重要的政策。

最新修订的《清洁空气法案》要求煤电企业达到新的排放标准。管理者必须依据商业上可应用技术的状况重新检查并严格执行新标准。计划电力部门到2030年相对于2005年水平减排30%的二氧化碳排放，氮氧化物、二氧化硫、颗粒物减排25%以上，通过提高发电效率降低电费8%左右。

清洁电力计划中对美国现有及将要修建的电厂制定了诸多新的标准，包括：

①对新建电厂的碳污染标准（详见《清洁空气法案》111（b）"）；

②对已有电厂的清洁电力计划（详见《清洁空气法案》111（d）"）；

③对已有电厂的清洁电力计划—追加条款（详见《清洁空气法案》111（d）"）；

④对改进和重建电厂的碳污染标准（详见《清洁空气法案》111（b）"）。

其中，提出了主要目标：对于2009—2019年被批准建设的煤电厂，必须在CCS的基本商业化水平实现后的四年内削减二氧化碳排放的50%；对于2020年后被批准建设的发电厂，要求必须削减至少65%的二氧化碳排放。

除基于《清洁空气法案》的《清洁电力计划》之外，美国还有许多其他的政策行动同样为电力的清洁低碳发展作出了很大的贡献。例如，强调保障水电协调发展利用的《联邦电力法》（*Federal Power Act*）；1992年和2005年两次修订的《能源政策法案》（*Energy Policy Acts of 1992 and 2005*），完善了电力市场自由化竞争、核电站建设许可程序，促进了可再生能源发展和高能效项目的建设，但要建设完全自由化竞争的市场还需要额外的联邦立法。其中，加利福尼亚州和得克萨斯州通过州立法来实现能源市场的自由化竞争。此外还有1996年"联邦能源管理委员会"的第888条和889条决议（FERC Orders 888 and 889），同意开放电力市场，为后来电力部门的自由发展创造了良好的环境。

主要对电力部门负责监管的机构是联邦能源管理委员会（FERC），负责电力部门多方面的活动：

①监管州际间电力的传输和销售；

②监管电力公司的并购活动；

③加强对特殊环境中输电项目建设的申请审核；

④建立对私人、地方和国家水力发电项目建筑的许可证制度；

⑤通过设置可靠性标准提高州际高压电传输系统的可靠性；

⑥对能源市场的监控和调查；

⑦对天然气运输、天然气管道建设、液化天然气储存选址的监督；

⑧对北美电力可靠性公司（NERC）的监督。

未来联邦能源管理委员会的工作重点将倾向于对智能电网的建设，建立电力需求反馈系统，加强对可再生能源的协调利用以及对输电系统的规划和电力成本分配方案的研究制定。这也在一定程度上反映了美国电力部门未来的发展方向。

四、美国交通部门排放现状及主要政策行动

（一）美国交通部门排放现状

交通部门是美国第二大排放部门，随着 2013—2014 年石油及其他燃料的价格下跌以及经济的复苏，交通部门的燃料消费上涨（图 3-5）。2014 年交通部门的二氧化碳排放较上年增长 2 400 万 t，涨幅为 1.3%。虽然车用汽油一直是交通部门的主要排放，但 2014 年的排放增长主要来源于柴油的燃烧，相较上一年增长 5%，约 2 100 万 t。

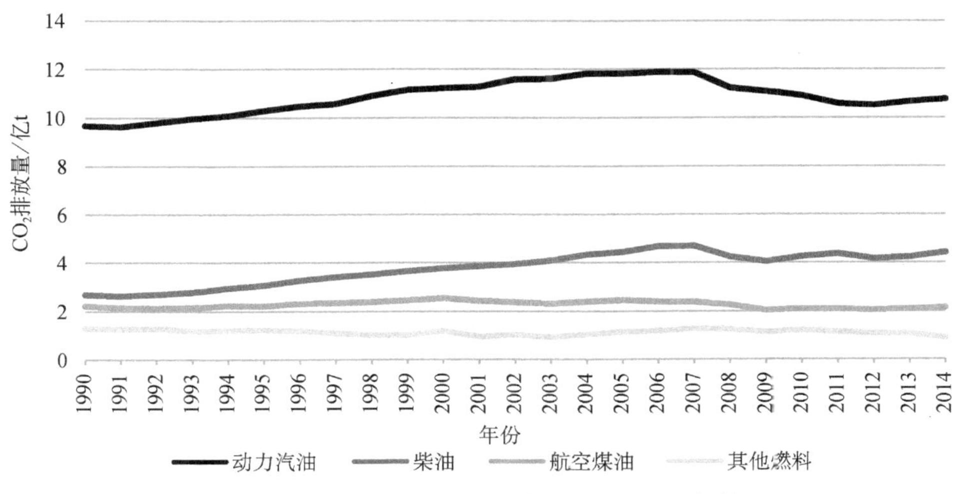

图 3-5　1990—2014 年美国交通部门的 CO_2 排放

（资料来源：U. S. Energy Information Administration，October 2015 Monthly Energy Review）

（二）美国交通部门应对气候变化主要政策行动

美国交通部门应对气候变化的最主要政策为制定“机动车燃油经济性标准”。

2014 年，美国新制定了更严格的机动车燃料经济性（CAFE）标准。按照新法规，美国市场上各车企到 2017—2025 年款新车的燃油经济性平均值应当达到 54.5 英里/加仑，约合百公里 4.3 L 油耗，比当前车辆水平几乎提高一倍。预计到 2025 年，平均每英里二氧化碳排放为 163 g。

国家公路交通安全管理局（NHTSA）和国家环保局（EPA）预计新的标准将使机动车的温室气体排放减半，使小汽车和轻型卡车的燃油经济性提高一倍（与 2011 年相比）。

除了减少温室气体排放以外，新标准还预计通过减少燃料进口降低美国消费者的燃料成本。

五、美国能源效率方面的主要政策行动

（一）美国能源消费现状

由于美国既有的高耗能生活方式和高耗能交通模式，致使美国一直是 IEA 统计的国家中能源强度较高的国家。2012 年美国的能源消费总量为 14.3 亿 t，相比 2002 年降低了 5.9%。

交通部门一直是美国最大的能源消费部门，2012 年交通部门能源消费占总消费的 41.7%。交通部门的能源主要是石油产品，占 93%左右，其余来自生物燃料和垃圾（4.3%）、天然气（2.9%）和电力（0.1%）。其中，对生物燃料的使用相比 2002 年增加了 6 倍，而对石油产品的使用同期下降了 4.1%。交通的整体能源消耗与 2002 年基本持平。

工业部门 2012 年的能源消费为 3.5 亿 t，占总量的 24.6%。与 2002 年相比，工业部门的能源消费已经下降了 18.4%。最大的降幅在 2009—2012 年，每年消费下降了约 11%。2012 年，工业部门主要的能源消费是天然气（32.7%）、石油（31.5%）和电力（20.6%），而在 2002 年，工业部门的能源消费结构为石油（39.1%）、天然气（29.6%）、电力（17.4%）。过去的十年中，工业部门的石油消费需求下降

最多。

2012 年，居民住宅和商业部门的能源消费分别占总量的 17.7%和 15.9%。这些领域的能源消耗相比 2002 年只有略微的下降，居民住宅能耗下降了 2.9%，商业部门和公共服务部门（包括农业）仅下降 1.2%。电力占居民住宅和商业部门能源消费的一半左右，其次是天然气（33.9%）和石油（11.4%）。其中，煤、石油和天然气消费正在逐年下降，电、热、生物燃料的消费在继续增长。此外，太阳能也在继续增长。

（二）美国主要的能效政策及其效果

总的来说，2012 年美国总的一次能源消费相对 2007 年下降了 8.8%，其原因一方面是由于经济低迷，另一方面则归功于美国一系列的能源政策大幅度提高了能效效率。其中，作用最明显的是车辆燃油经济性新标准的制定和建筑能效规范等政策，具体美国能源效率方面的政策行动及预期实施效果见表 3-2。

表 3-2　美国能源效率方面的政策行动及预期实施效果

相关行业	政策	2011 年节能量/TW·h	预计 2020 年节能量/TW·h
轻型和重型车辆燃油经济性标准	美国国家环保局（EPA）/国家公路交通安全管理局（NHTSA）联合制定规则 2012—16—2017—25	—	962
家电及设备标准计划	1987 年、1988 年国家家电节能行动（NAECA）；1992 年能源政策法案（EPAct1992）；2005 年能源政策法案（EPAct2005）；2007 年能源独立与安全法案（EISA）	400（242 电力，156 天然气）	695（610 照目前的政策不变；85 新政策贡献）
财政支持的能效计划	（State Level）州立法和监管控制，确立能源效率标准和节能义务	117.3（81 电力，36 天然气）	至少 210 至多 255
建筑规范	（State Level）州住宅和商业建筑规范	64（37 电，26 天然气，0.5 油）	244（89 电，69 天然气，1 油）
能源服务公司	EISA，第 432 节； 美国复苏与再投资法案（ARRA）	270	770
合计		851.3	2 926

美国各类能效政策在其实施过程中存在着不同的驱动力，如政府对提高能效的政策共识对建立联邦政府与州政府之间统一协调的能源政策会有很大的帮助。但与此同时仍然存在着一些阻碍，如目前较低的天然气价格不利于对能源的节约利用，提高能效过程中很可能带来的能源销量的下降会引起能源供应商的不满等。具体见表 3-3。

表 3-3　能效政策实施过程中存在的驱动力和阻碍

驱动力	阻碍
1. 联邦政府与州政府的政策共识	1. 较低的天然气价格
2. 新的管道能效技术	2. 公共预算减少的压力
3. 越来越严格的州级能效政策要求	3. 能源供应商对销售量下降的反应
4. 能源的协调供应提高了能源利用效率	4. 不缺乏劳动力（劳动力充分）
5. 新能源市场更注重高能效	5. 受制于监测能力
6. 新的联邦立法：Shaheen-Portman Act and the Sensible Accounting to Value（SAVE）Act.	6. 能效提高的边际成本越来越高

近几年，美国在提高能效方面已经取得了重大进展，预计在 2020 年将成为最节能的国家之一。能源效率改进重点包括机动车能效、家电和设备能效、建筑能效提高。

政府在为能效技术发展提供资金支持的同时，还不断鼓励私营部门提高对能效领域的投资。2009 年的经济刺激计划为现有的能源项目提供了额外资金资助。这些项目的直接和间接融资总额超过 300 亿美元，是 2008 年资金水平的五倍。财税政策和能源服务公司的发展也有助于能效监管政策的实施。除此之外，税收优惠政策通过刺激对节能家电或设备的消费来淘汰低效的设备，以提高总体的能效水平。

总的来说，这些政策有可能到 2020 年在能效方面节约三倍于 2012 年的能源消耗，如图 3-6 所示。一些分析师甚至预测由于能效水平的提高，未来在天然气、电力和交通燃料方面的需求也会下降。

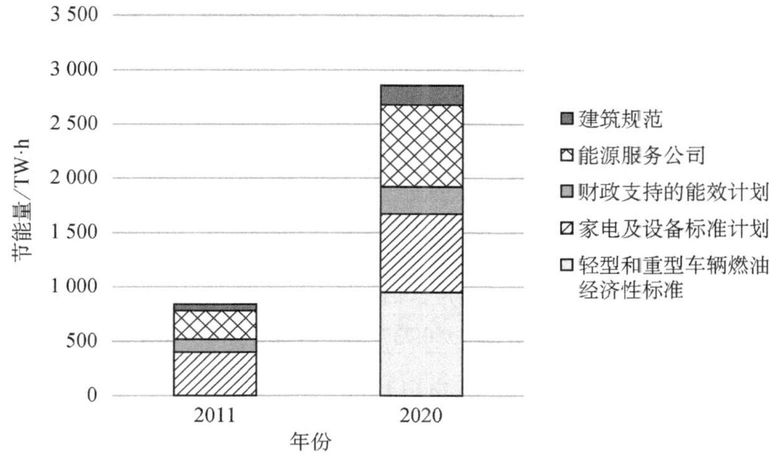

图 3-6　2011 年及预计 2020 年能效政策在不同领域的节能量

六、美国技术研发领域的主要政策行动

（一）资金投入

自 18 世纪以来，由西方国家发起并主导的第一次和第二次工业革命使西方国家走上了工业化和现代化的道路。凭借几百年来在知识、人才、制度、技术储备等方面积累的优势，西方发达国家一直牢牢占据着国际技术创新领导者的地位。

从不同国家专利拥有数量看，自 2000 年以来美国一直占据第一的位置。因此美国是近年来全球技术创新的中心地区。在能源技术方面，美国一直非常重视未来发展清洁能源的创新性，努力保持美国作为全球领先的清洁能源技术开发和生产的国家地位。其中，R&D 是美国未来转变对石油的依赖进而发展其他清洁能源的重点。联邦政府在支持新能源技术发展中起到领导作用，通过多种渠道支持能源技术的创新，包括提供研究经费、加强与不同行业的合作、资助小型企业研发创新、建立运行国家实验室系统，此外还通过税收政策和其他监管政策来支持能源技术的创新发展。

2009 年美国通过的《美国复苏和再投资法案》中计划用来刺激经济的 900 亿美元资金中，美国能源部获得了其中的 352 亿美元用来支持近 800 亿美元的清洁能源项目。其中对 R&D 投资为 29 亿美元。最新预计 2014 年美国能源领域的 R&D 投入为 70 亿美元，占 GDP 的 0.46‰。

表 3-4 美国能源部 2014 年科研预算 单位：千美元

	2012 财年	2013 财年	2014 财年	2014 财年与 2012 财年对比	
	预算			增减金额	百分比
前沿科学计算研究	438 304	443 566	465 593	+37 289	+8.7%
基础能源科学	1 644 767	1 698 424	1 862 411	+217 644	+13.2%
生物与环境研究	592 433	613 287	625 347	+32 914	+5.5%
聚变能源科学项目	392 957	403 450	458 324	+65 367	+16.6%
高能物理	770 533	795 701	776 521	+5 988	+0.8%
核物理	534 642	550 737	569 938	+35 296	+6.6%
教师与科学家的劳动力发展	18 500	18 613	16 500	−2 000	−10.8%
科学实验室基础设施	111 800	112 485	97 818	−13 982	−12.5%
保卫与安全	80 573	81 066	87 000	+6 427	+8.0%
科学项目方向	185 000	186 132	193 300	+8 300	+4.5%
小型商业创新研究（SBIR）	175 471	0	0	−175 741	−100%
合计	4 934 980	4 903 461	5 152 752		

数据来源：美国能源信息部 2014 年预算。

（二）技术研发政策

2011 年，时任美国总统的奥巴马发表了美国未来能源安全的蓝图，共有三部分，其中第三部分强调未来发展清洁能源需要不断创新，保持美国作为全球领先的清洁能源技术开发和生产的国家地位。

蓝图进一步强调了 R&D 的作用，认为 R&D 是美国未来转变对石油的依赖进而发展其他清洁能源的重点。蓝图中还指出联邦政府需要在支持新能源技术发展中起到领导作用，包括推广新能源技术、支持 R&D 等。蓝图倡议：

（1）对高级能源研究署（ARPA-E）的资助翻倍，能源创新中心的数量也要翻倍，涵盖的领域包括高级电网技术、新型材料研究、智能电网技术等；

（2）建立一个新的致力于智能电网材料和系统开发的能源创新中心；

（3）对能效技术的投资翻倍，对新能源技术的投资增加 70%以上，继续鼓励对智能电网、核能（包括小型反应堆）和清洁煤炭技术的投资；

（4）继续支持研发应用、创新型的生产和技术部署，联邦政府通过多种渠道支持能源技术的创新，包括提供研究经费、与不同的行业合作、资助小型企业研发创新、建立运行国家实验室系统，此外还通过税收政策和其他监管政策来支持能源技术的创新发展。

七、美国区域层面应对气候变化的主要政策行动

全国范围的气候政策在落实过程中必然存在不完善之处，以及对不同地区的不匹配之处。此时，美国区域层面的气候政策就发挥了至关重要的作用。美国许多州一级的气候政策行动来自20世纪90年代所提出的州气候行动规划。这些行动规划各式各样，但行动的关注目标都在于尽快实现燃料替代、公共交通、气候中立、土地利用、能源效率、可再生能源、废物管理和循环利用问题。

州一级的行动规划以近期市级政府行动作为补充。地方环境行动国际委员会在参加“气候保护运动”（CCP）的城市中已经建立了最广泛的城市联盟网络。全世界超过650个地方政府，包括171个美国城市，已经建立减排目标，提出地方行动计划，执行温室气体减排战略。美国参加CCP的城市代表了一些最大的中心城市，拥有19%的美国人口。

（一）美国东北部的气候政策

美国东北部，包括康涅狄格、特拉华、马里兰、缅因、马塞诸塞、新罕布什尔、罗德岛、佛蒙特等州，拥有4 200万人口（约占美国人口的15%）。在人口密集地区，州政策不仅影响本州，还常影响周边州。历史上，由于缺少本地燃料供应，东北部能源成本高于全国平均水平。在这种情况下，通过发展替代燃料或减少能源使用来控制温室气体排放将导致燃料多元化并带来其他经济利益，除了环境改善以外。

对东北部能源供应和价格的长期考虑，以及气候变化的威胁，促使新英格兰地区州长和东加拿大领导人（NEG/ECP）会议2001年提出气候变化行动计划。该协议设定了2010年将温室气体减排至1990年水平和2020年及更远的目标。参与的美国州包括康涅狄格、缅因、马塞诸塞、新罕布什尔、罗德岛和佛蒙特。

2003年，纽约州州长邀请11个东部州加入建立地区发电厂二氧化碳排放限额交易项目的行动。9个州同意建立地区温室气体行动（RGGI），包括康涅狄格、特拉华、缅因、马塞诸塞、新罕布什尔、新泽西、纽约、罗德岛和佛蒙特，并确

定了减排行动时间表。2009—2015 年，这些州力图将当地发电厂二氧化碳排放水平稳定在 1.37 亿 t。2015—2020 年，RGGI 计划相对限额减少 10%的排放。该计划重要的方面是最终对所有其他州开放，包括现在获得观察员资格的州（如宾夕法尼亚州）。2007 年 4 月，马里兰通过法律加入 RGGI，但该州排放基线还没有建立。

该地区州一级负责空气质量的机构也支持一项温室气体协调减排战略。这些机构通过东北部各州协调各自努力以协调空气使用管理（NESCAUM），并努力对美国气候变化政策产生影响。近年来，NESCAUM 已与加利福尼亚州气候行动委员会建立合作关系“促进协调 GHG 核算和报告标准”。正如以下更进一步细节所讨论的，合作、东西海岸的 GHG 控制制度的形成将显著影响美国人口和经济。

RGGI 和 NESCAUM 正在州和地方层次执行该计划，并鼓励新的行动计划。康涅狄格州州长曾发表了一项行政命令，强制要求州政府 2010 年前完成该州 20%的电力来自清洁能源。其他进入立法的战略包括“清洁汽车”法、加州汽车排放标准的采用、家电效率标准法律。其他未来将采用的行动条款还包括能源效率抵押和贷款、清洁热电（CIP）、中心肥料处理、天然气和热能节油基金。缅因州也将目标定在更有效率的汽车，并将全州温室气体减排目标、强制温室气体报告、通过造林实现碳捕捉等纳入法律轨道。

随着 2002 年发布官方能源规划，纽约设定了 2010 年将温室气体减排 5%的目标，2020 年相对 1990 年减排 10%。推荐战略还包括削减能源需求、能源效率、发展可再生能源、促进清洁热电联产和分布式发电。2000 年，由 37 个政府、商业、劳工、国内协会和研究组织成员组成的特拉华气候变化论坛，建立了 2010 年将温室气体排放相对 1990 年减排 7%的目标。该气候变化行动计划设定的战略已经进入最近由州长能源任务小组采用的州能源战略。该州已经在研究创建“可持续能源基础设施”，以追求气候友好的能源政策。

新泽西州 1999 年提出了可持续性温室气体行动计划，并设定了 2005 年相对于 1990 年实现温室气体减排 3.5%的目标。为达到这一目标，该州展开一系列创新性行动，包括与荷兰签署了合作建立排放量储蓄制度的协议。该州与公共和私人组织签订节能、保护开放空间和林地、减少废料、利用更清洁和更有效率能源技术的协议。近年来，该州州长签署了行政命令，承诺新泽西 2020 年相对于 1990 年水平将削减 20%的排放，2050 年将削减 80%的排放。

（二）美国西海岸的气候政策

美国西海岸正发展出一套地区气候行动战略。这些州包括加利福尼亚、俄勒冈和华盛顿州，拥有 15%的美国人口。西海岸各州已经是相对积极的气候变化政策的早期实行者。例如，俄勒冈 1997 年就立法要求新发电厂对其排放二氧化碳的 17%进行补偿，电网也需要通过直接减排二氧化碳或向由俄勒冈气候信托基金管理的二氧化碳减排项目基金支付进行补偿；华盛顿州也在 2003 年实行了类似俄勒冈州的发电厂排放管制。

2006 年 9 月，加利福尼亚州通过 32 号议会法案，要求州空气资源委员会（CARB）实行管制，2020 年前将该州温室气体排放减少到 1990 年水平。CARB 管制必须在 2008 年前建立全州排放限额。大型温室气体排放源的强制限额（包括商业、电网和工业）从 2012 年开始。州立法也已指导 CARB 到 2009 年为小汽车和轻型卡车建立 GHG 排放标准。

西部海岸各州最近将开始合作进程，以协调和扩展气候政策。2003 年，西部三州州长开展西海岸州长全球变暖行动（WCGGWI）。部分受 NEG/ECP 和 RGGI 框架的启发，WCGGWI 研究了地区绿色能源和气候决策对经济和环境的影响，在低碳汽车、卡车和轮船减排，以及能源效率、可再生能源和碳汇方面提出了目标。WCGGWI 也推荐建立区域温室气体减排目标、实行协调的汽车排放标准、建立类似 RGGI 的区域排放交易制度。

八、美国应对气候变化的主要问题

虽然美国近几年在应对气候变化方面已经有了显著的进展，但仍存在着一些问题。

（1）美国仍然缺乏气候与能源中长期战略与目标，这会使政策的长期性、持续性、一致性和确定性难以保证。尽管 2016 年 11 月 16 日马拉喀什气候大会期间奥巴马政府向联合国递交了《美国 2050 年深度脱碳战略》，详尽探讨了美国实现 2050 年减排目标的路径和措施，但该报告与“2050 愿景”相关的政策建议整体较为笼统，未提出分阶段实施的路线图和具体政策，在新任特朗普政府执政期间落实的可能性很小。

（2）联邦层面的能源与气候变化政策缺乏一个统一的框架。一直以来有许多外部和内部的批评者认为，美国缺乏一个统一的国家级能源政策。为此，在奥巴马执政的八年中，美国制定了一系列的能源战略政策，在一定程度上解决了对化石燃料的依赖，致力于建立更独立、可持续的能源系统。其中，需要重点突出的有“总统的能源未来蓝图”和“各类能源战略”。此外，2009 年制定的《美国复苏和再投资法案》（ARRA）扩大了对能源基础设施的投资，从而对能源行业产生重大积极的影响。通过 ARRA，美国能源部投资逾 310 亿美元来大范围地支持清洁能源技术发展。但特朗普上任以来，大力推翻奥巴马的“气候遗产”，又对联邦层面的气候变化政策提出新的挑战。

（3）在联邦层面，能源、环境、经济和安全政策缺乏协调性，职权分散，国会、白宫和州政府以及联邦政府下的行政和立法部门之间协调难度很大。

（4）联邦层面缺少碳排放交易或者碳税等碳价格政策。在缺乏以市场为基础的工具（如碳税）的情况下，美国实现气候目标的主要方法是联邦政府层面的监管控制。虽然监管控制手段同样可以实现投资的准确性和合理的成本，但是经济学家倾向于认为给温室气体排放定价（如总量控制、排放交易、碳税）加上有效的技术政策才是最具成本效益的减排方法。用监管控制的方法来实现减排排放，即使内置了非常灵活的行动方案，仍然会比简单的市场机制更加昂贵。

（5）页岩气发展可能带来的甲烷泄漏及环境污染风险，减排效果的长期可持续性还存在风险。美国页岩气资源的快速发展伴随着更严格的空气质量监管有助于减少排放量、用天然气代替煤。排放减少的趋势是否能持续还取决于未来煤炭和天然气的相对价格。一方面，如果未来煤炭的价格比天然气更低，就会存在排放回弹的风险，虽然新的排放标准能在一定程度上抑制煤炭的使用，但这个风险仍然存在。另一方面的担心是，如果不控制页岩气生产和分配过程中的甲烷排放，这对气候变化也会造成重大影响。

（6）可再生能源支持政策等存在不确定性。以联邦可再生能源生产税收减免政策（PTC）为例，PTC 是对符合条件的可再生能源发电量做通胀调整后对每度电予以税收减免。PTC 的实施规则自制定以来做过多次的调整，会在不同时刻偏向于不同的资源类型和设施类型，对可再生能源的投资造成影响，因为能源基础设施建设的周期往往比较长。例如，某些投资者在风电有税收优惠时开始建设风电项目，但是目前项目还没完工，风电的税收优惠政策如果取消，将会影响投资收益。2013 年年初美国 PTC 延期一年，但是未来是否还能延期存在不确定性。这种政策的不确定性削弱了投资者的信心，造成可再生能源装机量年际之间的波动。

（7）预算约束着对能源气候政策的进一步财政激励。在 2017 年 3 月公布的美国联邦政府 2018 财年预算提案中，美国国家环保局受到重创，经费被削减 31%，减少 50 个项目与 3 200 名员工，同时国务院和国际发展署被削减 28%，能源部与美国国家大气和海洋署（NOAA）也被削减经费。这些预算约束对美国的气候变化科学研究、《公约》内外气候变化援助项目都可能产生严重的影响。

第二节　欧盟低碳发展的实践与进展

自 20 世纪 90 年代以来，欧盟在联合国气候变化谈判中积极推动达成了《公约》、《京都议定书》和《巴黎协定》，同时欧盟内部和欧洲的主要国家也陆续出台了有利于减排温室气体和低碳发展的法律和政策，两者相辅相成，促进了欧盟的低碳转型实践，并推动了全球低碳转型和应对气候变化的进程。欧盟作为目前世界上控制温室气体排放与能源政策推行较为成功的地区，其在目标制定、政策推行、实施保障方面都对全球控制碳排放、在行政边界范围内推行碳目标以及能源系统与碳目标的协同方面有重要借鉴意义。

一、欧盟经济增长与温室气体排放趋势

欧盟 28 国作为一个整体，是世界上第一大经济体，但美国与欧盟的差距在逐步缩小。从温室气体排放看，欧盟 28 国整体的排放量比美国低，并且这一差距在扩大。欧盟的经济增长和温室气体排放呈现出显著的“脱钩”趋势。

欧盟在 2004 年以前的 15 个成员国，除了因德国统一纳入的民主德国部分外，

其余都是传统意义上的西欧资本主义国家；而 2004 年及以后陆续加入欧盟的，几乎都是原东欧和苏联的社会主义国家。在气候变化领域，1997 年达成的《京都议定书》对欧盟的规定实际上也是对 2004 年以前的 15 个成员国的一体化规定，因此在开展对欧盟的研究时，尤其是在气候变化领域，有必要将其加以区分。这里以 EU15 代表 2004 年以前的 15 个成员国，EU13new 代表 2004 年开始陆续加入的 13 个新成员国，EU28 代表整个欧盟（图 3-7）。

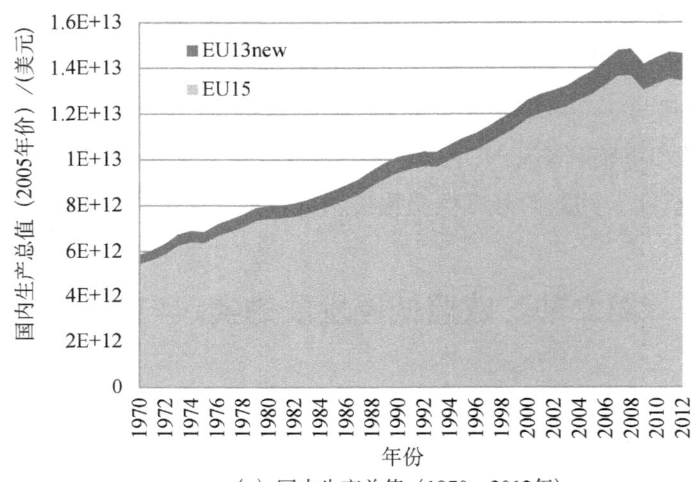

（a）国内生产总值（1970—2012年）

（b）国内生产总值历年增速（1971—2012年）

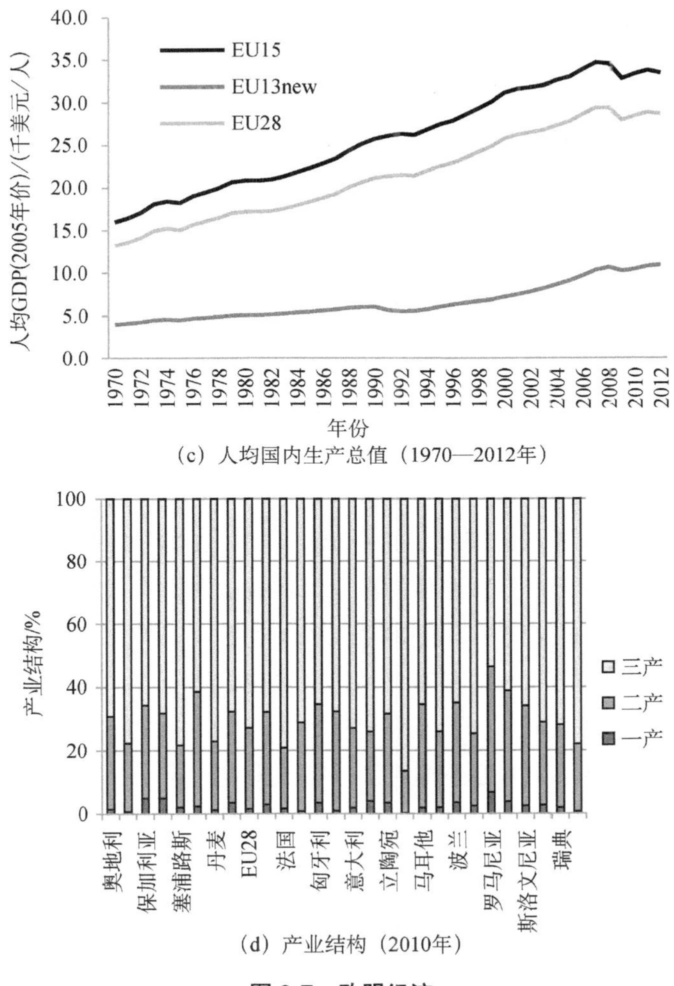

（c）人均国内生产总值（1970—2012年）

（d）产业结构（2010年）

图 3-7　欧盟经济

（数据来源：World Bank，2013）

总体看来，欧盟经济除了因 2007—2008 年国际金融危机和 2009—2010 年欧债危机影响而衰退外，基本上呈现增长趋势；人均 GDP 也同步增长。但 EU13new 的经济总量远低于 EU15，大约只是 EU15 的 7.5%；其人均 GDP 也远低于 EU15，大约只是后者的 25%。1990 年东欧剧变以前，EU15 和 EU13new 经济增速没有太大差异，如图 3-7（b）所示；但东欧剧变使这些国家经济陡然下降，1991 年 EU13new 整体的经济比 1990 年下降了 7.1%，直到 1993 年才恢复经济增长，然而 EU15 却在 1993 年迎来一次经济下滑，之后两者的经济增长趋势基本相似，包括共同经历了 2008—2009 年国际金融危机导致的经济大幅下滑，尽管增速有所不同。

从产业结构看，EU28 整体的三次产业结构为 1.6∶25.6∶72.8。欧盟国家都已经形成了第三产业占主导的经济结构，但所占份额差异也很大，从最低的罗马尼亚的 53.8%，到最高的卢森堡的 86.5%；一产所占比重都已经低于 7%，最高的罗马尼亚仍占到 6.7%，最低的卢森堡、英国、比利时、德国都已经只占到 1%以下。

与此同时，欧盟的温室气体排放比 1990 年大幅削减，如图 3-8 所示。2011 年，EU28 不含土地利用、土地利用变化和林业部门（LULUCF）①的温室气体排放总量为45.78 亿 t 二氧化碳当量（CO_2 eq.），比 1990 年的 55.02 亿 t 下降了 18.3%；在《京都议定书》第一承诺期（2008—2012 年），2008—2011 年平均比 1990 年排放量下降了 15.6%。在欧盟整体的温室气体排放中，老成员国 EU15 的排放量占到整体的 79.9%，最高时期占到 81.4%（2002 年），最低时期占到 75.9%（1990 年）。同期，EU28 单位 GDP 的温室气体排放量也大幅下降，从 1990 年的 0.554 kg 二氧化碳当量/美元（2005 年价）下降到 2011 年的 0.312 kg 二氧化碳当量/美元，降幅达到 43.8%，显示出欧盟整体经济效率的提高。

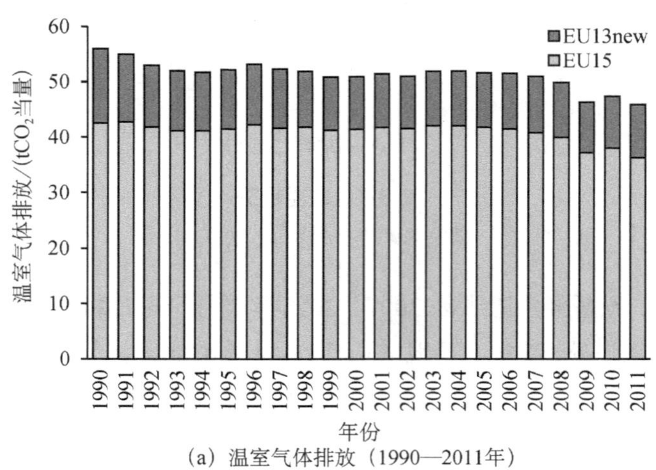

（a）温室气体排放（1990—2011年）

① 如非特别注明，本书中的温室气体排放量数据均不含 LULUCF 部门。

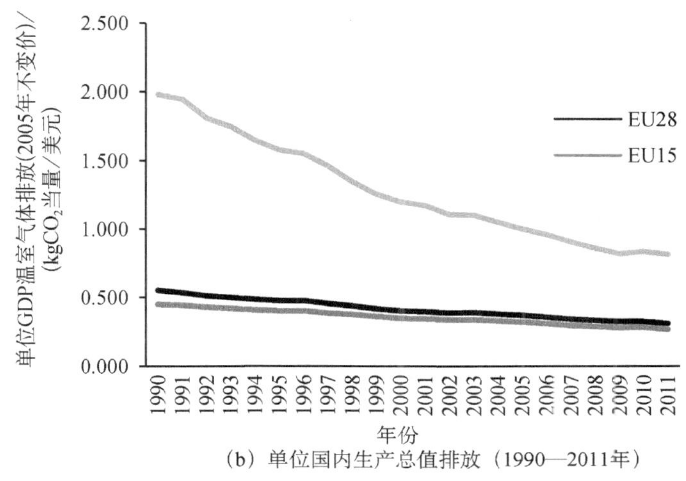

（b）单位国内生产总值排放（1990—2011年）

图 3-8 欧盟温室气体排放

（数据来源：UNFCCC，2017）

很明显的是，老的欧盟成员国 EU15 和新成员国 EU13new 的温室气体减排趋势显著不同。EU15 在 2011 年的温室气体排放总量为 36.30 亿 t，比 1990 年的 42.55 亿 t 下降了 14.7%；2008—2011 年平均比 1990 年排放量下降了 11.2%。EU13new 在 2011 年的排放总量为 9.48 亿 t，比 1990 年的 13.52 亿 t 下降了 29.9%；2008—2011 年平均比 1990 年排放量下降了 29.7%。EU15 降幅仅为 EU13new 的一半。

相应地，欧盟出现了经济增长与排放“脱钩”的情况。尽管总体而言，欧盟 EU28、老成员国 EU15 和新成员国 EU13new 都呈现出这一“脱钩”趋势，但是其程度差异非常显著，老成员国 EU15 的这一趋势比新成员国 EU13new 明显了许多。由于 EU15 在整个 EU28 的经济总量和温室气体排放量中都占据绝对多数，因此 EU28 的这一“脱钩”趋势更接近 EU15。

从上述对欧盟整体 EU28 和老成员国 EU15，以及新成员国 EU13new 的分析已经可以初步看出，欧盟成员国的经济增长与温室气体排放趋势不尽相同，显示出较大的差异。因此，在欧盟层面讨论其低碳转型的成就，可能会以偏概全，不能反映各国真实的情况；研究欧盟的低碳转型，不仅要看欧盟层面的数据信息和政策措施，还需要对主要成员国的低碳转型趋势进行分析。

由于各成员国国情和发展阶段的不同，因此欧盟在制定低碳转型政策时也加以区别考虑，并不总是“一刀切”。各成员国制定和执行低碳转型政策的效果也不尽相同。为发现一些具有代表性的模式，本书根据排放、经济和效率变化，以及国家的发展水平，将欧盟 28 个成员国进行分类，分别采用 1990—2011 年的排放增长率、经济增长率、单位 GDP 的温室气体排放变化率以及人均 GDP 四个指标来表征。采用这四个指标的考虑是，本书关注低碳转型的效果，必然首先关注温室气体排放的变化；而低碳转型并非只是环保问题，更是经济社会发展模式的转变，因此经济的增长也是低碳转型的重要考量因素；低碳转型的效果应当是提高经济对资源利用的效率，因此应考察单位 GDP 排放水平的变化；最后，不同成员国的发展阶段和发展水平不同，低碳转型的着眼点和采取的方式也会有所不同。系统聚类分析表明，欧盟各成员国在经济发展与温室气体排放问题上可分为三类：

第一类包括希腊、斯洛文尼亚、葡萄牙、塞浦路斯、马耳他、捷克、斯洛伐克、意大利和西班牙，这些国家除了捷克和斯洛伐克，都是南欧国家；

第二类包括保加利亚、罗马尼亚、克罗地亚、匈牙利、立陶宛、波兰、爱沙尼亚和拉脱维亚，这些国家除了克罗地亚位于南欧，其余都是典型的东、中欧原社会主义国家，而克罗地亚原本也是社会主义国家前南斯拉夫的一部分；

第三类包括丹麦、爱尔兰、瑞典、奥地利、荷兰、德国、英国、芬兰、比利时、法国和卢森堡，都是典型的发达资本主义国家。

二、西、北欧国家的低碳转型

西欧和北欧国家属于传统的资本主义强国，社会经济发展处于较高水平，是世界银行划定的高收入国家，也是欧盟老成员国 EU15 的主体，包括被称为欧盟“三驾马车”的德国、英国和法国。这些国家在欧盟的政策制定中发挥着重要作用，包括欧盟低碳转型的政策。

从人均 GDP-人均二氧化碳排放的碳排放环境库兹涅茨曲线（C-EKC）来看，这些国家基本已迈过 C-EKC 的顶峰，呈现排放随经济增长而下降的趋势，如图 3-9 所示。

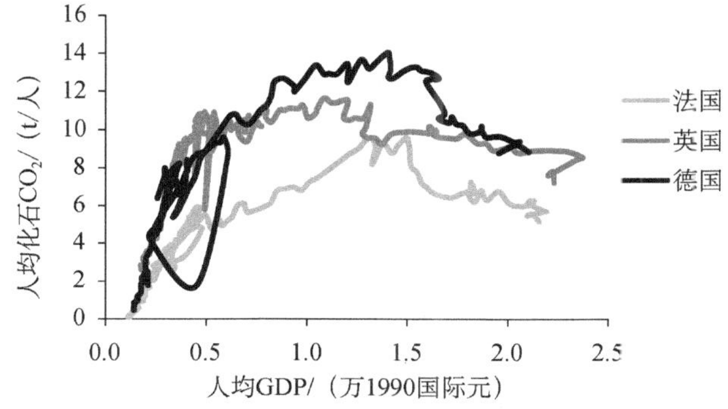

（a）英国、法国、德国C-EKC曲线（1820—2011年）

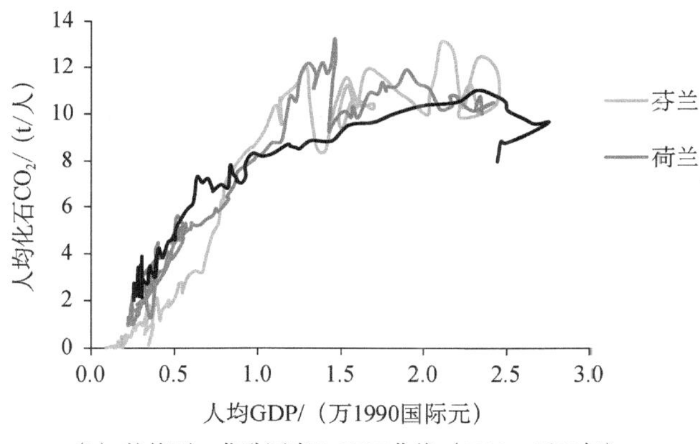

（b）其他西、北欧国家C-EKC曲线（1820—2011年）

图 3-9　西、北欧国家人均 GDP-人均二氧化碳排放的环境库兹涅茨曲线

（数据来源：ORNL，2013；Maddison，2006；World Bank，2013）

其中，英国、法国、德国这一趋势较为明显，其峰值出现时人均 GDP 基本都在 1.1 万～1.4 万 1990 国际元（1.8 万～2.4 万美元，2005 年价），但是人均二氧化碳排放量的峰值差距较大，最高的德国达到 14.04 t 二氧化碳/人，最低的法国仅 9.61 t 二氧化碳/人，法国的人均排放峰值比德国降低了 32%。这表明随着发展水平的提高，出于经济结构发生变化、技术进步、人的环保意识提高等各种原因，西、北欧国家经济增长逐渐与碳排放“脱钩”，化石能源投入在支撑经济增长中的作用降低。但 C-EKC 只是展示了一种趋势，并不能揭示导致这种变化的原因或影响因素。通过分解 KAYA 恒等式，可以讨论人口、经济、能源效率和能源结构因素变化对二氧化碳排放的贡献。

KAYA 恒等式分解是气候变化研究领域广泛使用的方法，用于探讨影响碳排放的因素，它源自 IPAT 模型。Ehrlich 和 Holdren 最早提出环境发生的某种变化 I，可以构造为人口 P、经济活动 A 和技术水平 T 的恒等式，即 $I=P\times A\times T$。IPAT 模型的主要目的在于找出一些决定性因素，并通过改变一个因素而保持其他因素固定不变来分析问题。在气候变化领域，Kaya Yoichi（1990）根据 IPAT 理论提出了 KAYA 恒等式，将二氧化碳排放量构造为人口 P、人均 GDP（即经济活动 A）、单位 GDP 能耗（S，即技术水平 T_1）和单位能源消费的二氧化碳排放（Q，即技术水平 T_2）的乘积，即

$$CO_2 = Pop \cdot \frac{\mathrm{GDP}}{Pop} \cdot \frac{E}{\mathrm{GDP}} \cdot \frac{CO_2}{E} \text{或} I = P \cdot A \cdot T_1 \cdot T_2 \qquad (3\text{-}1)$$

式中，Pop 为人口，GDP 为国内生产总值，E 为能源消费总量，CO_2 为二氧化碳排放总量。本书以世界银行数据库的人口、GDP、能源消费总量和 ORNL 的化石能源消费二氧化碳排放数据为基础，采用 KAYA 恒等式分解的方法，对西、北欧主要国家 1961—2011 年 50 年来二氧化碳排放的影响因子进行了分析，结果如图 3-10 所示。

由图中可以看出，一般而言，西、北欧国家经济增长是拉动二氧化碳排放增长的首要因素，人均 GDP 增加在所有拉动排放增长的因素中所占的贡献比例都在 70%以上。人口增长也是拉动排放增长的重要因素。尽管西、北欧国家 50 年的人口年均增长率都在 1%以下，多数国家在 5‰以下，与世界平均水平的 1.64%、美国的 1.06%相比，人口增长已经处于较低的水平，但根据 IPAT 模型原理，任何正向变化的因素都将是导致排放增长的因素。而能源效率和能源结构因素则普遍是拉动这些国家二氧化碳排放下降的因素，但这两个因素在西、北欧国家中的影响也不尽相同。例如，1961—2011 年单位 GDP 能耗下降是拉动英国排放降低的最主要因素，其贡献在 70%以上，但对奥地利排放下降的贡献只有 50%左右，在法国只有 25%；而相应地，单位能耗的排放变化，也就是能源结构调整，在法国是拉动排放下降的首要因素，其贡献达到 75%，对奥地利的贡献在 50%左右，对英国的贡献不到 30%，而在芬兰则成了导致排放增长的因素。

总排放变化
人口贡献
人均GDP贡献
单位GDP能耗贡献
单位能耗排放贡献
800
400
0
-400
-800
CO_2排放量/Mt
-128
-100
-109
70
-98
33
-43
-90
1961—2011
1981—2011
1990—2011
1961—1971
1971—1981
1981—1991
1991—2001
2001—2011
年份

（a）英国

总排放变化
人口贡献
人均GDP贡献
单位GDP能耗贡献
单位能耗排放贡献
500
250
0
-250
-500
CO_2排放量/Mt
64
-104
-49
174
-7
-26
-39
-39
1961—2011
1981—2011
1990—2011
1961—1971
1971—1981
1981—1991
1991—2001
2001—2011
年份

（b）法国

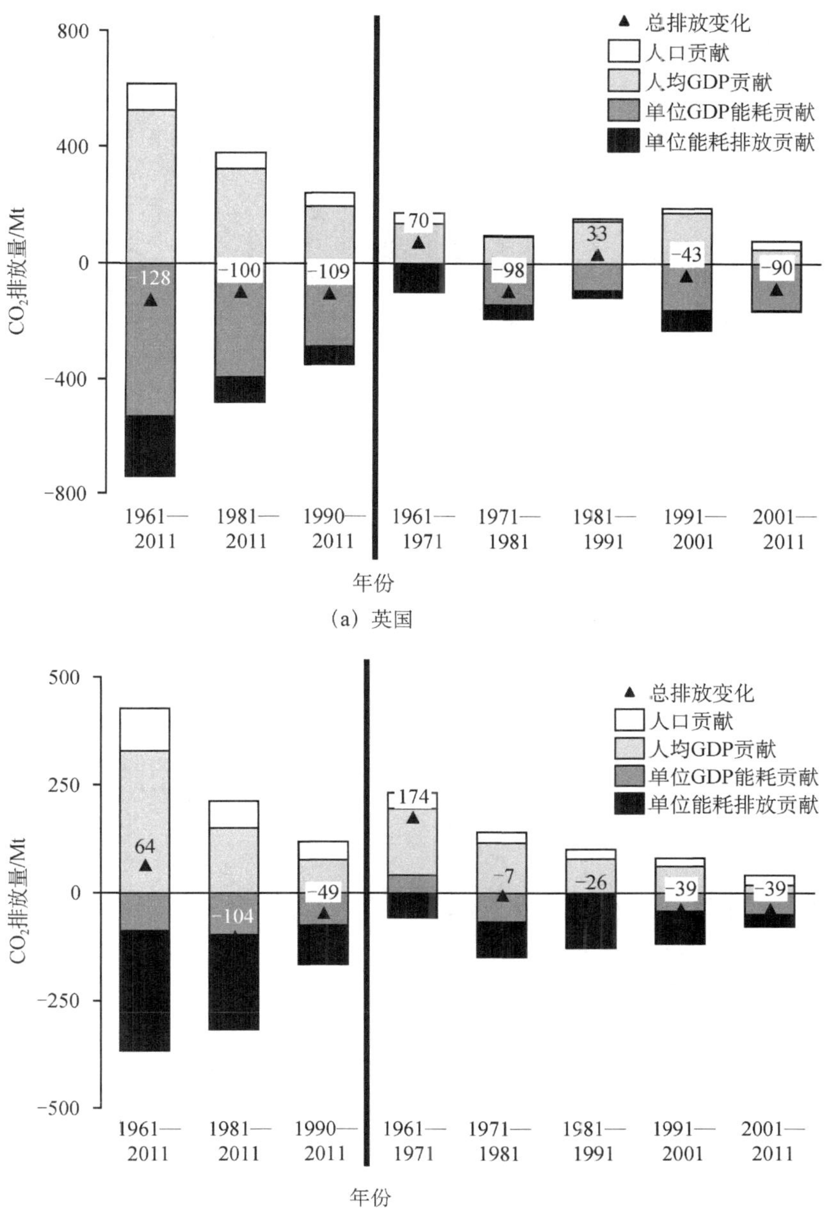

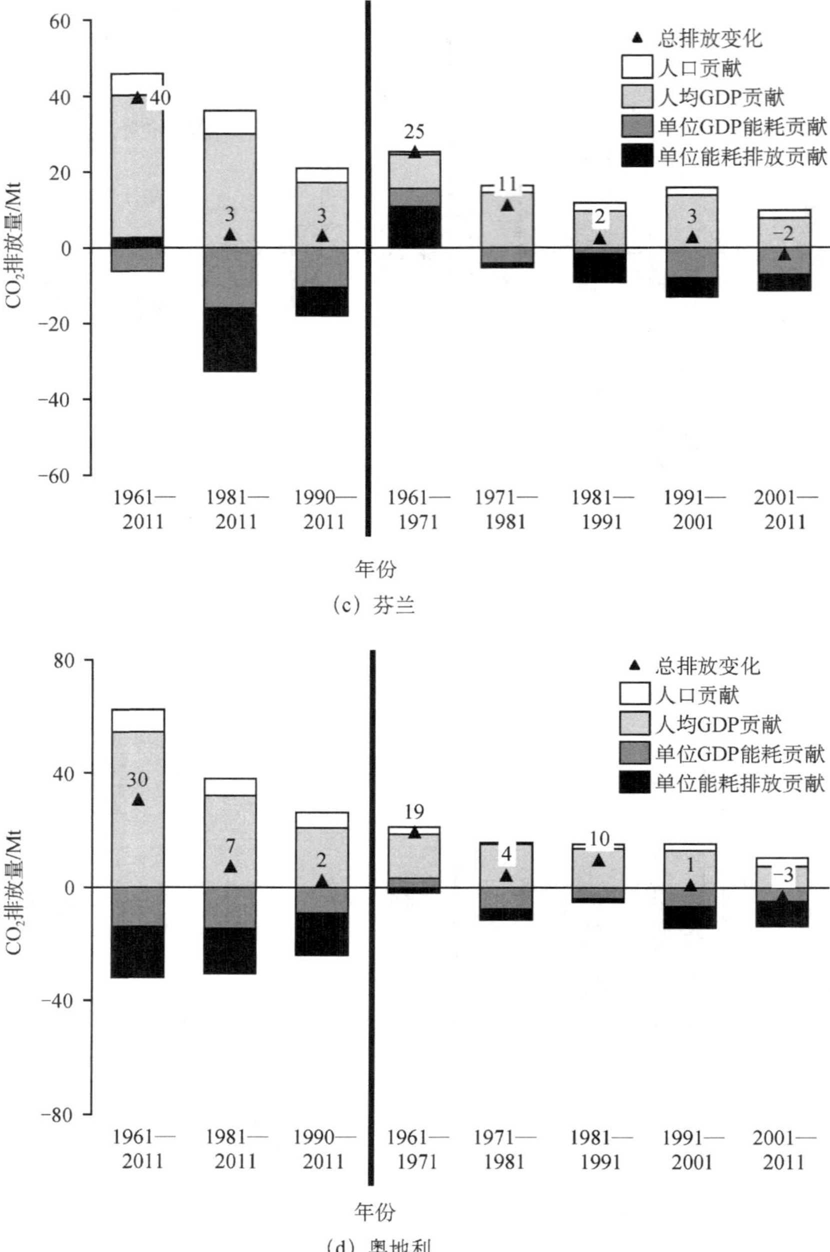

（c）芬兰

（d）奥地利

图 3-10 西、北欧主要国家影响二氧化碳排放变化（1961—2011 年）的因素

芬兰与英国、法国不同的变化趋势，不仅与其能源结构调整的步伐有关，也与其发展阶段与英国、法国不同有关。芬兰在20世纪60年代末70年代初才经历了快速工业化的阶段，1968—1973年年均GDP增长在6%以上，同期为支撑经济的快速发展，能源消费年均增速也在6%以上。短期的能源消费需求增长使芬兰不得不依赖于大量消费石油。1973年石油在芬兰的一次能源消费中占75.5%（BP，2016），比1965年提高了将近18个百分点，而非化石能源的比重从20%以上降到了13%，一度出现了能源高碳化的趋势。尽管芬兰在20世纪70年代以后通过发展核电，大幅降低了化石能源在一次能源消费中的比重，优化了能源结构，但与60年代初的能源结构相比，2011年单位能耗的碳排放仍比1961年高了近10%。

法国低碳转型的首要原因是能源结构的调整，其中最显著的因素是核电对煤炭的取代，以及天然气对石油的部分替代。法国1965年的一次能源结构中，煤炭占比为39.3%，核电仅占0.2%，而到了2012年，核电占比已经达到39.2%，煤炭占比跌倒5%以下，几乎已经完全被核电所取代。而50年间，石油在一次能源结构中的份额降低了14个百分点，其中大部分被天然气上升的11个百分点所替代。法国的核电发展也经历了长期的过程。法国1945年成立了原子能委员会，开始实验反应堆建设。起初从美国引进压水堆技术建设核电站，到1970年开始自行批量建造压水堆电厂，到20世纪90年代逐步取得在国际核电领域的领先地位，到在21世纪成为引领国际核电技术发展的重要力量。法国核电经历了六七十年的努力，才奠定了如今国家低碳转型的基础。在发展核电为低碳转型提供基本保障和最大动力的同时，法国还培育了阿海珐集团（Areva）、苏伊士环境公司（Suez Environnement）、威立雅环境公司（Veolia Environnement）等一批在核电、环保等新兴产业领域具有全球领先水平的企业，形成了国家新的竞争力。

三、东、中欧国家的经济和排放反弹

与西、北欧国家不同，在观察1990年以来的经济增长与碳排放变化时，东、中欧国家虽然在数字上也显著地表现出经济增长和碳排放“脱钩”的形势，如图 3-11（a）所示，但是其变化趋势和这种形势形成的原因，与西、北欧国家存在巨大差异。

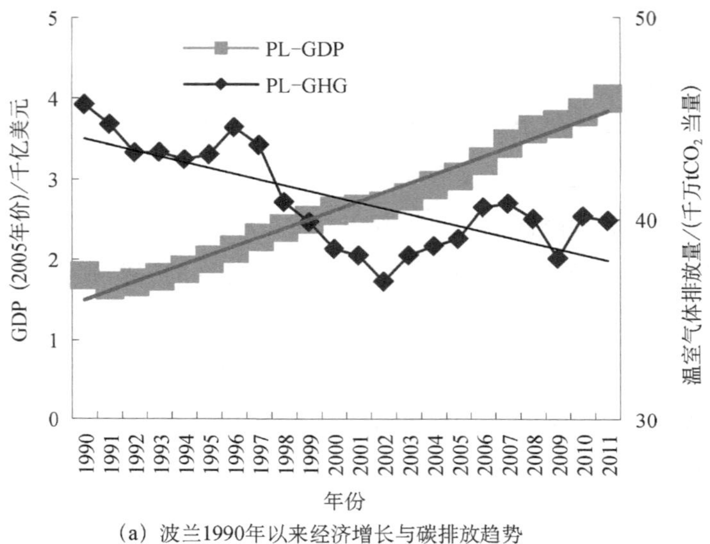

（a）波兰1990年以来经济增长与碳排放趋势

（b）波兰1924年以来经济增长与碳排放趋势

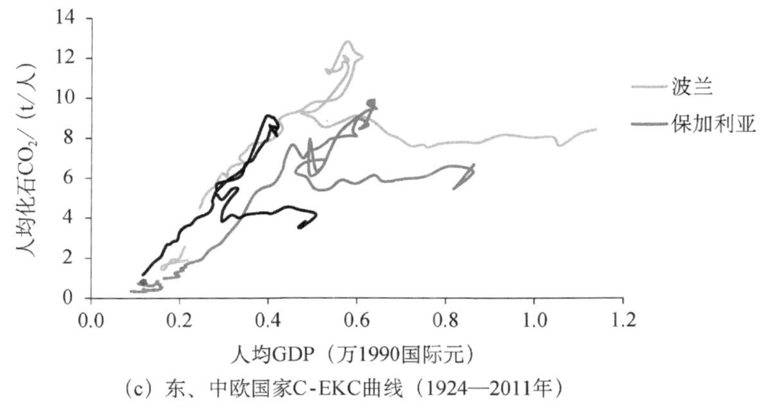

（c）东、中欧国家C-EKC曲线（1924—2011年）

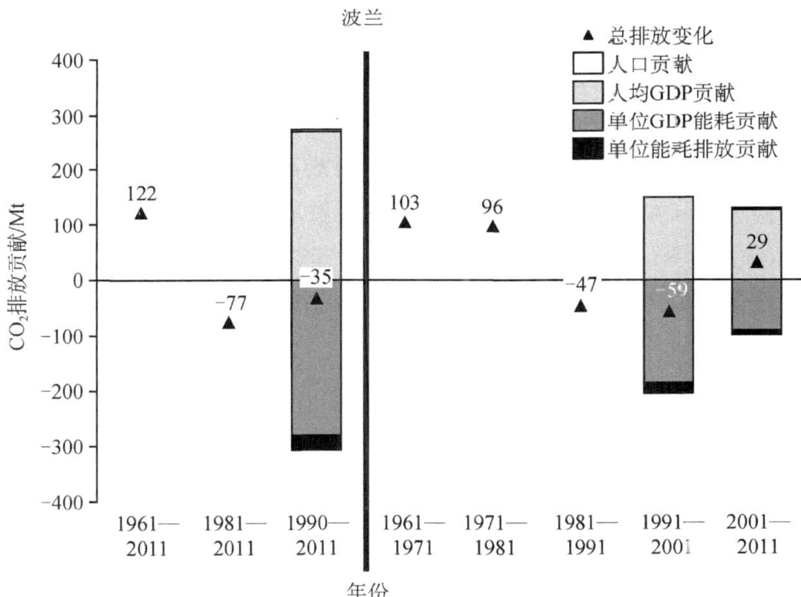

（d）波兰影响二氧化碳排放变化（1990—2011年）的因子

图 3-11　东、中欧主要国家经济增长与碳排放变化

（数据来源：ORNL，2013；Maddison，2006；World Bank，2013）

东、中欧国家主要是原欧洲社会主义阵营的国家以及原苏联加盟共和国，曾普遍实行社会主义计划经济体制。然而 20 世纪 80 年代末—90 年代初的“东欧剧变”彻底颠覆了这些国家的政治、社会、经济组织。从社会主义制度到资本主义制度、从计划经济体制到市场经济体制、从国有经济到私有经济的急剧转变，使这些国家的经济社会发展经历了一段不同以往的衰退和复苏阶段。相应地，其经济增长与碳排放变化的趋势也与以往和其他欧洲国家不同。

将研究时间段从1990年往前追溯，能够更好地判断东、中欧国家经济增长与碳排放的真实情况。图3-11（b）展示了波兰长期的经济增长和碳排放趋势。从1918年到“二战”前的1938年，波兰是一个落后的农业国，农业产品占60%以上，工业生产的产值只占营业生产总值的32%，经济发展速度缓慢。从图中可以看出，“二战”前的波兰，经济增长和二氧化碳排放均保持了较慢的增速，直到1937—1938年经济和碳排放都出现了较快速的增长，但随即爆发的第二次世界大战，使波兰作为主权国家消失了，因此其经济统计也中断了一段时间。这一时期波兰领土上化石能源燃烧的二氧化碳排放猛增，可能是德国大肆利用波兰资源所致。

“二战”后的时期，波兰在苏联和经济互助委员会的支持下，利用其丰富的资源恢复经济。这一时期波兰盲目照搬苏联式的经济管理体制，以国家计划为手段，采取投资驱动的方式，依靠大借外债和引进国外成套设备推行“高速度、高工资、高福利”政策，急剧扩大基建规模，牺牲农业发展，实施出口主导型发展战略，以图“实现第二次工业化”；相应地，二氧化碳排放急剧上升。这既是采用计划经济模式组织生产的国家所体现出来的共性，也是波兰政府误判经济形势、制定经济政策不当的结果。

到了20世纪80年代末期，相对落后的经济、国民强烈的反俄心理和西方国家的影响导致波兰成为东欧社会主义国家中第一个发生剧变的国家。随之而来的是经济的衰退和碳排放的急剧下降。1990年和1991年，波兰经济分别比上一年下滑9.7%和7.0%，1991年波兰经济跌入谷底，国内生产总值下降到1 675亿美元（2005年价），比1988年下降了17%。由于波兰在之前的发展阶段，长期以来依靠投资驱动，能源消费弹性系数高，因此伴随经济下滑，相应的能源和资源投入需求也出现比经济更大幅的下滑。在随后的经济恢复时期，波兰不再进行，可能也无力再进行国家主导的投资驱动经济增长，因此经济虽然在恢复增长，但是能耗一直处于平稳水平。在随后的经济复苏时期，波兰采用了“休克疗法”，实施私有化计划，目标在于在波兰建立接近高度发达国家的市场经济体制。在“靓女先嫁”后，经济效率低下的国有企业被撤销-清理（金雁，2003）。资源配置效率的提高和一大批计划经济时期落后产能的淘汰，使波兰在恢复经济增长的同时二氧化碳排放继续下降。波兰的GDP在1993—2000年增长较为迅速，但到2001

年由于国内消费、投资以及全球经济发展放缓的影响，波兰的增长也开始放缓。2004 年加入欧盟后，经济再度快速增长。

值得注意的是，2002 年波兰的二氧化碳排放降到 1987 年以来的最低点，全国全年化石燃料燃烧排放的二氧化碳为 2.97 亿 t，随后开始了二氧化碳排放的增长反弹。尽管经历了 2007 年开始的国际金融危机和欧债危机，但到 2011 年波兰二氧化碳排放已经比 2002 年增长了近 12%；而根据波兰在《公约》下提交的国家温室气体清单报告，波兰全部温室气体的排放总量也是在 2002 年降到最低，为 3.69 亿 t 二氧化碳当量，而在 2007 年，也就是国际金融危机前一年上升到 4.08 亿 t，比 2002 年增长了 10.5%。

与波兰类似的，保加利亚、克罗地亚、捷克、爱沙尼亚、拉脱维亚、立陶宛、罗马尼亚分别在 2000 年、1994 年、1999 年、2002 年、2000 年、2000 年、1999 年达到了温室气体排放的低谷，又在 2007 年恢复增长至高峰，分别比在最低谷时增长了 15.1%、44.3%、8.2%、15.8%、20.1%、33.1%、11.6%。这一趋势也与俄罗斯和乌克兰类似。俄罗斯和乌克兰分别于 1998 年和 2000 年达到温室气体排放低谷，并于 2007 年又恢复到较高状态，均比低谷时增长了 10%左右；而俄罗斯的排放在经历了金融危机带来的下降后，又迅速恢复增长，到 2011 年已经比 1998 年增长了 16.3%。东、中欧的欧盟成员国中，只有匈牙利和斯洛伐克是例外，在经历了几个不明显的低谷后，排放持续下降。到 2011 年，两国温室气体排放分别比 1990 年下降了 33.2%和 36.9%，但所有这些国家的经济都得到了恢复和增长。

因此，东、中欧国家是否已经实现了经济与排放“脱钩”，现在尚难以判断。

从发展阶段看，图 3-11（c）展示了东、中欧国家的 C-EKC 曲线，尚不能看出人均二氧化碳排放跨越顶峰下降的现象。但是从图中可以看到东、中欧国家与西、北欧国家的显著不同，即东、中欧国家的 C-EKC 曲线并不是典型的“倒 U 型”，而是类似于“侧 T 型”（├）的曲线。这是由于东欧剧变导致的经济衰退和复苏，使一个国家在同一个人均 GDP 水平上出现了前后两种不同的排放趋势：“侧 T 型”上枝所代表的是原计划经济时期低效的资源投入和经济驱动方式，横枝所代表的则是东欧剧变后这些国家经济转型，采取相对高效的发展模式。虽然目前尚看不出这些国家的经济发展何时能达到人均排放峰值，但无论如何，发展模式的变化已经大幅降低了排放峰值可能的高度。

根据 KAYA 恒等式分解的结果，与西、北欧国家显著不同的是，多数东、中欧国家的人口规模在缩减，成为拉动排放减少的因素。1990—2012 年，拉脱维亚人口减少了 23.9%，成为全球人口下降最快的国家；东、中欧国家中只有波兰、捷克和斯洛伐克的人口略有增长。与图 3-11（d）所示的波兰类似，多数东、中欧国家二氧化碳排放下降的主要影响因子是经济效率的提高。1990—2011 年，波兰、罗马尼亚、保加利亚、匈牙利的单位 GDP 能耗降低，其贡献分别占所有拉动排放下降因素的 91%、83%、78%、70%，而能源结构调整对减排的贡献不大。

四、南欧国家的经济和排放同步变化

南欧国家不仅是本书中聚类分析形成的集合，也是地理位置上的概念，更加引起人们关注的是这些国家在 2007 年开始的国际金融危机和欧洲主权债务危机中的表现。在这一场金融危机中，葡萄牙、意大利、希腊和西班牙最早被一些国际债券分析者、学者和国际经济界媒体等蔑称为“欧猪四国”（PIGS），显示出其经济的脆弱性，尽管这些南欧国家中也有西班牙、意大利这样的大国。南欧国家长期以来的经济增长与碳排放仍保持了很好的同步趋势，如图 3-12 所示。

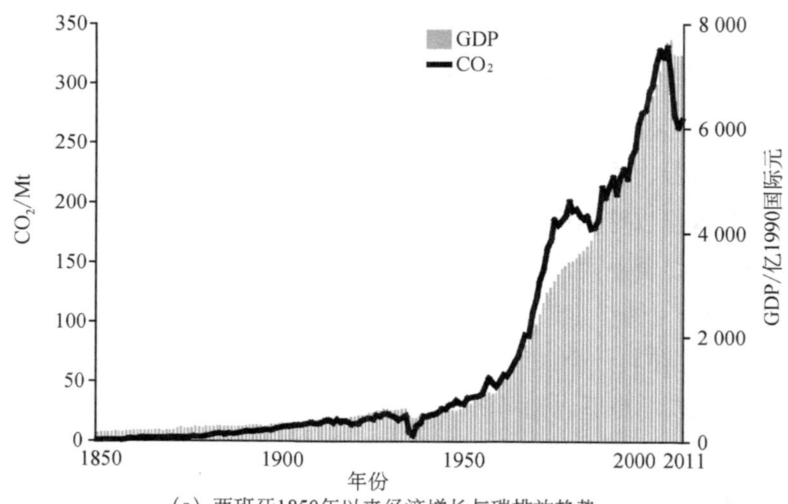

（a）西班牙1850年以来经济增长与碳排放趋势

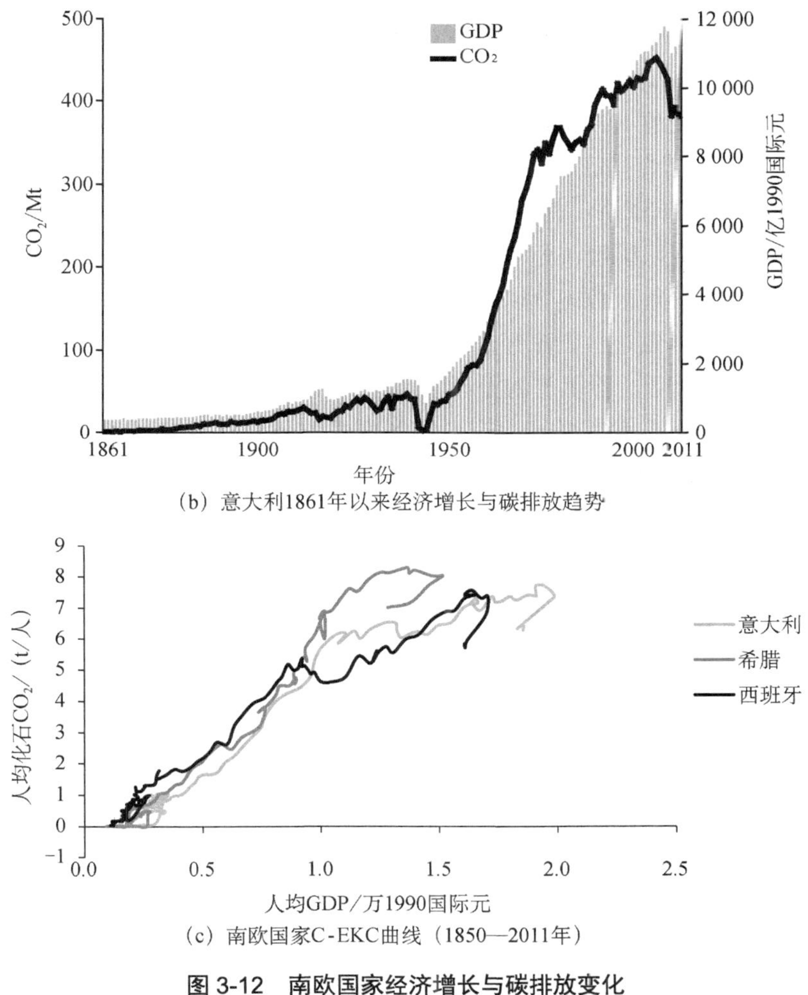

（b）意大利1861年以来经济增长与碳排放趋势

（c）南欧国家C-EKC曲线（1850—2011年）

图 3-12　南欧国家经济增长与碳排放变化

（数据来源：ORNL，2013；Maddison，2006；World Bank，2013）

西班牙和意大利这两个南欧国家中的大国，自 19 世纪以来的长期经济增长和碳排放趋势显示出高度的一致，如图 3-12（a）和（b）所示，经济增长和碳排放的相关系数分别为 0.988 和 0.983。但自 1990 年以来的短期趋势，经济和排放的相关性就略低，西班牙为 0.844，还可以说显著相关，但意大利已经只有 0.456；同期西班牙和意大利经济增长与能源消费的相关性仍很高，相关系数分别达到 0.945 和 0.934，初步表明 1990 年以来能源结构的变化对二氧化碳排放产生了较大影响，尤其是在意大利。总的来说，南欧国家尚未到达 C-EKC 曲线的顶峰，还处于经济增长与碳排放同步的阶段，如图 3-12（c）所示。

南欧国家历史悠久，但经济结构相对英国、德国等大国而言较轻，而且没有出现显著的重化工业-低碳转型，经济增长一直比较平稳，国民生活富足安逸，生活质量高，贫富差距小。表面上看，公共债务债台高筑，GDP 增长抵不上债务增长幅度，是造成四国经济危机的成因。实际上，经济结构不合理、公共开支巨大、财政长期性的入不敷出，以及周边欧元区国家对资金、技术及人才等要素的吸附作用，才是导致这些国家经济脆弱的深层次原因。

如图 3-13 所示，除了旅游业以及衍生的相关服务业和食品制造业，南欧四国的产业结构单一，尤其是新兴产业和生产性服务业（专业服务业）发展不足。商贸、交通、餐饮、住宿等与旅游业相关的服务业在国民经济中的占比都在 20% 以上，甚至达到 25%，而信息通信、专业服务等新兴产业所占份额都较小，金融保险业也不太活跃；相比之下，作为欧洲强国的英国，其信息通信、金融保险、专业服务都有较高的比重，而商贸、交通、餐饮、住宿等行业比重较低。

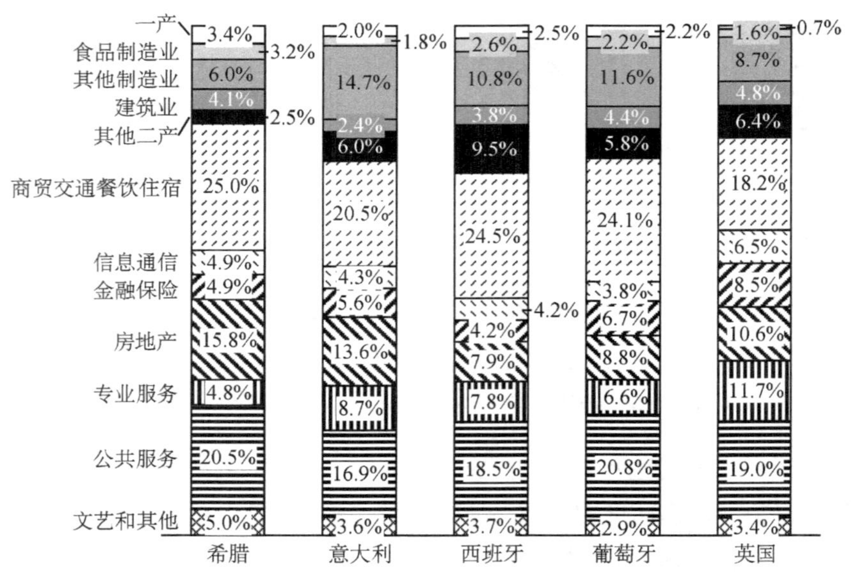

图 3-13　南欧主要国家产业结构（2011 年）

（数据来源：Eurostat，2013）

在影响南欧国家碳排放的因素中，人口增长和经济增长都是拉动碳排放增长的因素，能源结构调整则是拉动碳排放下降的最重要因素（图 3-14）。尽管在部分时间段，单位 GDP 能耗下降拉动了碳排放的下降，如 1971—1981 年这一因素对意大利碳减排的贡献达到 95%以上，2001—2011 年对西班牙碳减排的贡献也在 80%以上，但是从较长的时间看，1961—2011 年能源结构调整优化是希腊、意大利、西班牙和葡萄牙唯一一个导致碳排放下降的因素。

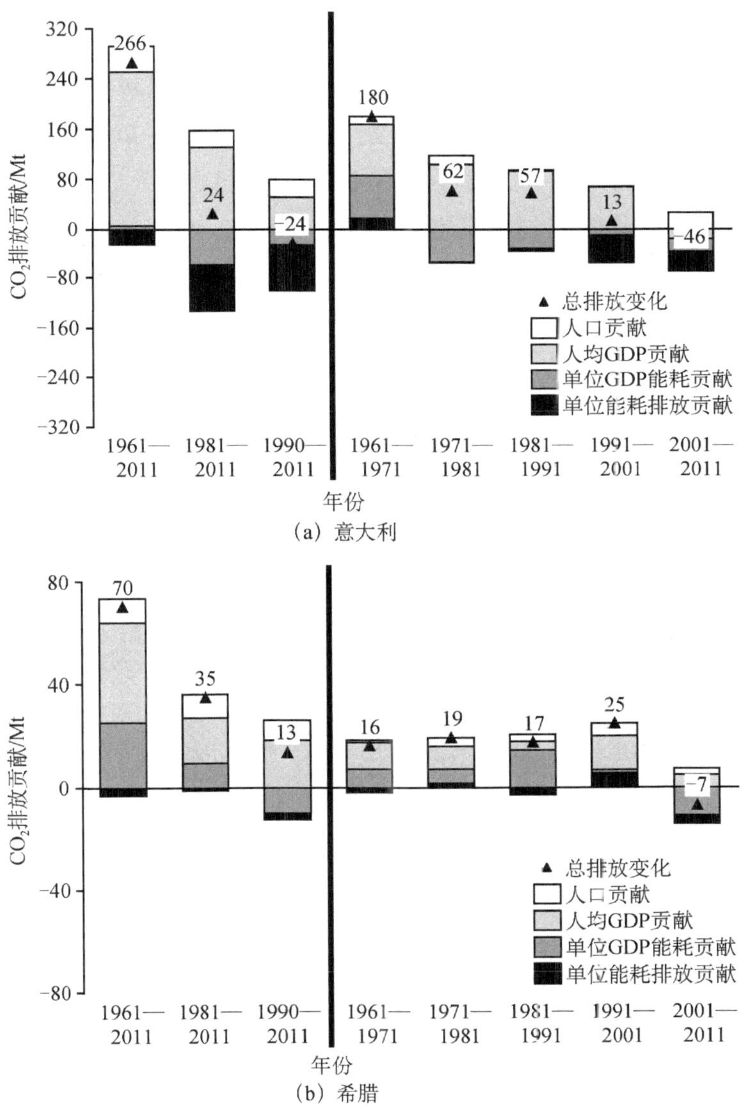

(a) 意大利

(b) 希腊

图 3-14　南欧国家影响二氧化碳排放变化的因素

南欧国家能源结构调整的共同特点是天然气的利用比例显著提高。1965年，天然气在意大利一次能源消费中的占比已经达到9%，但西班牙、葡萄牙和希腊还没有利用天然气，分别到1969年、1997年和1984年才开始使用天然气；但到2012年，天然气在希腊、意大利、葡萄牙、西班牙四国一次能源消费中的比重已经分别达到13.3%、38.0%、18.6%、19.5%。与此同时，煤炭和石油所占的比重均在下降，下降最快的是西班牙的煤炭和意大利的石油，2012年其在一次能源消费中的占比分别比1965年下降了20.5个百分点和25.8个百分点。核电在南欧国家的发展并不同步，希腊和葡萄牙一直没有发展核电，意大利的核电在1987年退出了市场，而西班牙在1969年开始利用核电，到1989年曾经占到全国一次能源消费比重的14.3%，到2012年仍占到9.6%。除希腊外，意大利、西班牙和葡萄牙的水电所占比重都显著下降。在其他可再生能源发展方面值得注意的是，葡萄牙的风能利用已经占到10%，而意大利的太阳能利用已经占到2.6%，西班牙的风能和太阳能合计也占到接近10%的比重（图3-15）。

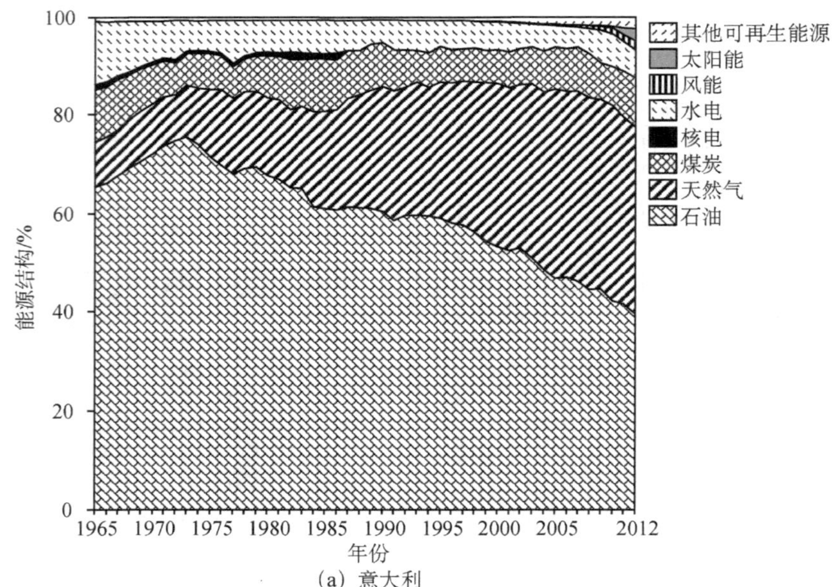

(a) 意大利

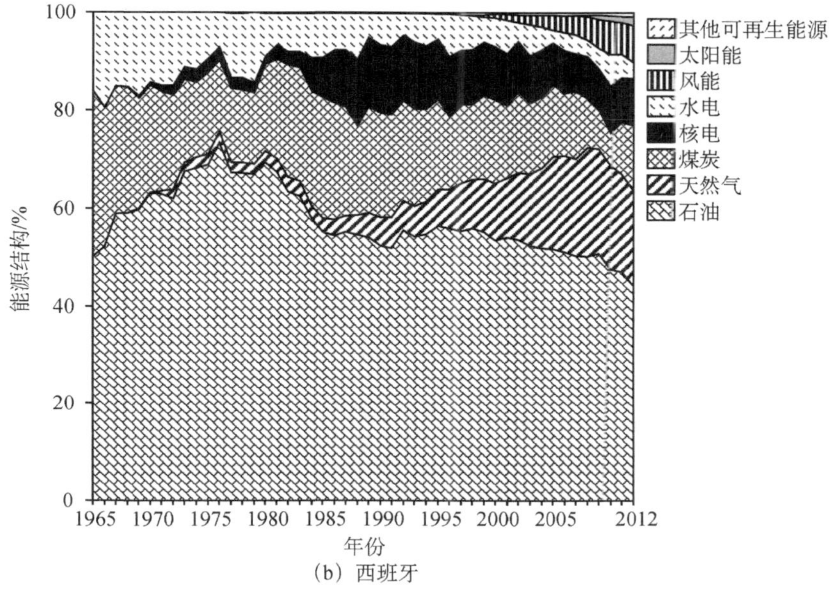

（b）西班牙

图 3-15 南欧国家一次能源消费结构（1965—2012 年）

（数据来源：BP，2013）

五、欧盟低碳发展的主要政策措施

在欧盟的层面，低碳转型和应对气候变化的法律和政策措施概括起来主要有四个方面：一是制定战略规划，主要是指设定温室气体排放控制及相关战略目标；二是测量、报告和核实体系建设；三是建立排放交易体系；四是具有技术、部门、温室气体针对性的政策，包括碳捕集与封存、低碳交通、含氟气体管理等。而各成员国根据自己的国情，各自采取了相应的政策措施，一方面落实欧盟规定的要求，另一方面也实现本国确定的低碳发展目标。

（一）欧盟气候能源政策整体框架

从 1997 年《京都议定书》以来，欧盟针对其承诺的 2008—2012 年第一承诺期和 2013—2020 年第二承诺期的目标，推出了一系列政策及计划，包括 2008 年推出的“2020 气候与能源一揽子计划”、2013 年推出的“欧洲 2020 战略”、2012 年提出的“迈向 2050 有竞争力的低碳经济路线图”及“2030 气候和能源政策框架”等主要的短、中、长期规划，汇总如表 3-5 所示。

表 3-5　欧盟气候能源主要行动汇总

行动计划	总目标	具体目标
2008 年年初，“20/20/20 方案”	提出到 2020 年实现三个 20%的目标	为应对气候变化和促进可再生能源使用，欧盟承诺在 2020 年以前将温室气体总体排放量在 1990 年的基础上减少 20%，将能源消耗中可再生能源的比重提高到 20%，能效提高 20%
2010 年 3 月，“欧洲 2020 战略”	提出欧盟未来 10 年的发展重点和具体目标	通过发展以知识和创新为主的智能经济、提高能源使用效率来增强竞争力，实现可持续发展；通过提高就业水平，加强社会凝聚力从而指引欧盟转型进入一个智能化、可持续发展并具有包容性的高就业率、生产率和社会凝聚力的新经济战略模式
2012 年 3 月，“迈向 2050 有竞争力的低碳经济路线图”	温室气体排放比 1990 年下降 80%	以 1990 年排放值为基准，欧盟在 2020 年之前的年减排目标为 1%，2020—2030 年的年减排目标为 1.5%，2030—2050 年的年减排目标为 2%
2014 年，“2030 气候和能源政策框架”	到 2030 年，温室气体相比 1990 年减排 40%	温室气体排放到 2030 年相对 1990 年减排 40%，能源消费中可再生能源的比重至少达到 27%，能源效率至少提高 27%

欧盟把应对气候变化作为其 2020 年社会经济发展目标的五大领域之一，并提出了具体的减排目标。欧盟在 2006 年发布了《欧盟能源政策绿皮书》，把提高能效技术和低碳技术提到了战略高度。2008 年欧盟提出了三个 20%目标——“20/20/20 方案”，承诺 2020 年温室气体总体排放量在 1990 年的基础上减少 20%，而且承诺如果其他发达国家采取相应积极措施，发展中国家也尽力采取措施，可将此目标提高到 30%；将可再生能源占最终能源消耗中的比例提高到 20%；将能效提高 20%。在后来的 2020 年发展目标中，欧盟进一步提出了要使一次能源消费总量下降到 14.74 亿 t 标准油的具体目标（比 2010 年总量下降 11%）。同时，配套相应提出了“2020 气候与能源一揽子计划”，该计划针对 2020 年应对气候变化和能效提升的目标进行了部署。

（二）设定碳排放控制战略目标

欧盟设定排放目标的政策包括三个层面：一是欧盟整体对国际社会的承诺，即根据《公约》及其《京都议定书》的规定，欧盟整体在议定书第一承诺期（2008—2012 年）承担比 1990 年排放水平下降 8%的量化减排目标，在第二承诺期（2013—2020 年）承担比 1990 年减排 20%的量化目标，如表 3-6 所示；二是欧盟整体排放控制目标在各成员国之间的责任分担；三是欧盟中长期低碳发展和应对气候变化规划。其中，欧盟整体对国际社会的减排承诺主要是根据欧盟自身低碳发展目标和国际谈判的博弈结果。

表 3-6　欧盟不同时间段的温室气体排放控制目标

文件颁布时间	承诺文件	范围	承诺性质	目标年	GHG 相对 1990 年水平下降/%	目前完成情况
1997 年（2005 年生效）	《京都议定书》	欧盟 15 国	国际条约；有约束性的	2008—2012 年	8	2012 年相比 1990 年下降 16.3%
2012 年	《〈京都议定书〉多哈修正案》	欧盟	国际条约；有约束性的	2013—2020 年	20	尚未生效
2009 年	《2020 气候与能源一揽子计划》	欧盟	自愿行动；有约束性的	2020	20	现有措施情景预计减排 22%，额外措施情景减排 26%
2014 年	《2030 气候和能源政策框架》	欧盟	自愿行动；有约束性的	2030	40	
2011 年	迈向 2050 有竞争力的低碳经济路线图	欧盟	愿景	2050	80～95	

欧盟整体排放控制目标在各成员国之间的责任分担也是各成员国发展目标和欧盟整体博弈的结果。Phylipsen 等在考虑人口规模及其增长率、生活水平和经济发展水平、经济结构、能源效率、能源结构、气候条件等国情的基础上，采用"三部门法"将各成员国的排放区分为电力部门、工业部门和其余的国内排放部门，对电力部门设定燃煤许可和最低可再生能源比例，对工业部门设定年均最低

能效提高率，对其余国内排放部门设定人均排放许可，计算得出欧盟整体减排承诺在各成员国之间的分担。在第一承诺期，欧盟基于“三部门法”的思想，通过与成员国政府的谈判，确立了 8%量化减排目标在 15 个成员国之间的责任分担方案（Preparing for Implementation of the Kyoto Protocol）①。在第二承诺期，欧盟将 2020 年的排放总量分为欧盟碳排放交易体系（EU-ETS）覆盖部门和非 EU-ETS 覆盖部门，再依据不同的原则分解到各成员国。对于占欧盟总排放量约 45%的 EU-ETS 覆盖部门，2020 年排放总量比 2005 年降低 21%，2013—2020 年年均降低 1.74%。其中，88%的排放许可根据各国 EU-ETS 覆盖部门 2005 年排放份额分配，10%用于补贴欧盟中的欠发达国家，2%用作奖励那些 2005 年已经比《京都议定书》确定的基年排放量下降超过 20%的国家。对于非 EU-ETS 覆盖部门，排放总量比 2005 年降低约 10%，各国获得的非 EU-ETS 覆盖部门排放许可与人均 GDP 挂钩，人均 GDP 高的国家减排额度也高。非 EU-ETS 部门减排目标在各成员国之间的分担，如表 3-7 所示。由于 EU-ETS 部门的排放许可直接通过拍卖或者免费分配到企业，而不再分给国家，因此在第二承诺期，欧盟各成员国不再拥有完整的全经济范围减排目标，但根据 EU-ETS 覆盖部分获得的排放许可和非覆盖部门的责任分担，可加总得知各成员国的排放限额。

表 3-7　欧盟 2020 年非 EU-ETS 部门温室气体排放控制目标在各成员国的分担

国家	2020 年排放控制目标/%	2012 年人均 GDP（2005 年价）/（万美元/人）	国家	2020 年减排目标/%	2012 年人均 GDP（2005 年价）/（万美元/人）
奥地利	−16	3.99	拉脱维亚	+17	0.85
比利时	−15	3.65	立陶宛	+15	1.01
保加利亚	+20	0.46	卢森堡	−20	7.79
塞浦路斯	−5	1.67	马耳他	+5	1.63
捷克	+9	1.42	荷兰	−16	4.06
丹麦	−20	4.64	波兰	+14	1.06
爱沙尼亚	+11	1.18	葡萄牙	+1	1.79

① 当时的 15 个欧盟成员国及其责任分担：奥地利减排 13%，比利时减排 7.5%，丹麦减排 21%，芬兰不增不减，法国不增不减，德国减排 21%，希腊增排 25%，爱尔兰增排 13%，意大利减排 6.5%，卢森堡减排 28%，荷兰减排 6%，葡萄牙增排 27%，西班牙增排 15%，瑞典增排 4%，英国减排 12.5%。

续表

国家	2020年排放控制目标/%	2012年人均GDP（2005年价）/（万美元/人）	国家	2020年减排目标/%	2012年人均GDP（2005年价）/（万美元/人）
芬兰	−16	3.84	罗马尼亚	+19	0.56
法国	−14	3.42	斯洛伐克	+13	1.49
德国	−14	3.75	斯洛文尼亚	+4	1.86
希腊	−4	1.86	西班牙	−10	2.51
匈牙利	+10	1.10	瑞典	−17	4.39
爱尔兰	−20	4.61	英国	−16	3.78
意大利	−13	2.84	欧盟EU27	−10	2.87

数据来源：European Parliament and the Council of the European Union. 2009. Decision No 406/2009/EC；World Bank，2013。

欧盟各国领导人在2007年承诺推动欧盟的低碳发展，制定了2020年低碳发展的规划目标。除了上述2020年温室气体排放比1990年水平下降20%的目标外，还包括将可再生能源占终端能源消费的比重提高至20%，能源效率提高20%，统称“20/20/20方案”。这一规划在2009年成为了欧盟法律，但对各成员国能效提高目标不作法律性约束，其中还包括一些针对具体部门的要求，如要求交通部门到2020年将可再生能源使用比例提高到10%，并将燃料碳含量降低6%等。欧盟随后还陆续发表了“构建2050年具有竞争力的低碳经济路线图”和“2030年气候和能源政策框架绿皮书”，对中长期低碳发展的路径进行了规划。其中，“2050路线图”旨在为欧盟塑造一个具有竞争力的低碳经济发展模式，包括低能耗、低排放、智能化、清洁化的生活模式，并期待与所有主要经济体一道，为实现将21世纪末全球平均气温升高控制在2℃以内而努力。为实现这一目标，欧盟2050需要在境内比1990年减排80%，比2005年节能30%；相应地，在2030年和2040年分别要实现比1990年减排40%和60%。

（三）测量、报告和核实体系建设

温室气体排放的测量、报告和核实（MRV）是研究低碳转型、制定低碳发展和应对气候变化政策、跟踪政策实施效果的基础，也是采取碳排放交易、碳税等政策手段的基础。欧盟对此十分重视，不仅在国际谈判中积极参与和推动这一领域取得成果，在内部也制定了相应的法律和政策进行规范。

按照《公约》及其《京都议定书》要求，欧盟及其成员国作为公约附件一缔约方和《京都议定书》缔约方，每年按照《公约》和《京都议定书》要求提交年度温室气体排放的源和汇清单及其文字报告，并按照相关规定的频率提交国家信息通报，这些信息也接受联合国组织的核实。欧盟将国际法的这些要求转变为欧盟自己的法律和规定予以落实（Decision No. 280/2004/EC）。在国家要求之外，欧盟委员会、欧盟环境署每年还向欧洲议会和欧盟理事会提交年度报告，分析欧盟及其成员国履行公约和议定书义务的进展。

欧盟于 2013 年又立法强化了对于 MRV 体系的规定（Regulation（EU）No. 525/2013），使其满足联合国体系下更新后的要求。新规定不仅增强了对数据质量的要求，还增加了对于成员国和欧盟整体低碳发展战略的报告要求，对于向发展中国家提供资金和技术支持的报告要求，对于成员国使用来自排放许可拍卖收益的报告要求，对于土地利用、土地利用变化和林业部门排放源和汇的报告要求，对于成员国适应气候变化情况的报告要求。

（四）碳排放交易体系

欧盟排放交易体系（EU-ETS）是欧盟低碳发展和应对气候变化战略中最重要的政策。按照《京都议定书》的规定，欧盟于 2003 年立法建立了排放交易体系（Directive 2003/87/EC）。该体系于 2005 年 1 月 1 日开始实施，使欧洲成为世界上最为活跃的排放许可交易市场。交易开始时，排放许可（EUA）价格每吨约 6 欧元，其后开始上涨，到 2006 年 4 月上旬，每吨价格接近 30 欧元。尽管在 EU-ETS 第一阶段（2005—2007 年），由于欧盟发放排放许可配额过多，且规则规定该阶段富余的排放许可配额不可结转至第二阶段，因此导致 2007 年末排放许可交易价格暴跌至零，而第二阶段（2008—2012 年）也出现了类似问题。价格波动过于剧烈引发了学界和工商界对于 EU-ETS 经济有效性的负面评价，但欧盟排放交易体系已经成为世界上最大的采用市场手段解决环境问题的环境经济学案例，引起学界、商界和决策者们的广泛关注和探讨，相关研究和分析报道不计其数。从这一角度说，欧盟排放交易体系是成功的。

2005 年至今，EU-ETS 已经实施了三个阶段。从第一阶段到第三阶段不断优化，通过总结前一阶段的经验，目前的第三阶段已经建立起涵盖行业、企业、配额、基金支持等互相联系的较为完整的交易体系。

第一阶段（2005—2007 年）：试验阶段。根据正式生效的 2003/87/EC 排放交易法令，EU-ETS 从 2005 年 1 月 1 日开始交易。国家分配计划——绝大多数的配额免费分配，剩余的少于 1%的部分由成员国以拍卖或其他形式分配。

第二阶段（2008—2012 年）：减排承诺期。95%的配额免费分配，剩余部分由成员国以拍卖或其他形式分配。

其中，考虑碳交易可能会对某些地区、行业和企业竞争力产生影响，确定配额时引入“碳泄漏”因子，对可能面临“碳泄漏”风险的行业予以照顾，可以免费获得配额，以确保欧盟内部企业不会因为加入碳交易而影响其全球竞争力。对比目前全球碳市场的进展情况可以发现，欧盟在目前推行全球碳市场进展状态属于较为成熟的已经推行实施阶段。

然而，在 2005—2012 年欧盟碳交易市场运行过程中也存在一些问题：

（1）前两阶段总量设定由各成员国根据欧盟排放交易指令中确定的标准和原则确定国家分配方案，免费分配。在此过程中，其设定的上限、偏低的每年 1.74%的调整因子以及经济危机带来的需求下降等共同造成第一、第二阶段配额过度供应，价格太低，且缺乏动态调整机制。

（2）欧盟碳市场排放许可（EUA）过度供应，2008—2012 年过剩 18 亿单位，并将带入第三阶段，预计到 2020 年将过剩 20 亿～25 亿单位 EUA。目前由于 EUA 过度供应，导致碳价格波动变动极大，目前每吨二氧化碳价格从 2008 年的 30 欧元跌至 2014 年的 6 欧元。

（3）碳市场和能源效率以及可再生能源政策没有充分协调，由于价格很低，该市场对电力生产项目的低碳投资刺激作用也不明显，因此并不能达到初始设定建立碳市场时候的杠杆效用。

第三阶段（2013—2020 年）：在总结前两阶段主要问题的基础上，从 2013 年起欧盟开始实行第三阶段碳交易市场，主要推行了一系列改革措施：

（1）严格排放限额，减少免费分配，稳定市场价格，建立动态调整机制，优化拍卖收益的使用。

（2）2021 年开始建立市场稳定储备（Market Stability Reserve），根据市场形

势动态调整配额数量。

（3）从 2021 年开始，排放上限年调整因子由 1.74%提高到 2.2%。

（4）新增配额将主要通过拍卖的方式分配，特别是电力部门将不再获得免费配额，其他部门逐步扩大配额拍卖比例，预计 2013—2020 年超过 40%的配额将通过排放方式分配。

（5）讨论扩大碳市场覆盖范围，特别是交通部门。

（6）进一步优化配额排放收益的使用。

在未来的改革中，欧盟碳排放交易市场将主要由免费配额+拍卖+新进入者配额（NER）+创新基金（NER400）+现代化基金（Modernization Fund）共五部分组成。

其中，通过建立 NER400（the New Entrants' Reserve，4 亿 t 预留配额），在之前 NER300 的基础上增加了 1 亿 t 预留配额，同时，成立创新基金（Innovation Fund），通过发挥杠杆效应，重点支持碳捕集与封存（CCS）和可再生能源技术的研发和商业示范，并拓展到工业部门，该方法进一步将碳市场的效用落实推广。

第四阶段（2021—2030 年）：将考虑成立现代化基金（Modernization Fund），其目的是为促进相对低收入成员国的能源系统现代化。其中，为 10 个人均 GDP 低于欧盟平均水平 60%的成员国提供 3 亿 t 配额，由成员国参与资金管理，欧洲投资银行参与项目筛选，全程透明化。

2015 年 7 月，欧盟委员会提交了法律提案，对 2020 年之后的 EU-ETS 进行了进一步的修正。这是向 2030 年欧盟内部减少温室气体排放 40%的目标迈出的第一步，与“2030 气候和能源政策框架”目标相一致，是欧盟对《巴黎协定》作出的贡献之一。根据该提案，第四阶段的 EU-ETS 的新特征如下：

（1）提高减排步伐。实现欧盟 2030 年至少减排 40%的目标，ETS 覆盖的部门相比于 2005 年要减排 43%。为此，从 2021 年起每年排污许可证的下降速率应为 2.2%，而目前的下降速率为 1.7%。从排放总量上看，这要求碳市场覆盖部门十年间额外减排 5.56 亿 t，相当于英国每年的排放量。

（2）更有针对性的碳泄漏规则。提案强调碳泄漏的风险，并提出了可测量、健康和公平的规则，包括修正免费配额系统，关注出售产品到欧盟以外，具有最高碳泄漏风险的部门大约有 50 个；设置更为灵活的规则，以便更好地将免费配额和产品数量相匹配；更新基准，以反映 2008 年之后的技术进步。预计 2021—2030 年共有 63 亿 t 的免费配额。

（3）为低碳改革和能源部门现代化提供资金。将建立几项扶持机制，以帮助工业和电力部门低碳经济转型过程中面临的创新和投资挑战。这包括两项新的基金：创新基金和现代化基金。创新基金是扩大已有工业部门创新技术示范的支持；现代化基金是对 10 个低收入的成员国电力部门现代化、更广泛的能源系统，以及提高能源效率进行的投资。

总的来说，碳排放交易市场的核心是排放许可的交易价格，这是市场指挥企业进行减排投资的依据。为了避免交易价格大幅度波动和交易价格过低给减排技术市场带来混乱信号，一些国家也在参与欧盟排放交易体系的基础上，采取了弥补措施。英国的做法详见后续章节。

（五）其他政策措施

除了低碳发展规划和体系建设外，欧盟还制定了一些具有技术、部门、温室气体针对性的政策，包括 CCS、低碳交通、含氟气体管理等。

欧盟将 CCS 视作减缓气候变化的重要技术手段，但也特别强调不能因为有了 CCS 技术的应用，而提高化石燃料的使用比例，也不能削弱对节能、可再生能源技术应用的支持。欧盟（Directive 2009/31/EC）认为到 2020 年可以通过 CCS 技术减排约 700 万 t 二氧化碳，到 2030 年减排 1.6 亿 t 二氧化碳。

交通部门排放占到欧盟温室气体排放的 1/4，是仅次于能源部门的第二大排放源。在低碳交通方面，欧盟早在 1980 年就立法规定了机动车燃油二氧化碳排放的测试标准（Directive 80/1268/EEC），并随后多次修订，但是将二氧化碳排放管理纳入低碳交通政策是在 1999 年，欧盟要求汽车制造商披露燃油经济性和二氧化碳排放信息，以供消费者抉择（Directive 1999/94/EC）。之后，欧盟逐步完善了低碳交通的政策，主要包括将航空部门纳入欧盟排放交易体系的管辖，制定新车排放标准路线图，制定机动车单位燃料排放标准，车辆全生命周期能耗和二氧化碳排放核算等。

欧盟还制定了一些针对个别温室气体类型的控制政策和措施。例如，要求制造和进出口特定含氟温室气体的企业按规范报告信息［Regulation（EC）No. 842/ 2006］等。

六、欧盟低碳发展所具备的条件

欧盟在过去的数年间，以法律的形式制定了“20/20/20 方案”，并发布了“构建 2050 年具有竞争力的低碳经济路线图”，明确将低碳转型作为未来长期发展的目标。这一要求不仅是欧盟的战略选择，也对各成员国具有导向性和法律性的约束。作为具有 28 个主权国家成员的欧盟，能在集体层面解决各方面和各成员国提出的难题，推动这样的重大战略实施，说明低碳发展在欧盟具有广泛的共识，低碳转型政策具有良好的基础。

（一）经济和技术实力雄厚

欧盟低碳转型的政策能在各成员国层面和欧盟层面获得支持的首要原因是欧盟各国基本上都处于高水平的社会经济发展阶段，为低碳转型提供了很好的经济基础。按照联合国《人类发展报告 2013》，欧盟 28 个成员国中，除保加利亚和罗马尼亚目前属于高人类发展水平①国家外，其余 26 个成员国都属于极高人类发展水平国家。保持这些国家现有福利水平，可以不依赖高碳能源，特别是煤炭的生产和消费了。这为欧盟的低碳转型提供了必要的经济基础。

随着社会发展水平的提高，欧盟国家科学技术的进步和产业结构的变化，使欧盟在低碳技术和产业方面形成了国际竞争力，具备了引领全球发展的潜力。低碳发展主要是要解决气候变化问题。而气候变化问题直接涉及的国家经济利益主要体现在三个方面：一是气候变化给国家的社会经济带来的危害和损失；二是应对气候变化行动的成本与受影响的经济部门；三是应对气候变化的技术革新以及一些可替代产品所带来的收益（李慧明，2012）。Porter 和 Van der Linde 研究表明，严格的环境政策会导致污染企业本身进行技术革新，这种技术革新能够补偿

① 人类发展指数（Human Development Index，HDI）是联合国发展规划署（UNDP）于 1990 年开始发布的用以衡量各国社会经济发展程度的指标。HDI 是在三个指标的基础上计算而来的：预期寿命；教育程度；生活水平。根据 HDI，全球各国和地区可分为极高水平、高水平、中等水平和低水平。

甚至超额补偿他们改造技术的成本，并且如果这种环境政策随后能够国际性扩散，那么首先采取这种环境政策的国家或地区就会获得竞争优势，因为后发国家需要向这些国家及其企业学习。环境保护、低碳技术是欧盟最能跟美国抗衡甚至领先于美国的一个领域，所以欧盟希望在这个领域占主导地位。

丹麦发展风电产业是其中的典型案例。风电技术是重要的低碳技术。丹麦是世界上最早发展风电的国家之一，早在20世纪70年代，在风能技术发展前景还不明朗的情况下，丹麦政府就资助国家可再生能源实验室（RISOE）开展了大量与包括风电在内的新能源产业相关研究。如今世界上最大的风电设备制造商丹麦Vestas公司，其最初的风电技术就来自RISOE。丹麦风电产业的成功之处在于，在政治上依托欧盟，积极在欧盟和更大的国际范围推动低碳转型，推广风电技术创造市场；在经济和技术上依托Vestas等风电产业企业，创造就业机会，开拓国际市场，形成本国的核心产业竞争力。Vestas在丹麦本国市场十分有限的情况下，通过出口创造了数十倍于本国的巨大市场，累计占据了全球市场份额的20.9%（高虎等，2009）。

（二）公众认知度和支持度高

欧盟公众对气候变化及其应对手段有比较清晰的科学认知和认同度，使低碳转型拥有较广泛的社会支持。

在气候变化被广泛作为单独的问题之前，公众倾向于将其作为一类环境问题来考虑。20世纪30年代发生的比利时马斯河谷烟雾事件和50年代频繁发生的伦敦烟雾事件，使欧洲民众切身感受到环境保护的极端重要性。社会发展水平的提高也使欧洲民众更多地关注环境保护。早在“欧洲晴雨表”（Eurobarometer）1974年发布的第一次民意调查（Standard Eurobarometer 1：Public opinion in the European Union）中，当问及时下最关注的问题时，环境保护在9个成员国中的民众中就成为排名第五的问题，位列物价、欧洲货币、能源和地区问题之后。

IPCC在2007年发布的第四次评估报告和2013年发布的第五次评估报告第一卷中认为，气候变化引起的热浪事件给欧洲民众的健康带来了巨大损失，并且这种事件将变得越来越普遍，频率、强度和持续时间都很有可能增加；特别是有一些地区，近年来的热浪事件跟历史记录相比增加异常。这证实了欧洲民众在

2003 年、2006 年、2010 年、2013 年等夏季感受到极端热浪，也提高了欧洲民众对应对气候变化的认同度。

在科学应对气候变化方面，2007 年发布的《斯特恩评估报告》引发了广泛的公众关注。尽管学界基于这份报告，对气候变化经济学中如何看待伦理问题展开了没有结论的辩论，但是这份报告确确实实起到了向公众普及气候变化科学知识、向决策者提供决策参考的作用，强化了欧洲政府和公众对需要尽快应对气候变化的统一认识。

而 1973 年和 1979 年两次国际石油危机，也使欧洲民众将能源安全作为政治和经济议程中的重要问题。这让节约能源、提高能源利用效率、大力发展国内（境内）的可再生能源成为应对能源安全的重要举措，也让这些低碳发展的基本举措获得了民众的广泛认同。

调查研究表明，早在 1988 年，当时欧盟 12 个成员国的调查受访者中，就有 76%的比例关注或十分关注气候变化问题，到 1992 年这一比例上升到 89%；尽管 2006 年以来，气候变化怀疑论者在欧盟民众中的比例也在增加，但高度关注气候变化的公众比例仍在 75%以上，并且近年来稳定在这一水平。

根据“欧洲晴雨表”《气候变化特别报告》（Europeans’ Attitudes Towards Climate Change. Special Eurobarometer 313/Wave 71.1），气候变化与消除贫困、全球经济危机一道，位列欧盟民众最关注的三大全球问题。即使面对经济危机这样显而易见的严峻问题，仍有 67%的欧盟民众认为气候变化是十分严峻的问题。调查还显示，欧盟民众中有 52%～56%的人认为较好地接收到了气候变化成因、后果和应对方式的信息，其中瑞典、荷兰、芬兰、英国的这一部分民众比例在 70%以上。欧盟民众中大多数（65%）认为气候变化的严峻性没有被夸大，但对于防止气候进一步恶化仍持乐观态度（62%）。对于应对气候变化的措施，75%的民众认为能源转型是有效手段，并且 62%的民众认为应对气候变化对欧盟经济有促进作用。

由于民众的广泛支持，欧洲积极推行环境保护、应对气候变化、低碳转型的政治势力也十分活跃。欧盟的“下议院”欧洲议会（European Parliament）第 7 届（2009—2014 年）议员中，来自欧洲绿党-欧洲自由联盟（European Greens-

European Free Alliance，EG-EFA）的议员有 58 名，占全部 765 名议员的 7.6%；在不少成员国的议会中也占有席位。这些绿党势力为欧盟推进低碳转型的战略发挥了重要作用。

（三）重塑欧洲领导力的需求

欧盟低碳转型的第三个政策基础，是欧盟民众对欧洲复兴的期待，希望借低碳转型的机遇，占领国际政治、经济、文化竞争的制高点，重新成为全球的领头羊。

从 15 世纪葡萄牙帝国的兴起，到 16、17 世纪西班牙帝国建立起第一个“日不落帝国”，到 18、19 世纪随着工业革命的相继完成，英国、法国、德国等国相继屹立在欧洲，欧洲长期以来都霸占着世界话语权。然而经历了两次世界大战后，欧洲终于将世界霸主的地位让于美国，曾经的欧洲列强，甚至在经济上落后于日本和如今的中国。欧洲在失落中一直寻求东山再起，重新引领全球的机遇。

传统的环境污染、环境公害事件，引发的不仅是英国等欧洲强国的环境保护意识和绿色发展，全球主要的发达国家和发展中国家都开始将环境保护作为发展经济过程中十分重要的内容。欧洲国家虽然实现了绿色发展，以挪威前首相布伦特兰夫人为代表的欧洲政治家提出了可持续发展的理念，但是欧洲并没有建立起权威，尤其是在与美国的竞争中，无论政治、经济、产业、文化、环境质量，都没有明显的优势。

然而 20 世纪 80 年代末 90 年代初兴起的全球应对气候变化，给了欧洲国家新的机遇。应对气候变化成为机遇，不仅是因为欧洲国家和欧盟在这个问题上有着很好的经济和社会基础，还因为气候变化本身是全球性问题，积极应对气候变化占据着道义制高点，更是因为欧洲的竞争对手美国在这个问题上不作为。

因此，怀着强烈的成为气候政治领导的雄心，自 20 世纪 80 年代后期气候变化问题成为一项重要国际政治议程以来，欧盟一直积极倡导温室气体减排，在节能减排的立法、政策、行动和技术等方面始终走在前列，试图以此为突破口，进一步谋求领导全球事务。再加上《京都议定书》允许全体欧盟成员共享排放配额，然后再在欧盟内部重新分配，所以欧盟的减排成本要低于其他大多数发达国家；而欧盟也认识到清洁能源技术具有的巨大市场价值。这些都坚定了欧盟推动低碳转型的信念。而2001年美国拒绝接受《京都议定书》，欧盟却在2002年批准了，这使欧盟在气候政治上的领导地位更加强大，也让欧盟获得了一个少有的实现全球领导地位之野心的“机会之窗”。

七、欧盟低碳发展面临的挑战

环境可持续目标的优先序下降。欧盟能源气候政策一直主要有三大战略目标：经济竞争力、能源供应安全和环境可持续性。然而随着经济形势及欧盟能源供应安全的变化，环境可持续性的优先序有所下降。在经济竞争力方面，随着经济危机和财务危机导致的萧条，欧盟能源需要尽快从危机中恢复过来。而在能源供应安全方面，欧盟53%的能源依赖进口，欧盟能源生产下降快于需求下降，在当前地缘政治冲突背景下，欧盟担忧未来天然气、石油、电力的供应安全将面临更大挑战。相比经济竞争力与能源供应安全的威胁，环境可持续的优先序已有所下降。经济复苏和能源安全成为欧盟目前面临的主要挑战。

能效目标面临实施障碍。2008年，欧盟为2020年的节能情况设定了20%的量化目标。在2014年，欧盟预期能够在2020年达到18%～19%的目标。然而目前能源效率政策的执行受公共和私人预算紧张等因素的影响，进展滞后于预期目标。未来要实现预计目标，将可能要求更加严格的执行，但是各成员国之间意见不统一。

碳市场与可再生能源和能效政策需进一步协调。由于能效目标、EU-ETS碳价格及能源净进口之间存在相关性，因此提升能效目标将可能会对EU-ETS系统的价格波动、能源净进口情况带来冲击和影响。如果能效目标在27%以上时，将会给温室气体减排目标实施所建立的体系增加新的成本，而同时更高的能效目标选择将会导致ETS系统对应碳价格下降，进一步加剧碳市场波动。虽然能源净进口会随着能效提升而减少，也许能在一定程度上改善能源供应安全的威胁，但其对外国能源进口的依赖是否能真正减轻也是需要考虑的问题。

CCS技术发展滞后。目前欧盟虽然在战略上确定了CCS作为未来实现长期GHG减排目标的关键技术，但目前CCS技术仍然发展滞后，影响长期减排目标的实现。CCS 技术从 20 世纪 90 年代起就受到欧盟委员会的认可，在 2007 年起就被认为是减缓气候变化的一项关键技术。然而欧盟第一项 CCS 商业示范项目最早在 2018 年之后才可能被实施，这就意味着之前设定的 2020 年至少三项 CCS 项目目标难以实现。而 2008 年“欧盟能源复兴计划”（European Energy Programme for Recovery）为 CCS 项目制定了 11 亿欧元的预算资金，但到 2014 年 11 月，CCS 相关项目仅花费 3.75 亿欧元，相关项目也未能取得有效进展。

统一电力市场建设面临瓶颈。目前，欧盟内部能源市场正面临着跨境能力低、内部调动不畅的问题。虽然欧盟目前已出台内部市场统一规范并提出了以“共同利益项目”（Projects of common interest）为主题的刺激能源基础设施投资的项目，受经济形势影响缺乏资金来源。未来在一个统一的市场内整合更多样化的、更大份额的可再生能源还需要该系统进行改进提升。同时，许多国家仍然主要由国家电网来控制能源，能源的批发价在下降，但零售价在上升。从消费者的角度看，并不能从能源供应的角度获益。统一市场规则的缺失、跨国输电网络建设的滞后等制约电力市场整合。欧盟东部和南部的许多市场仍然孤立。欧洲电网企业无意愿也无实力新建输电线路，根据 ENTSO-E 的评估，目前欧洲电网的输送能力已接近极限，输电瓶颈超过 100 个。电网企业缺乏为吸纳更大份额可再生能源进行投资的意愿和能力。因此，虽然欧盟确立了整体电网电力互联系统等统一电力市场框架，但目前看来，其未来仍面临瓶颈与挑战。

控制交通排放面临挑战。根据欧盟最新的温室气体排放清单，与 1990 年相比，交通是 2014 年唯一保持排放增长的部门，近年来，交通的碳排放量虽有所下降，但下降的幅度并不大，控制交通部门排放面临的挑战较大。对应的，欧盟委员会采纳了《交通清洁能源计划》（*Clean Power for Transport Package*），该计划支持了有关使用多燃料机动车及相应基础设置的建设。欧盟委员会也采纳了一个海运温室气体排放战略，该战略是欧盟委员会第一个在法律意义上考虑对大型船只的排放进行检测、报告和认证的战略，然而目前交通排放占比仍然有所增长，控制政策并未起到良好效果。

现有政策不足以实现 2050 年长期目标。相对 1990 年，欧盟温室气体排放量下降 19%，但有部分归因于欧盟扩张（从欧盟 15 国变为欧盟 28 国，许多新加入成员国为转型国家)。另外,欧洲经济和金融危机放缓了经济增长速度,降低了需求,刺激排放下降。在现有目标基础上进一步减排的边际收益不断下降,而边际成本不断增加。这意味越接近未来长期目标,将要付出的成本和努力将大大超过早期。因此,欧盟必须推行进一步的政策措施,包括能源效率提高、可再生能源发展、核能建设、CCS 技术的应用等。未来必须通过制定多项配套政策和行动计划来实现低碳的目标,且持续更新调整。总的来说,其政策框架和行动计划可以为中国提供很好的借鉴。

第三节　英国低碳发展的实践与进展

英国是传统的资本主义强国,是人类工业革命的主要发源地,在世界经济发展史上占有十分重要的地位。至今,英国一直是世界经济强国之一,2012 年国内生产总值达到 2.4 万亿美元(2005 年价),占全球经济总量的 4.4%,占欧盟经济总量的 16.3%,是世界第五经济大国和欧盟第二经济大国。同时英国也是世界能源消费大国之一,2011 年能源消费达到 1.88 亿 t 油当量,占全球的 1.5%和欧盟的 11.3%,在全球排名第 13 位,欧盟第三。

一、英国经济增长与温室气体排放趋势

英国是“起飞前—早期经济增长—现代经济增长—信息化”四阶段经济发展的典型代表,并且自 1990 年以来,似乎出现了新的低碳发展阶段的趋势。

18 世纪从英国发起的第一次工业革命或者产业革命是技术发展史上的一次巨大革命,它开创了以机器代替手工劳动的时代,也形成了一场深刻的社会变革。之后随着科学技术的进步,英国陆续引领和经历了第二次工业革命和信息经济时代。在第二次工业革命持续期间,英国先后经历了 1929—1933 年世界经济危机和两次世界大战,经济受到较大的损失,但“二战”后的经济复苏恰逢信息时代的到来,使英国经济复苏的效率进一步提升,恢复经济所需的能源支撑降低,经济增长的同时,二氧化碳排放下降,显示出“低碳

发展”的特征。

英国 2011 年经济总量比 1961 年增长了 230%，而化石能源燃烧排放的二氧化碳减少了 22%。自 1961 年以来，英国二氧化碳排放总的呈现出下降趋势，从 1961—2011 年、1981—2011 年、1990—2011 年三个时间段来看皆是如此；就每个十年的阶段看，1961—1971 年和 1981—1991 年排放量有所上升，其余时间排放下降。根据 KAYA 恒等式分解的结果，拉动英国二氧化碳排放下降的主要因素是单位 GDP 能耗的下降，其对 1961—2011 年排放下降的贡献达到 413%，与之相反，人均 GDP 的增长是拉动排放往上增长的主要因素，其贡献达到 412%；单位能耗排放变化对二氧化碳排放降低也起到了促进作用，其贡献达到 168%；与此同时，人口增长对排放增长的拉动达到 70%。这些因素共同作用，导致了英国 2011 年二氧化碳排放比 1961 年减少了 1.28 亿 t。

然而这些因素变化对排放变化的影响也不是一成不变的。例如，1961—1971 年，英国能源利用效率几乎没有变化，基本保持在 0.22 kg 标准油/美元（2005 年价）的水平，相应地，对这一时期二氧化碳排放的变化几乎没有贡献。促进这一时期的二氧化碳排放降低的因素是能源结构的调整。这一时期，英国单位能耗的二氧化碳排放量年均下降了 1.6%；据 BP 统计数据，英国 1965 年煤炭消费占比还高达 59.6%，石油和天然气占比分别为 37.7%和 0.4%，非化石能源消费量占比为 2.3%，而到 1971 年，煤炭占比骤降至 40.0%，石油和天然气占比分别提升至 49.0%和 7.7%，非化石能源也提升到了 3.3%，能源结构大幅改善。

尽管英国是第一个正式由官方提出低碳发展战略的国家，但英国取得如今低碳转型的成就并非是 2003 年以后的努力所造就，而是这 50 年来多种因素共同作用的结果。

（一）英国产业结构调整

产业结构的调整是导致英国经济增长与二氧化碳排放脱钩的第一个重要因素。如前所述，单位 GDP 能耗下降是导致英国二氧化碳排放下降的首要因素。产业结构调整优化是单位 GDP 能耗下降的重要原因。世界银行数据库显示，1970—2010 年，英国第二产业增加值占 GDP 的比重从 42.2%下降到了 21.3%，占比数下降了一半；而三产增加值占比从 55.0%提升到了 78.0%。从产业内部结构看，根据欧盟统计局数据，英国 1990—2012 年第二产业增加值占比下降，主要是由于制造业增加值占比下降造成的，如图 3-16 所示。

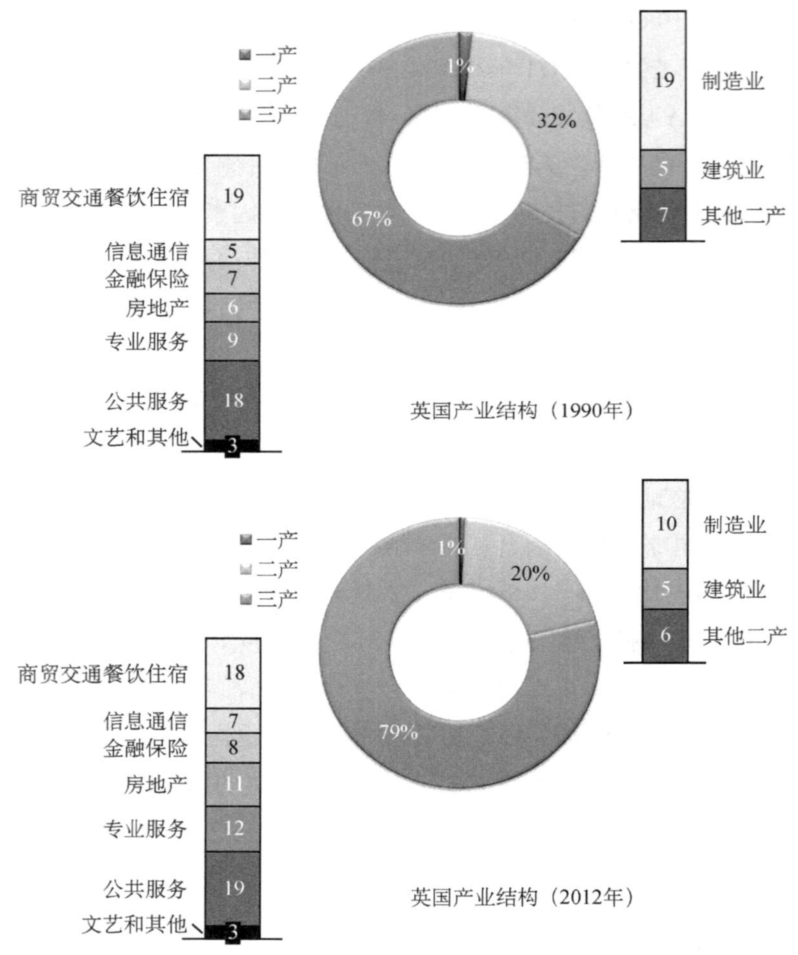

图 3-16　英国产业结构变化

（数据来源：Eurostat，2013）

20 年间，英国制造业增加值占比下降了 9.2 个百分点，到 2012 年仅占 GDP 的 10.0%。与此同时，三产占比提升主要是房地产业和专业服务业（科技研发、法律服务、会计服务、咨询、建筑设计、工程设计、市场调查等）占比增加造成的，其占比分别提升了 4.9 个百分点和 3.3 个百分点。金融保险业和公共服务业分别都提升了 1.3 个百分点，但后者基本处于稳步上升，而金融服务业则经历了先升后降的趋势。英国的产业结构变化，一方面反映了社会经济发展的规律。当社会完成工业化后，经济增长将更多地依靠创新和效率驱动，就业人口从制造业部门转移到服务部门，一部分人将从事生活性服务业，提供更多直接的物质和精神消费，而一部分人将从事生产性服务业，以专业的服务和创新提高制造业等生产部门效率。另一方面也反映了全球化产业分工的趋势。英国制造业占比的降低，也得益于海外产品制造，这使英国本土居民的日常消费、原材料和工业半成品可以通过国际贸易获得，如 2011 年英国食品、饮料、烟草进口量就占到表观消费量的 90.0%（Eurostat，2013）。

（二）英国能源结构调整

自 20 世纪 60 年代以来的能源结构调整，对英国二氧化碳减排发挥了重大作用。尤其是煤炭在英国一次能源消费中的比重，从 1965 年的 59.6%下降到 2012 年的 19.2%，如图 3-17 所示，对减排二氧化碳和环境污染物产生了重大影响。

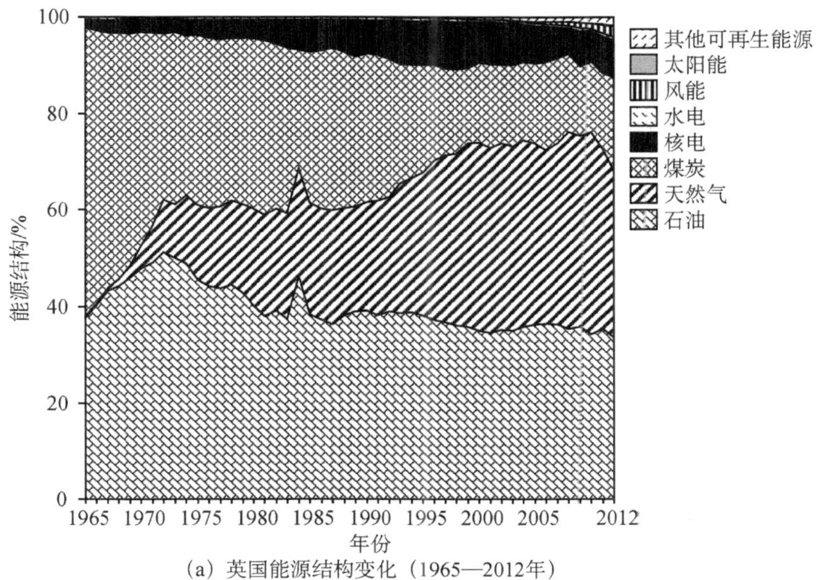

（a）英国能源结构变化（1965—2012年）

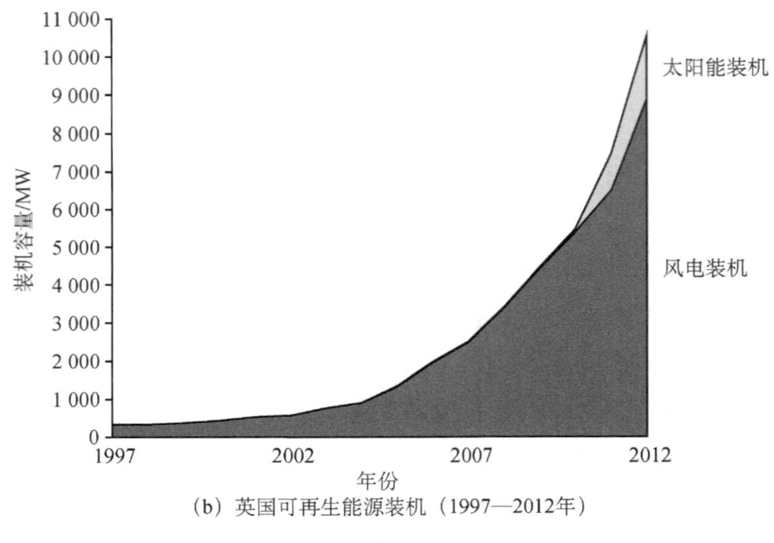

（b）英国可再生能源装机（1997—2012年）

图 3-17　英国能源结构变化

（数据来源：BP，2013）

英国自第一次工业革命以来快速的经济增长和能源消费，尤其是煤炭的消费，也导致环境污染事件频发。其中最典型的案例是 1952 年发生的导致数千人丧生的"伦敦烟雾事件"，这已被作为全球"十大环境公害事件"列入世界各国的教科书。其原因主要是因为工业、发电和居民燃煤向大气中排放了大量的二氧化硫、粉尘等污染物，在逆温的特定气象条件下，污染物无法扩散并持续聚集，因此形成了有毒的硫酸盐等气溶胶。随着科学研究揭示出"伦敦烟雾"的成因，英国公众环保意识提升，国家则加强了环境保护的立法，《清洁空气法》（*Clean Air Act* of 1956）于 1956 年诞生，这促使了英国燃煤消费的急剧下降和能源结构的转变，伦敦的烟雾事件也逐渐减少。

自 20 世纪 70 年代以来，天然气替代煤炭成为英国能源结构最显著的变化。1964 年通过的英国《大陆架法》（*Continental Shelf Act*）为开发北海油气田提供了法律保障。1964—1973 年，布伦特油田（Brent field）、Amethyst 气田等陆续被发现和开发。1973 年和 1979 年两次石油危机，加速了英国的油气开发，在逐步提高油气自给率的同时，为提高油气在一次能源消费中的比重提供了保障。英国从 1973 年的石油、天然气净进口国，到 1990 年已经成为石油净出口国，到 2000

年石油和天然气均实现净出口，但随着天然气使用量的增加，后来又成为天然气净进口国（IEA，2012）。天然气在一次能源消费中所占的比重，从 20 世纪 60 年代不到煤炭的 5%发展到现在的 2 倍于煤炭。由于天然气在提供单位热量时排放的二氧化碳仅为煤炭的 60%左右，因此仅这一替代就相当于实现了 1.2 亿 t 二氧化碳当量的温室气体①，相当于 2011 年英国温室气体净排放量的 22%。

天然气对煤炭的大幅度替代是多方面因素综合作用的结果，但起到关键推动作用的是英国在 20 世纪 80 年代末 90 年代初进行的电力行业私有化改革。市场结构的改变直接导致了电力供应量的快速增长。巨大的燃料市场需求超过了煤炭的供应量，面对供应有限的煤炭和不断上涨的煤价，大批电力企业开始寻找新的替代能源。就在此时，北海油田发现了天然气资源。巨大的供应使天然气价格在整个 90 年代下降了 50%以上，加上新型联合循环燃气涡轮发电技术（CCGT）的成熟，投资较少的燃气电厂开始陆续替代火电厂。与此同时，制造业和服务业部门在煤炭能源紧缺、天然气价格不断下降、电力供应充足的情况下，也逐步增加天然气能源和电力能源的使用量。

相比较之下，英国的非化石能源发展速度虽然快，尤其是风电装机在 15 年间增长了 27 倍，如图 3-17（b）所示，但是无论在发展速度还是规模上，英国都远远落后于中国、美国、西班牙，在西、北欧国家中，发展规模也远低于德国。但总的来说，能源结构调整是英国温室气体减排最重要的推动因素。

二、英国低碳转型的主要政策

英国低碳转型取得的成就，既有社会经济发展阶段的必然，也得益于与之相

① 按英国 2013 年温室气体清单，化石能源燃烧的排放因子为：

	CO_2	CH_4	N_2O	GHGs
	（t/TJ）	（kg/TJ）		（t/TJ）
液体燃料	71.09	2.93	3.18	72.14
燃料	95.68	14.49	2.85	96.91
气体燃料	56.86	5.42	0.40	57.11

假设 2011 年英国能源结构与 1965 年相同，按照上述排放因子，英国能源燃烧的温室气体排放将比 2011 年实际情况高出 1.2 亿 t 二氧化碳当量。

关的多方面政策的实施。除了上述与环境保护相关的考虑，英国对能源和应对气候变化一体化的考虑，为低碳转型提供了越来越强力的支撑。

2003 年发布能源白皮书《我们能源的未来——创建低碳经济》中提出了四项低碳转型的目标。一是减排温室气体，到 2050 年减排 60%，并且在 2020 年取得显著进展；二是确保能源安全；三是增强市场竞争力，提高生产力，促进可持续发展；四是确保居民享用足够的、可负担的能源。但在这份文件中，英国表示由政府设定未来能源结构的做法不能保障实现这些目标，而倾向于通过长期政策和完善市场机制去引导投资和转变。为达到这些目标，英国政府最重要的政策是节能、发展可再生能源和鼓励产业技术创新，最核心的政策工具是碳排放交易，最基本的底线是提高社会保障、降低居民能源消费最低一档的价格和帮助贫困人口进行建筑物节能改造。自 2003 年以来，英国陆续推行了许多有特色的低碳转型政策，主要包括碳预算管理、碳排放权交易和气候变化税、节能政策体系等。

（一）碳预算管理

英国为传递长期的低碳转型信号，在 2008 年通过了《气候变化法 2008》，其中规定了 2050 年比 1990 年温室气体排放降低 80%的国家目标，比 2030 年提出的目标更加激进。与此同时，这个法案为英国建立起了“碳预算管理”制度，为每五年设定全国排放上限。目前通过的碳预算涵盖了 2027 年前的排放许可额度，其中 2027 年应当比 1990 年减排一半。这是全球首次将二氧化碳量化减排指标进行预算式控制和管理，确定碳预算指标总量，并分解落实到各部门。根据这一法律以及英国能源和气候变化部（DECC）随后制订的计划，英国 2027 年以前，每五年各部门需要减排的温室气体量如图 3-18 所示[①]。碳预算管理的好处在于它以法律的形式向社会传递了坚决的低碳转型信号，并且设定了路线图，使企业可以根据这一路线图进行节能改造、技术改造、能源转型、技术研发等一系列涉及投资的重大决策。

① 报告中对有些部门 2023—2027 年的碳预算给出的是区间值，为作图方便，这里取了中位值。

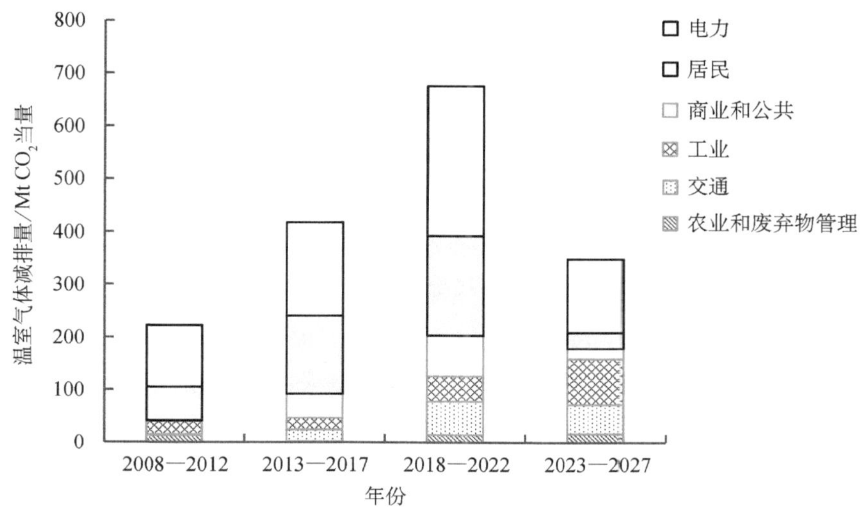

图 3-18　英国的碳预算管理计划

（数据来源：IEA，2012）

（二）碳排放权交易和气候变化税

在引入碳预算管理，为全国和各部门设定排放上限的同时，英国还采取了经济手段推动低碳转型。一方面将原有的碳排放交易整合进欧盟的碳排放交易体系（EU-ETS），另一方面引入了气候变化税（Climate Change Levy，CCL）。2011 年，这两项政策被有机融合进了“碳最低限价”政策（Carbon Price Floor Consultation：The Government Response）。

EU-ETS 是根据欧盟第 2003/87/EC 号法令建立起来的强制性碳排放限额交易体系，涵盖了九大高能耗部门的排放企业，包括发电和供热、石化、炼焦、金属铸造、钢铁、水泥、玻璃、陶瓷和造纸。其第一阶段试验期已经在 2005—2007 年完成；第二阶段与《京都议定书》第一承诺期相应，在 2008—2012 年已经完成；现在已经进入第三阶段，即 2013—2020 年，这也与《京都议定书》第二承诺期相应。

根据英国在 2008—2012 年的国家分配计划(National Allocation Plan，NAP)，英国纳入 EU-ETS 管辖的排放实体年度排放许可总量为 2.46 亿 t 二氧化碳当量，约占实际全国排放量的 42%。这些排放许可中，大约 7%被拍卖，其余的免费分配给受管制的企业。从 2013 年起的第三阶段，电力部门所有的排放许可将从拍卖而来，制造业企业仍可获得部分免费分配的许可。DECC 预计纳入 EU-ETS 的部门排放量占到全国排放量的 48%。而在整个第三阶段 EU-ETS 期间，受管制的企业预计将为国家碳预算管理贡献 2/3 的减排量。

此外，早在 2001 年，英国政府就实施了气候变化税。其实质是一种“能源使用税”，计税依据是工商企业和公共部门用于照明、采暖和动力的煤炭、天然气和电量。

英国的这一税种具有极为鲜明的特征。一是采用价格杠杆，提高能源效率，促进能源结构调整（各种能源品种的税率不一样，热电联产、可再生能源可免税）。二是原则上为财政中性税种，总体上没有增加企业税负。三是对于能耗大户不搞一刀切，而是明确减排目标，适当减免税收，维护了企业的竞争力。四是针对工商企业和公共部门（不针对居民家庭）效果好，政治风险低，对选民的直接冲击小。五是形成社会舆论，提高公众意识。因此，英国的气候变化税是一种积极有效、负面影响小的政策工具（潘家华，2010）。

（三）节能政策体系

第三类促进英国低碳转型的重要政策是节能和提高能效。

2003 年能源白皮书突出了提高能效，提出“最廉价、最清洁和最安全的实现能源政策目标的手段是使用更少的能源”。一直到 2020 年，英国减排目标的实现一半要依靠提高能效。英国现行的提高能效的政策包括两方面，一是执行欧盟层面的法律指令，如《终端能效和能源服务指令》（*The Directive on Energy End-Use Efficiency and Energy Services*，2006/32/EC）等；二是制定和实施本国的国家能效行动计划，如 2007 National Energy Efficiency Action Plan 以及 2011 Carbon Plan 等。英国国家层面的能效计划，更多地直接以碳减排为目标。

英国有一系列完整的节能和提高能效的政策和措施来确保减排目标的实现。这些政策和措施有的是单个行业的，有的是跨行业的，并且有许多实施机制来保证实施。表 3-8 给出了 1999 年以来英国政府颁布的一些政策措施，这些政策措施是英国节能政策体系的重要组成部分。

表 3-8 英国的节能政策

政策措施名称	涉及行业	政策工具类型	实施状态	颁布施行时间/年
森林法案、伐木规定与环境影响（森林）规定	土地利用与森林	规制	已实施	1999
Warm Front（苏格兰-能源辅助包；威尔士-nest；北爱尔兰-温暖家庭计划）	住宅	经济	已实施	2000
蒙特利尔协议	商业、工业流程	规制	已实施	2001
可再生能源责任	能源供应	规制、经济	已实施	2002
建筑规制 Part L2002，2006，包括 2005 冷凝锅炉收缩及相关行政下放	商业、住宅、公众	规制	已实施	2002
Carbon Trust 措施	商业、公众	信息、教育	已实施	2002
EEC 1 and 2，Original CERT	住宅	规制	已实施	2002
Salix，公共贷款	公众	经济	已实施	2004
Carbon Trust 中小企业贷款	商业	经济	已实施	2004
EU ETS 碳价格	能源供应、商业、公众、工业流程	经济	已实施	2005
环境管理方式（进入机制与高水平管理）	农业	经济	已实施	2005
流域敏感农业	农业	经济、信息	已实施	2006
大型燃烧设备条例	能源供应、商业、工业流程	规制	已实施	2007
建筑能源性能（认证与核查）规定及相关行政下放	商业、住宅、公众	规制、信息	已实施	2007
乡村发展计划	土地利用与森林	经济	已实施	2007
附加可再生发电（可再生能源战略）	能源供应	规制、经济	已实施	2009
国家产品政策（分支 1-已实施措施）	商业、住宅、公众	规制	已实施	2009
社区能源节约计划	住宅	规制	已实施	2009
低碳公共汽车	交通	经济	已实施	2009
土壤盈利	农业	教育	已实施	2009

续表

政策措施名称	涉及行业	政策工具类型	实施状态	颁布施行时间/年
垃圾填埋税	废弃物	财政	已实施	2009
建筑规定 Part L 2010 及相关行政下放	商业、住宅、公众	规制	已实施	2010
碳减排能效机制	商业、公众	经济、信息	已实施	2010
英国农业温室气体行动计划	农业	自愿、信息、教育	已实施	2010
可再生供热促进	商业、住宅、公众	经济	已实施	2011
碳减排目标升级与拓展	住宅	规制	已实施	2011
地方可持续交通基金	交通	经济	已实施	2011
森林碳代码	土地利用与森林	经济	已实施	2011
英国森林标准修订	土地利用与森林	规制、信息	已实施	2011
森林燃料实施计划	土地利用与森林	信息、经济	已实施	2011
EU 木材规制	森林	规制	已实施	2012
绿色协定与能源公司章程	商业、住宅	经济、规制	已实施	2012
小汽车政策（EU 新 CO_2 排放目标：2015 年和 2020 年分别为 130 gCO_2/km 和 95 gCO_2/km）	交通	规制、信息、自愿/谈判协议	已实施	2012
LGV 政策（EU 新 CO_2 排放目标：2015 年和 2020 年分别为 130 gCO_2/km 和 95 gCO_2/km）	交通	规制、信息、自愿/谈判协议	已通过	2012
HGV 政策（EU 新 CO_2 排放目标：2017 年和 2020 年分别为 175 gCO_2/km 和 147 gCO_2/km）	交通	规制、信息、自愿/谈判协议	已通过	2012
最低碳价	能源供应	经济	已实施	2013
绿色投资银行	财政	经济	已实施	2012
森林法律实施治理与交易规制	森林	经济	已实施	2013
国家产品政策（分支 2-已通过措施）	商业、住宅、公众	规制	已通过	2013
气候变化协议 2013-23	商业	经济、自愿/谈判协议	已实施	2013
铁路电气化	交通	经济	已实施	2013

续表

政策措施名称	涉及行业	政策工具类型	实施状态	颁布施行时间/年
生物燃料政策(到2020年8%占比)	交通	规制	已通过	2013
硝酸盐行动计划	农业	规制、信息	已实施	2013
大不列颠增长	土地利用与森林	信息、经济	已实施	2013
智能计量	商业、住宅	信息	已通过	2014
工业排放条例（适用于大型燃烧设备）	能源供应、商业、工业流程	规制	已通过	2016
零碳住宅	住宅	规制	已通过	2016
电力市场改革(CfD与能力机制)	能源供应	经济	已通过	2017
碳捕集与封存商业化竞争	能源供应	经济	已实施	2017
厌氧消化	废弃物、能源			
非食物作物	农业、能源			

数据来源：根据英国相关政策文件，作者自制。

英国在能效方面的工作比较先进，如在 2012 年，英国的能源密度比八国集团平均值低 39%。然而，英国经济可以说仍蕴含着未开发的成本有效的能效提升潜力。英国政府 2012 年 11 月公布了《能效战略：英国的能效机会》，认为通过全社会的成本有效的能效投资，可以在 2020 年节约 196 TW·h。而现有的能源政策工具包可以在 2020 年节约 154 TW·h。值得一提的是，英国政府在这份战略文件中，识别了实施能效投资计划的四个关键障碍。

第一，发育中的市场：尽管英国已经有了一个能效市场，但是相比潜在机会的规模还较小。在市场发展过程中有大量经济效益可以实现，并且使能源效率成为一项主流活动。

第二，信息：目前缺乏一个可信和合适的能效信息途径。有些信息是可以获取的，但是是一般性的，并非加工后适用于特定情况，这就使企业不能完全评估能效投资的好处。

第三，不匹配的经济刺激：能效措施方面的投资并不总是能够收到直接效益。例如，能效的更广泛的效益比如改善供应安全和减少碳排放，并不总是由投资者直接实现。

第四，能效的低估：由于缺乏可靠信息，改善能效的长期效益经常被认为不确定。结果，能效相比于其他投资选择被低估并且有时候达不到应该具有的优先性。

在过去的时间，英国政府通过引入新的政策和现有政策的修订，在克服上述困难方面有了很大的进步。

英国政府把欧盟的《能效条例》能够在国内有效转换和实施作为优先选择。这项条例致力于使欧盟到 2020 年削减一次能源消费 20%。2013 年 4 月，英国向欧盟提交了非约束性指标，相比 2007 年基准情景达到 18%的排放下降。欧盟的这项条例在 2014 年 6 月 5 日在英国国内转换完毕。英国政府同各利益相关方协调推动了这项工作。

第四节　德国低碳发展的实践与进展

德国是世界上的经济强国和温室气体排放大国之一，其经济总量和温室气体排放总量都占到欧盟整体的 20%左右，位居欧盟 28 国第一。1990 年以来的 20 多年来，德国出现了经济持续增长而温室气体排放稳定下降的“脱钩”趋势，其低碳转型的经验值得我国研究和借鉴。

一、德国经济增长与温室气体排放趋势

德国经济自“二战”后持续增长，在保持制造业优势的同时，第三产业快速发展。尽管经历了东西德合并和 2008 年全球金融危机的影响，德国经济基本保持了持续增长。与此同时，德国的能源消费总量已经跨过峰值开始下降，单位 GDP 能耗强度持续下降，能源结构大幅优化，温室气体排放自 1990 年以来稳步下降。

“二战”对德国经济造成了巨大打击。根据经济史学家麦迪逊（Angus Maddison）的研究，战后的 1946 年，德国国内生产总值仅为 1944 年水平的 33%。

战后德国实际上分裂为德意志民主共和国（以下简称“东德”）和德意志联邦共和国（以下简称“西德”）以及柏林。东德和西德分别在经济互助委员会和马歇尔计划支持下快速恢复了经济增长。1946—1990 年，两德合计的 GDP 年均增长率达到 5.0%。根据德国《统一条约》(Einigungsvertrag)，1990 年东德与西德合并成为统一的德国。两德统一后至 2012 年，德国 GDP 年均增长 1.4%。

自 1970 年以来，德国 GDP 构成发生了显著变化，如图 3-19 所示。

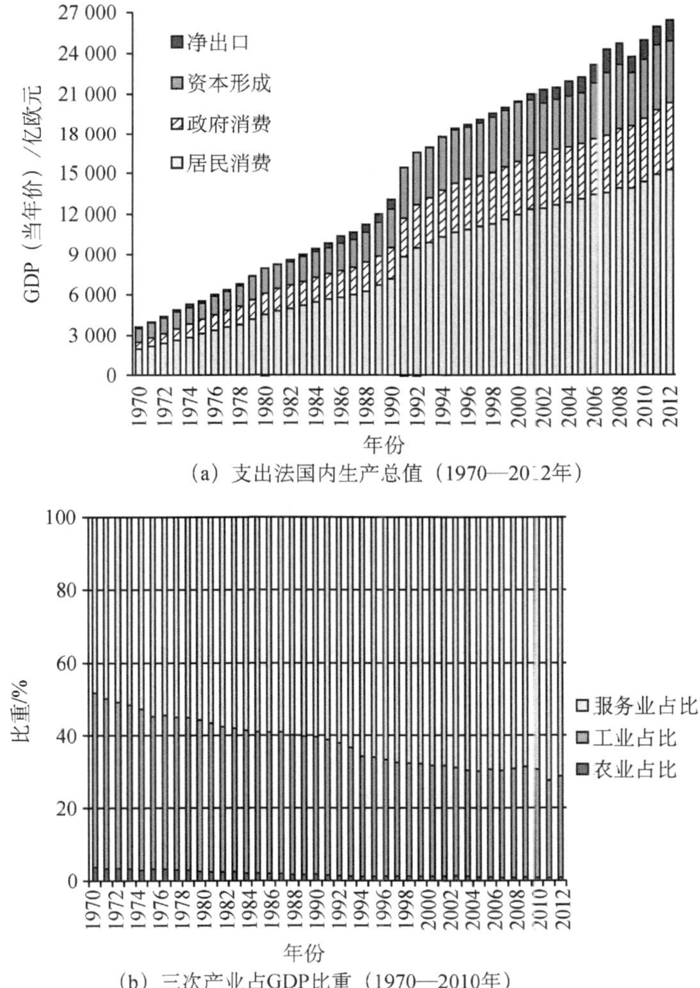

(a) 支出法国内生产总值（1970—2012年）

(b) 三次产业占GDP比重（1970—2010年）

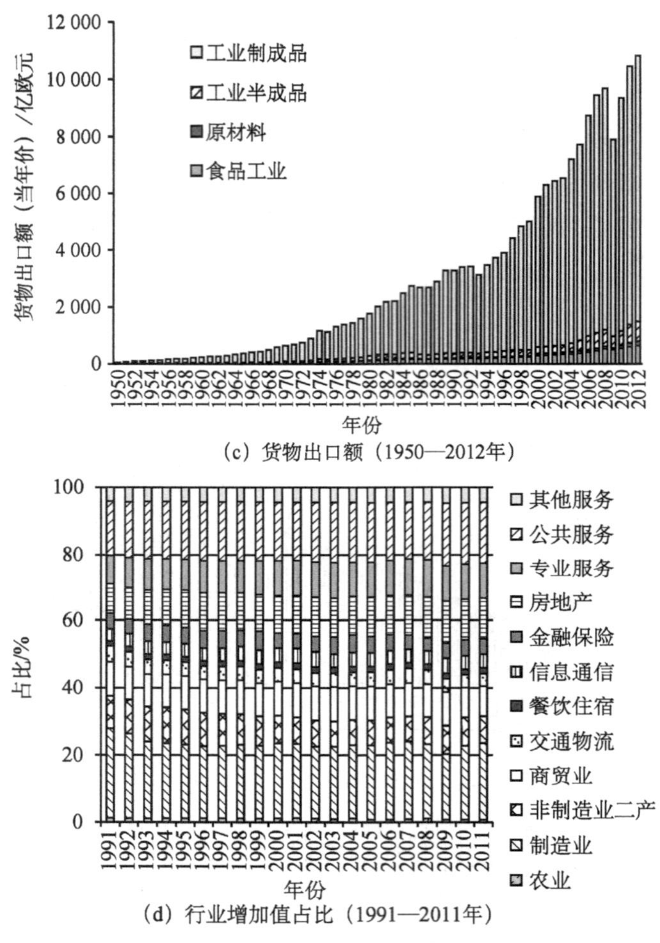

（c）货物出口额（1950—2012年）

（d）行业增加值占比（1991—2011年）

图 3-19 德国国内生产总值和增加值

（数据来源：Statistisches Bundesamt，2013；Eurostat，2013；World Bank，2013）

从支出法看 GDP 的组成，德国的居民消费对 GDP 的贡献最大，1970 年①至今，一直在 50%以上，其中最高的 2005 年达到 58.8%；政府消费所占比重除 20 世纪 70 年代早期较低外，自 1975 年起，基本维持在 19%左右；资本形成所占的比例呈下降趋势，从 1970 年的 28.4%降到了 2012 年的 17.2%，是这段时期的历史最低值，显示出德国在战后恢复期已经较早地完成了物质生产资料的重建；净

① 由于 1949—1990 年德国事实上正式分裂为东德和西德，因此源自德国联邦统计局的数据，如非特别说明，1991 年以前的数据均为西德数据；世界银行引自德国联邦统计局的数据同样。

出口从 1970 年占 GDP 的 2.1%上升到 2012 年占到 GDP 的 5.7%，而货物净出口在 2012 年占到 GDP 的 7.1%，其中工业产品出口总值相当于 GDP 的约 40%，显示出其制造业的优势。

从产业部门看 GDP 的构成，德国第二产业增加值在 GDP 中所占的比重持续下降，从 1970 年的 48%下降到 2012 年的不到 30%；而第三产业发展至近十年已经占到 GDP 的 70%左右，其中公共机构、国防、教育、卫生等公共服务业是最大的服务业门类。

德国一次能源消费总量在 1979 年达到顶峰的 3.66 亿 t 标准油当量后波动下行，到近十年呈现出稳步下降趋势，年均下降 0.7%，2012 年能源消费总量比 1979 年下降了 16%，比 1990 年下降了 12.5%，如图 3-20 所示。

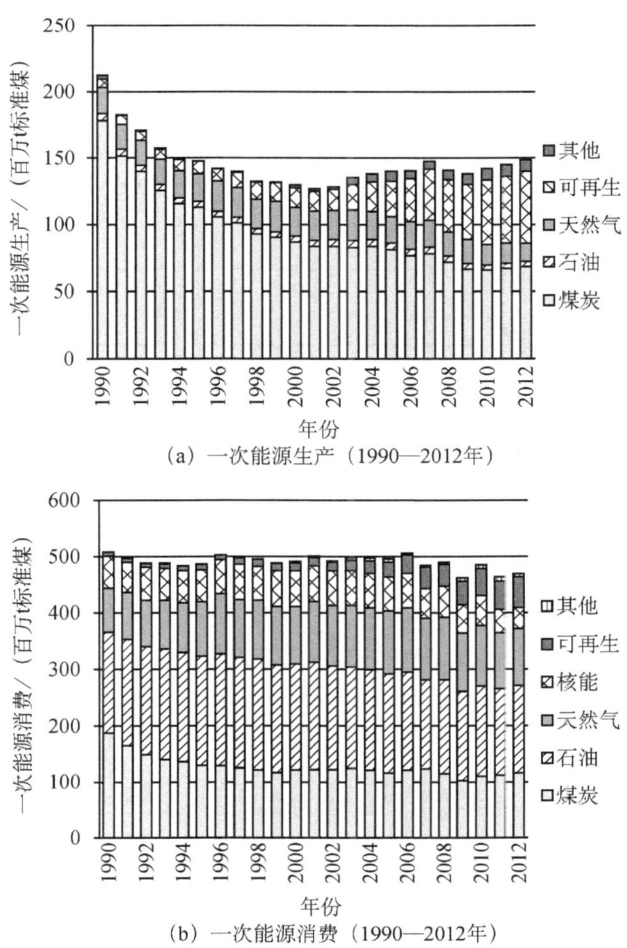

（a）一次能源生产（1990—2012年）

（b）一次能源消费（1990—2012年）

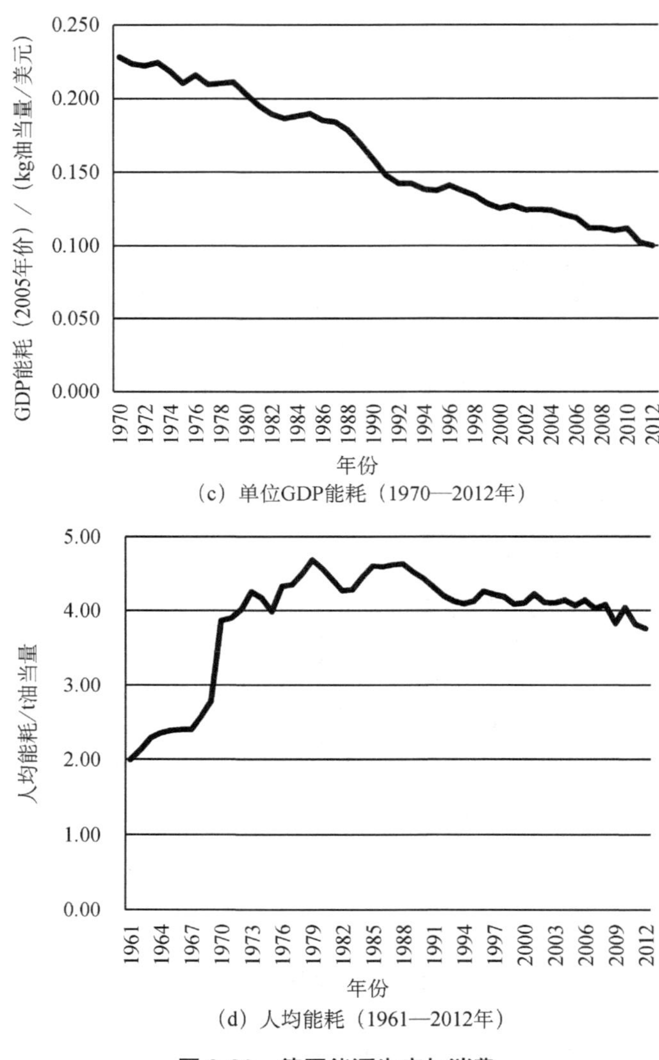

（c）单位GDP能耗（1970—2012年）

（d）人均能耗（1961—2012年）

图 3-20 德国能源生产与消费

（数据来源：AGEB，2013；World Bank，2013）

注：其他能源包括煤层气、余热、非可再生废弃物、国际电力平衡等。

人均能耗变化趋势与能源消费总量一致，也是在 1979 年达到峰值的 4.69 t 油当量/人，随后波动下行。世界银行统计数据库显示，1990 年以来，德国人均一次能源消费稳步下降，年均降幅 0.7%，截至 2012 年已降至 3.75 t 油当量/人。

单位 GDP 能耗从 1970 年的 0.228 kg 油当量/美元（2005 年价）下降到 2012 年的 0.100 kg 油当量/美元，降幅达 56%。据 BP 统计，煤炭在德国一次能源消费中的比重从 1965 年的 64%下降到 2012 年的 25%，而非化石能源占比提高到 17%。德国能源平衡表编制机构（AGEB）的数据显示，德国一次能源消费中核能利用比例从 1990 年的 11.2%上升到 1999 年的 13.0%，但最近又下降到了 2012 年的 7.9%，2012 年比 1990 年核能利用的绝对量下降了 34.9%；但可再生能源利用比例从 1990 年的 1.3%持续上升，到 2012 年已经达到 11.6%，绝对量增长了 8 倍；而可再生能源在一次能源的生产中所占比重则从 1990 年的 3.2%上升到了 2012 年的 36.6%。

与此同时，德国自 1990 年以来温室气体排放稳步下降，2011 年比 1990 年下降了 26.7%，如图 3-21 所示。

20 多年间德国只有少数几年排放量比前一年增长，例如，由于金融危机影响导致 2009 年经济衰退，使温室气体排放量大幅下降 6.4%，2010 年经济复苏带动排放增长 3.5%，但仍比 2008 年排放水平低 3.1%。在《京都议定书》第一承诺期的五年间，德国年均排放量比 1990 年下降了 24.6%，超额完成了欧盟为其规定的下降 21%的减排目标。在各部门中，林业部门从 1990 年是碳的吸收汇到 2002 年开始变成了排放源，这是导致整个第一产业温室气体排放量增长的原因；农业生产的温室气体排放持续下降。国际交通部门的排放在 1990—2011 年增长了 62%，其余的二产、三产和居民部门排放均有所下降。能源工业部门仍是最大的排放源，占到全部排放量的约 40%，其次是制造和建筑业部门占到约 20%，国内交通部门排放占到约 17%，但如果加上国际交通的部分，整个交通部门温室气体排放占到德国排放总量的约 21%，超过制造和建筑业部门。在各类温室气体中，二氧化碳仍是占据主导地位的气体，所占份额在 80%以上。20 多年间，德国减排甲烷的成效较为明显，甲烷排放量减少了 56%，所占份额也从最早的 9.1%下降到了 2011 年的 5.3%。

总的来说，德国出现了稳定的经济增长与温室气体排放“脱钩”趋势。

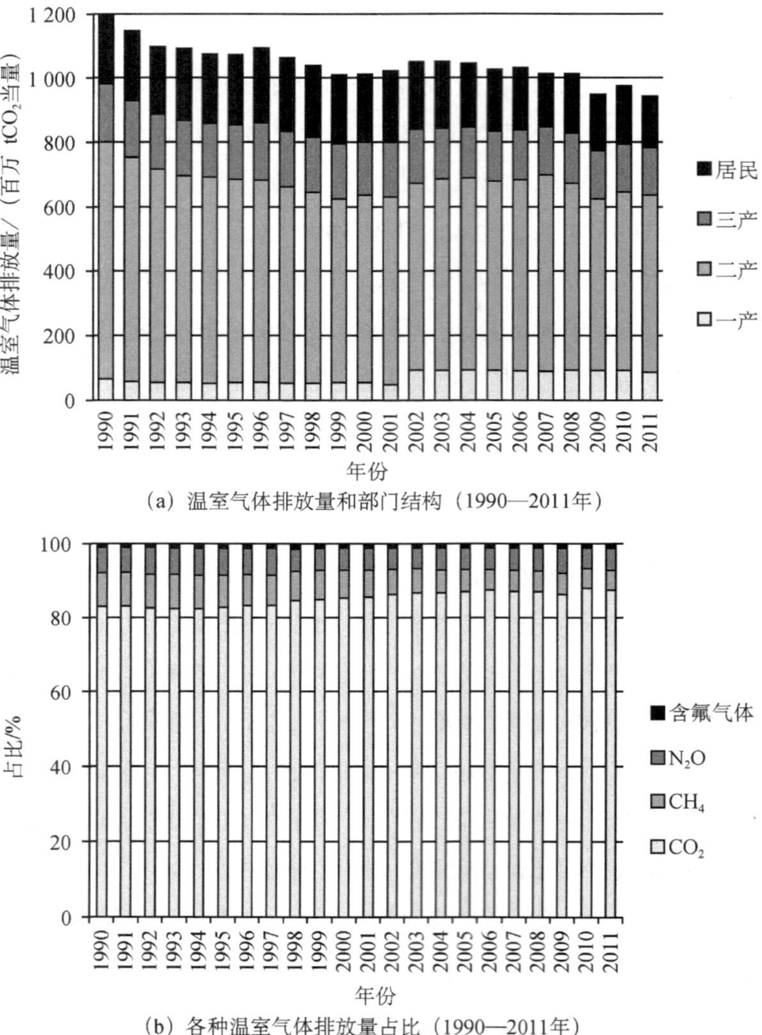

（a）温室气体排放量和部门结构（1990—2011年）

（b）各种温室气体排放量占比（1990—2011年）

图 3-21　德国温室气体排放

（数据来源：UNFCCC，2017）

注：总量含 LULUCF 部门和国际燃料舱排放。

二、德国低碳发展的主要政策与经验

尽管东德地区政治和经济体制剧变，导致社会经济发展模式变革，带来排放趋势的显著变化，这对德国整体 1990 年以来经济增长与碳排放“脱钩”的趋势起到了贡献，但是不可忽视的是德国确实通过多方面的政策措施，实现了低碳转型，为在未来最终建立完善低碳经济的发展模式创造了好的开端。

（一）通过市场化改革等措施促进经济转型、效率提高

低碳发展的本质是经济社会在不断增加社会财富的同时，逐渐减少对以碳为核心的物质资源消耗的过程。低碳发展不仅追求社会财富的增加，还要求减少资源的消耗，这也就要求提高生产效率。德国 1990 年以来低碳转型的成就中，不可避免地包含着东德地区由于市场化改革带来的经济转型和效率提高。

由于长期实施计划经济，导致东德经济结构不合理、经济运行效率低下，特别是资源没有配置到效率最高的环节，导致资源利用效率很低。两德统一后，无论是主观上当时的德国不可能实行“一国两制”，还是客观上东德地区的计划经济体制无法同西德地区的市场经济体制竞争，结果都是东德地区在社会、经济组织方式上进行了迅速的市场化改革。

东德经济的这种转变是被动的、突然的，必定遇到巨大的困难和震动，但是由于有西德现成的高度发达的市场经济经验，有西德实力雄厚的经济支持，东德经济在转入市场经济中遇到的困难和震动远小于原苏联的独联体国家以及东欧国家。一方面，在统一后，东德的计划经济突然瓦解，当东德经济融入西德的高度发达的市场经济时，计划经济造成的问题就一下子暴露出来了，不付出相应的代价不可能解决转轨中的种种问题；另一方面，在联邦政府的大量投资帮助下，东德地区在完成经济转轨后，工业逐步得到优化，产品结构得到调整，形成了以汽车工业、化学工业和电子工业为龙头的东部经济发展格局，并建立了相应的工业基地。东德企业的技术设备已经大换血，其技术水平甚至比西德的许多企业更新、更高（财政部国际司，2014）。这为后来东德地区在经济复苏的过程中，没有依靠加大投资刺激经济，而是依靠效率驱动，打下了很好的基础。

为推进东德地区和整个国家的经济发展，德国联邦政府推出了一系列财政经济政策。除了依靠“德国统一基金”提供自西德地区向东德地区的“输血”外，联邦政府还实施了以积极引导为特征的经济结构调整政策，促进经济增长和效率的提高。这些政策主要表现在创造公平竞争的市场环境、加强基础设施建设、促进区域经济平衡发展、扶持中小企业等方面。通过这些政策的引导，企业和市场

成为经济结构调整的主体——企业在市场中进行选择和调整，促进了整个经济结构的优化和效率的提高。

（二）产业结构调整对低碳发展作出了重要贡献

19 世纪二三十年代，德国开始工业化，并于 19 世纪五六十年代实现由农业国至工业国的转变。1870 年，德国工业产出占全世界工业总产出的 13.2%，国内的机器制造业超过了英国，位居欧洲之冠。1890—1910 年，经历 20 年的历程德国经济实现了一个快速飞跃，三次产业占 GDP 比重从 1890 年的 35∶33∶32 调整至 1910 年的 25∶40∶35（汤斌，2005）。直到 1944 年，德国工业化道路发展迅速，能源消耗与碳排放增长迅速，1870—1944 年，随着经济总量增长 5.9 倍，德国的碳排放也增长了 7.8 倍（ORNL，2013；Maddison，2006）。其后德国经历了第二次世界大战战败，对德国经济的发展产生重大影响，GDP 从 1944 年的 4.25 千亿国际元下降到 1947 年的 1.61 千亿国际元，下降了 62%，而同期英国下降 10%，美国增加了 79%，随着 GDP 下降，二氧化碳排放量也显著下降。

从 1948 年起，前联邦德国（西德）和前民主德国（东德）分别进入经济恢复时期。

截至 1950 年，西德国民经济各部门大体上恢复到战前 1936 年的最高水平，单位 GDP 碳排放也随之恢复甚至超过战前水平。1950—1975 年，西德的经济高速发展，年均增长率达 9.86%。与此同时，西德开始进行社会市场经济改革，政府不断调整产业结构，改造传统产业，发展技术含量和信息化程度高的电子、化工等新兴第二产业和经济咨询、管理、通信、计算机软件等生产性服务业，产业结构得到改善，三次产业结构从 1950 年的 10∶49∶41 调整至 1975 年的 3∶42∶55（方甲，1997），在 GDP 快速增长的同时，碳排放总量也不断增加，年均增长率达 4%，如图 3-22（a）所示，高于同时期其他发达国家碳排放的增长，其单位 GDP 碳排放尽管在发达国家中处于较高水平，但在经历 20 世纪 50 年代的波动后一直持续下降，从 1950 年的 1.6 kg/国际元下降到 1975 年 0.82 kg/国际元，如图 3-22（b）所示。1975—1990 年，与其他西方发达国家一样，前联邦德国开始进入“后工业化”时期，技术进步取代投资成为经济发展的主要驱动力，第二产业占比不断减少，第三产业比重持续上升，并且其碳排放总量不再明显上升，从 1975 年的 6.99 亿 t 到 1990 年的 6.88 亿 t，基本维持不变。

东德由于实行计划经济体制，经济发展更多受到政治波动的影响。新的计划体制建立初期，1950—1955 年第一个五年计划的实行步履维艰，直到 1957 年才公布的第二个五年计划在 1959 年提前宣布作废。新的“七年计划”（1959—1965 年）的失误使东德开始进行经济改革，更加重视经济和市场规律，使 1967 年出台五年计划获得了较好的效果。总体而言从 1950 年到 70 年代为前民主德国的重工业化时期，经济持续但较为缓慢增长，年均增长率为 4.1%，低于东德年均 6.0% 的增长率，第二产业比重增加，与此同时二氧化碳排放量也在不断增加，年均增长率为 3%，而单位 GDP 的二氧化碳排放在 1950—1963 年在波动中虽然一直处于较高水平，但从 1963—1973 年经历了 10 年持续的下降，从 3.5 kg/国际元下降到 2.2 kg/国际元。然而 20 世纪 70 年代后期中央集权的进一步加强以及不顾经济规律盲目制定规划目标，形成了国有经济比重持续上升而经济持续下降的局面。1973—1990 年东德 GDP 年均下降率为 2.7%，与西德的差距不断拉大，东德 GDP 与西德 GDP 的对比，从 1973 年相当于西德的 16%下降到 1990 年的 7%。以投资驱动为主的经济发展方式，使在经济总量下降的同时二氧化碳排放量维持不变甚至略有上升，使单位 GDP 二氧化碳排放持续增加。

从 1990 年两德合并以来直到 2007 年，德国 GDP 持续增长，年均增长率为 1.6%。德国第二产业比重与其他主要发达国家相比一直保持较高水平。从 2001 年开始，德国的去工业化进程开始减缓，2002—2007 年，在其他主要发达国家继续去工业化的同时，德国的第二产业比重大致保持不变甚至略有上升。制造业占增加值的比重除了 2009 年受金融危机的影响下降到 19.8%，1997—2013 年一直大约是 22%，是英国和法国的两倍多；但同时，2013 年德国单位 GDP 的二氧化碳排放为 4.4 kg/国际元，也是英国和法国的 1.8 倍和 1.4 倍。

20 世纪 90 年代以来，德国的三次产业结构已经呈现明显“后工业化”特征，农业占比很小，基本维持在 0.6%～1.0%，第二产业占比已经从工业化时期高峰 1950 年的 49%大幅下降了 20 个百分点，第三产业成为占比最大的产业。1995—2013 年，德国的 GDP 总量增加了 28%，而其三次产业结构总体变化不明显，第二产业比重从 1995—2002 年略有下降，2002—2007 年略有上升，而尽管在 2008 年受到金融危机的影响，第二产业占比明显下降，但之后在西方发达国家中，德国经济实现了率先复苏，随着“欧洲再工业化”，德国“工业 4.0”战略的提出，德国的第二产业占比已经恢复到危机前的水平。

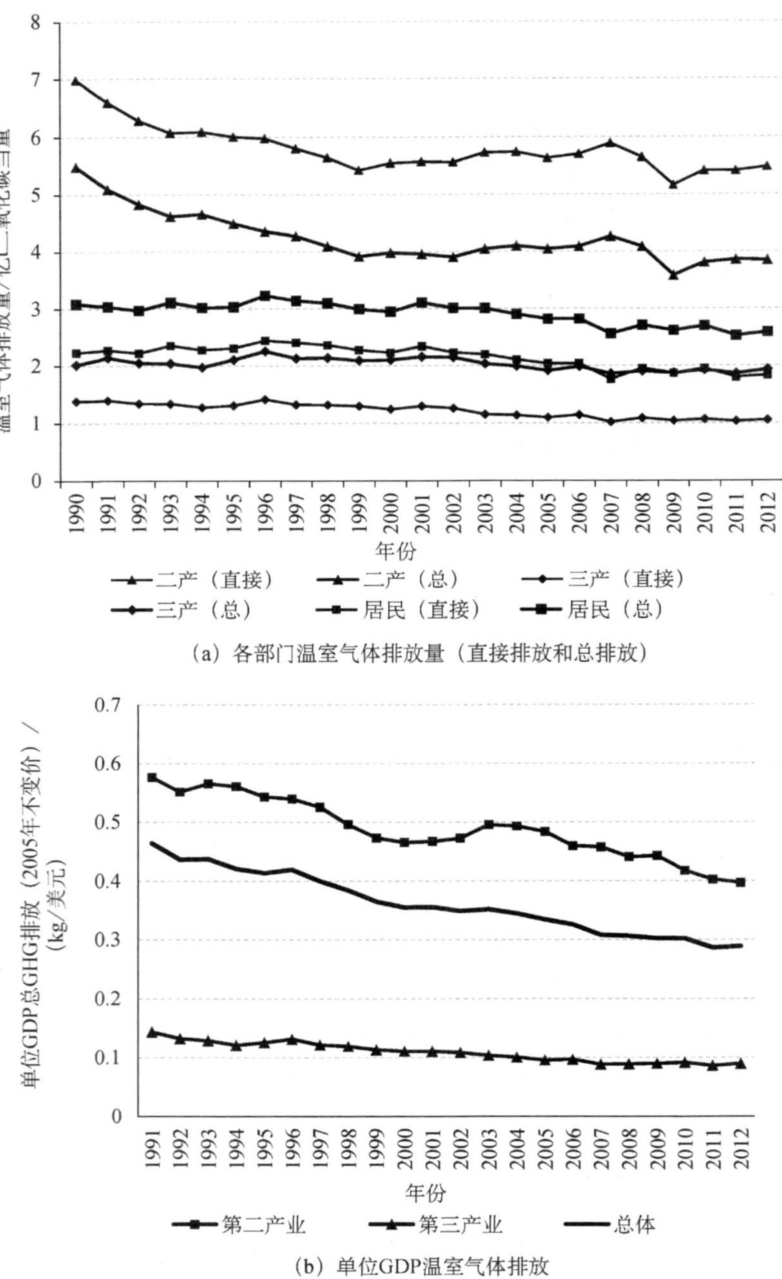

（a）各部门温室气体排放量（直接排放和总排放）

（b）单位GDP温室气体排放

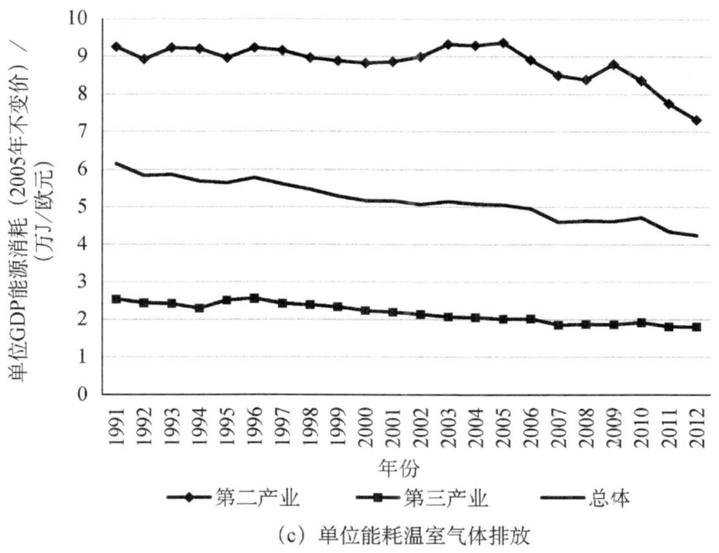

（c）单位能耗温室气体排放

图 3-22　德国三次产业及其温室气体排放趋势

（数据来源：World Bank，2013；Eurostat，2013；UNFCCC，2017）

德国第二产业直接排放的温室气体占到全国排放量的约 60%，并且在 1991—2012 年基本维持在这一水平，如图 3-22（a）所示。然而作为第二产业中重要部分，电力与热力行业的温室气体排放存在特殊性。与其他能源消费形式不同，尽管电力与热力在消费时不产生温室气体排放，但在化石能源发电和供热的生产过程中会排放大量温室气体。在《公约》以及德国能源平衡表的统计体系中，电力和热力生产过程中排放的温室气体量全部计入电力和热力生产部门，这使电力和热力生产部门的温室气体排放占到全国总排放的 30%～40%，而消费电力和热力的各经济部门，在消费能源过程中对环境的影响随之被低估。为更好地分析各部门生产和居民消费对环境产生的实际影响效果，应该将电力和热力生产部门的温室气体排放，根据各部门电力和热力使用量占总电力和热力消费量的比例，分解到各电力和热力使用部门。德国各部门生产和居民消费直接产生的温室气体排放，以及考虑电力和热力消费间接排放后的总排放量如图 3-22（a）所示。较直接排放而言，将电力生产的温室气体排放分解后，第二产业温室气体排放量明显下降，但仍然是排放量最高的部门，而第三产业和居民部门的温室气体总排放较直接排放明显增加。1991—2012 年，各部门的温室气体总排放量整体呈下降趋势，但第三产业变化不明显。第二产业总排放量在 2002—2007 年略有上升，但在整个时间段中下降幅度最大，排放量年均降幅达 2.5%，排放量占总排放量的比例从 45.2%下降到 42.2%，排放下降量占全国总下降量的 61.3%。

从单位 GDP 的温室气体排放来看，如图 3-22（b）所示，1991—2012 年，德国整体单位 GDP 的温室气体排放从 0.464 kg/美元（2005 年不变价，下同）下降到 0.289 kg/美元，年均降幅为 4.2%。这一时期，德国第三产业单位增加值温室气体排放的由 0.143 kg/美元下降到 0.089 kg/美元，年均降幅为 4.2%；第二产业单位增加值排放亦呈明显下降趋势，由 1991 年的 0.577 kg/欧元下降到 2012 年的 0.397 kg/欧元，年均降幅为 3.3%，虽然下降率略低于第三产业和总体水平，但第二产业单位增加值排放量下降量是最大的。

从单位能耗温室气体排放来看，如图 3-22（c）所示，第三产业最低，第二产业略高于第三产业；居民部门最高，其单位能耗温室气体排放约为第三产业的 2～2.2 倍，各部门单位能耗温室气体排放的变化趋势几乎一致。整体来看，1991—2006 年，德国单位能耗温室气体排放持续下降，从 1991 年的 7.55 kg 二氧化碳当量/亿 J 下降到 6.57 kg 二氧化碳当量/亿 J。2007 年受到金融危机和高油价的影响，石油需求量出现下降；与此同时，欧盟碳市场碳价低迷，导致燃煤电厂竞争力相对提高，煤炭消费量占比相应增加，使各部门单位能耗温室气体排放略有上升，但之后又有所下降，2009 年基本回到 2006 年的水平。2010—2011 年随着煤炭消费量占比的下降和非化石能源占比的上升，使单位能耗温室气体排放继续下降。

从产业特性来看，与第三产业相比，制造业单位增加值的碳排放量较高，较高的制造业比重影响了德国单位 GDP 碳排放的下降，但是实际上，德国恰恰走出了一条不依赖于产业空心化而实现低碳转型的道路，对世界经济具有重要贡献。德国重视产业结构调整和产业升级，但并不是简单地强调发展服务业，而是高度重视品牌培育和技术进步，依托研发和实用技术创新，使制造业不断向高端化发展，提高生产效率和产品附加值，实现传统产业的现代化和高端化。德国的汽车制造、电子技术、机械制造和化学工业等在世界产业竞争中一直处于优势地位。1990—2013 年，德国 GDP 年均增长率为 2.4%，同期二氧化碳排放量从 99.5 亿 t 下降到 75.9 亿 t，实现了 GDP 持续增长的同时二氧化碳排放量持续下降，单位

GDP 二氧化碳排放量从 7.9 kg/国际元下降到 4.4 kg/国际元，下降了 33.9%。因此制造业并没有成为德国低碳转型的阻碍，反而成了在金融危机和欧债危机中支撑德国逆势复苏的最重要因素。后金融危机时代，德国为了巩固制造业比较优势，持续推进低碳经济发展，提出了“工业 4.0”战略，以提高德国制造业的竞争力；而主要发达国家吸取金融危机的教训，也纷纷提出“再工业化”战略。

总体来看，20 世纪 90 年代以来德国实现了在维持第二产业比重几乎不变的情况下，经济增长与温室气体排放下降的低碳转型。由于第一产业对德国经济和温室气体排放的贡献已经很小，而第三产业占经济的比重和单位增加值温室气体排放都几乎不变，居民部门消费所排放的温室气体也几乎没有发生变化，而第二产业在维持经济占比基本不变的情况下，单位增加值温室气体排放大幅下降，因此占温室气体排放量比重较大的第二产业的低碳转型，对德国低碳经济的发展起到了很大的推动作用。

（三）工业行业结构变化也对低碳发展作出了重要贡献

德国是制造业强国。德国工业部门内部行业结构变化也对德国低碳发展作出了贡献。世界投入产出数据库（WIOD，2015）①提供了 1995—2009 年德国投入产出表和环境数据库（包括分产业部门二氧化碳排放数据和能源消费数据）。该数据库将经济分为 35 个产业，其中工业分为 17 个产业，分别为采矿业，食品生产、饮料和烟草业，纺织业，皮革业，木材加工业，造纸、印刷业，石油加工、炼焦及核燃料加工业，化学工业，橡胶、塑料制品业，其他非金属矿物制造业，基础金属冶炼及压延加工业，机械设备业，电气机械及器材制造业，交通运输设备制造业，其他制造业，电力、燃气的生产供应业，建筑业。环境数据与经济数据的部门分类具有良好的对应性。电热生产部门的二氧化碳排放按照电力消费量分解到各部门。由于 2008 年金融危机对德国经济发展产生了较大的外生冲击，使德国经济发展发生明显波动，故本节以 2007 年为分界点，分别探究危机前后工业结构变迁对低碳转型的贡献（李佳倩等，2016）。表 3-9 展示了 1995—2009 年德国工业各行业增加值和二氧化碳变化。

① 本部分使用的数据，如无特殊说明，均来自该数据库。

表 3-9　1995—2009 年德国工业各行业增加值和二氧化碳排放变化

行业	1995 年二氧化碳排放强度/（kg/美元）	1995—2007 年排放量变化/kt	1995—2007 年排放量变化占总变化的比重/%	1995—2007 年增加值变化/百万美元	1995—2007 年二氧化碳强度变化/（kg/美元）	1995—2007 年增加值占比变化/%	2007—2009 年排放量变化/kt	2007—2009 年排放量变化占总变化的比重/%	2007—2009 年增加值变化/百万美元	2007—2009 年二氧化碳强度变化/（kg/美元）	2007—2009 年增加值占比变化/%
石油加工	3.00	1 726.8	−10.7	−2 766.7	1.98	−0.4	−1 241.9	2.1	−2 506.5	4.39	−0.2
其他非金属矿物	2.07	−7 185.6	44.4	−4 770.2	0.12	−0.9	−6 976.4	11.9	−5 166.3	0.25	−0.1
采矿业	1.41	−8 510.2	52.6	−7 822.2	0.39	−1.1	−1 025.4	1.8	−870.5	0.10	0.0
化学工业	1.31	−4 212.8	26.0	24 987.8	−0.48	1.8	−5 131.3	8.8	−21 230.2	0.22	−0.8
金属冶炼	1.16	4 075.0	−25.2	17 077.9	−0.16	0.5	−26 892.3	45.9	−20 134.9	−0.08	−0.1
纺织业	0.58	−5 349.3	33.1	−3 361.4	−0.31	−0.6	−910.9	1.6	−2 727.1	−0.02	−0.1
造纸、印刷	0.56	2 190.8	−13.5	6 751.0	−0.03	0.1	−2 644.1	4.5	−8 423.6	0.05	0.1
电力、燃气供应	0.55	2 424.3	−15.0	6 196.4	−0.02	−0.2	−5 001.5	8.5	6 973.8	−0.13	2.5
皮革业	0.50	−713.3	4.4	−396.5	−0.36	−0.1	−50.3	0.1	−258.8	−0.01	0.0
食品、饮料	0.40	−925.0	5.7	−2 129.4	0.00	−1.1	−932.1	1.6	−16 527.6	0.15	−0.8
木材加工	0.36	39.9	−0.2	−728.4	0.03	−0.3	−419.5	0.7	−2 660.3	0.07	−0.1
橡胶、塑料	0.34	1 625.3	−10.0	5 206.4	0.00	0.1	−1 749.3	3.0	−6 331.8	0.01	0.0
其他制造业	0.20	−615.0	3.8	1 870.9	−0.05	−0.1	5 097.7	−8.7	−4 243.9	0.39	−0.1
交通运输设备	0.19	1 456.1	−9.0	47 943.3	−0.06	3.8	−2 934.1	5.0	−41 918.1	0.03	−2.2

续表

行业	1995年二氧化碳排放强度/(kg/美元)	1995—2007年排放量变化/kt	1995—2007年排放量变化占总变化的比重/%	1995—2007年增加值变化/百万美元	1995—2007年二氧化碳强度变化/(kg/美元)	1995—2007年增加值占比变化/%	2007—2009年排放量变化/kt	2007—2009年排放量变化占总变化的比重/%	2007—2009年增加值变化/百万美元	2007—2009年二氧化碳强度变化/(kg/美元)	2007—2009年增加值占比变化/%
电气机械	0.14	1 914.4	−11.8	61 025.1	−0.05	5.5	−5 546.6	9.5	−22 454.4	−0.04	0.2
建筑业	0.10	−5 045.1	31.2	−46 565.6	−0.01	−7.5	−471.5	0.8	−2 966.7	0.00	2.5
机械设备	0.09	919.1	−5.7	16 729.6	−0.01	0.3	−1 740.9	3.0	−27 958.1	0.01	−0.8
工业合计	0.51	−16 184.6	100.0	119 247.9	−0.08	0.0	−58 570.4	100.0	−179 404.9	0.02	0.0

注：表中行业名称为简称；表中增加值单位为2005年不变价美元。

数据来源：WIOD，2015。

整体来看，1995—2007 年，德国工业部门的二氧化碳排放量尽管在少数年份略有上升，但总体呈现下降趋势：在工业增加值总体上升的同时，二氧化碳排放量下降了 0.16 亿 t，降幅为 3.9%，单位增加值二氧化碳排放下降了 0.08 kg/美元，降幅达到 16.1%，呈现低碳发展的趋势。2008—2009 年，由于受到全球金融危机的影响，工业部门在增加值规模迅速下降的情况下，二氧化碳排放量也呈现加速下降趋势，但这段时期单位工业增加值二氧化碳排放却上升了 0.02 kg/美元。

从产业看，1995 年碳排放强度最高的五个行业依次为石油加工、炼焦及核燃料加工业，其他非金属矿物制造业，采矿业，化学工业，基础金属冶炼及压延加工业，都属于传统的“两高一资”产业，五个行业总排放量占到工业部门排放量的 60%以上。从排放量变化情况来看，1995—2007 年，16 个工业行业中有 8 个行业实现了排放量下降，排放量下降最多的三个行业是非金属矿物制造业、采矿业、化学工业，下降量占总下降量的 61.2%，是工业部门总净下降量 1.23 倍。由于金融危机的影响，2009 年德国工业所有行业，除其他制造业外，其排放量均有不同程度下降，整体降幅也是所有年份中下降最多的一年。

对一个行业而言，影响二氧化碳排放量的因素可以分为规模因素和技术因素，前者以增加值来衡量，后者以碳排放强度来衡量，数学方式可以表达为 $\mathrm{CO_2}=\mathrm{GDP}\dfrac{\mathrm{CO_2}}{\mathrm{GDP}}$，即 $C=GI$，考虑时间因素，可以写为 $C_t=G_tI_t$。等式两边取自然对数可以得到：

$$\ln C_t=\ln G_t+\ln I_t \tag{3-2}$$

式中，C_t、G_t、I_t 分别表示为 t 期的二氧化碳排放量、增加值和二氧化碳排放强度，以 C_0、G_0、I_0 分别表示基期的二氧化碳排放量、增加值和二氧化碳排放强度，c、g、i 分别表示上述参数在参考年和目标年之间的年均增长倍数，可以得到：

$$C_t=C_0c^t\text{、}G_t=G_0g^t\text{、}I_t=I_0i^t \tag{3-3}$$

将式（3-3）代入式（3-2），得到

$$\ln\left(C_0c^t\right)=\ln\left(G_0g^t\right)+\ln\left(I_0i^t\right) \tag{3-4}$$

又因为 $\ln C_0=\ln G_0+\ln I_0$，可得

$$\ln c=\ln g+\ln i \tag{3-5}$$

即二氧化碳排放总量的年均增长倍数等于增加值和二氧化碳排放强度的年均增长倍数之和。根据此恒等关系，可以对影响工业部门各行业二氧化碳排放的规模和技术因素进行分解。其中，年均倍数的自然对数的绝对值越大，表示变化倍数越大，大于 0 时意味着 t 期较基期有所上升，小于 0 时意味着 t 期较基期有所下降。

表 3-10　1995—2009 年德国工业各行业二氧化碳排放的影响因素分析

行业	1995—2009 年年均倍数的自然对数			1995—2007 年年均倍数的自然对数			2007—2009 年年均倍数的自然对数		
	二氧化碳排放总量	增加值	二氧化碳排放强度	二氧化碳排放总量	增加值	二氧化碳排放强度	二氧化碳排放总量	增加值	二氧化碳排放强度
石油加工	0.001	−0.080	0.081	0.006	−0.036	0.042	−0.025	−0.341	0.316
其他非金属矿物	−0.020	−0.032	0.012	−0.011	−0.016	0.005	−0.076	−0.129	0.053
采矿业	−0.046	−0.067	0.021	−0.046	−0.066	0.020	−0.046	−0.072	0.026
化学工业	−0.010	0.005	−0.015	−0.005	0.032	−0.038	−0.041	−0.160	0.119
金属冶炼	−0.019	−0.003	−0.017	0.003	0.016	−0.012	−0.156	−0.112	−0.043
纺织业	−0.098	−0.039	−0.059	−0.085	−0.022	−0.063	−0.178	−0.141	−0.037
造纸、印刷	−0.001	−0.003	0.002	0.008	0.013	−0.005	−0.056	−0.098	0.041
电力、燃气供应	−0.006	0.015	−0.022	0.006	0.009	−0.002	−0.083	0.054	−0.137
皮革业	−0.132	−0.032	−0.100	−0.129	−0.020	−0.108	−0.151	−0.100	−0.050
食品、饮料	−0.006	−0.029	0.023	−0.004	−0.003	0.000	−0.022	−0.183	0.161
木材加工	−0.007	−0.025	0.018	0.001	−0.005	0.006	−0.053	−0.140	0.087
橡胶、塑料	−0.001	−0.003	0.002	0.013	0.014	−0.001	−0.083	−0.103	0.020
其他制造业	0.060	−0.011	0.071	−0.017	0.009	−0.025	0.521	−0.126	0.648
交通运输设备	−0.007	0.005	−0.012	0.007	0.037	−0.030	−0.092	−0.190	0.098
电气机械	−0.037	0.033	−0.071	0.016	0.055	−0.039	−0.360	−0.099	−0.261

续表

行业	1995—2009 年年均倍数的自然对数			1995—2007 年年均倍数的自然对数			2007—2009 年年均倍数的自然对数		
	二氧化碳排放总量	增加值	二氧化碳排放强度	二氧化碳排放总量	增加值	二氧化碳排放强度	二氧化碳排放总量	增加值	二氧化碳排放强度
建筑业	−0.031	−0.026	−0.005	−0.033	−0.028	−0.005	−0.023	−0.013	−0.010
机械设备	−0.007	−0.009	0.002	0.008	0.013	−0.005	−0.094	−0.139	0.045
工业合计	−0.014	−0.005	−0.009	−0.003	0.011	−0.015	−0.079	−0.106	0.027

数据来源：WIOD，2015。

由于每个行业本身特性不同，生产过程对环境的影响也是不同的。如果某一行业的单位增加值二氧化碳排放强度高于工业部门总体，则称其为“高碳产业”，否则为“低碳产业”。工业部门中高碳和低碳产业的构成和排放强度大小的变化，将决定工业部门整体二氧化碳排放量的变化，而规模因素和技术因素又将推动高碳和低碳产业的构成和碳排放强度的变化。

总的来说，规模因素和技术因素共同推动着德国的低碳转型，但在 1995—2007 年、2007—2009 年两个阶段，德国工业部门碳排放量下降的主要推动因素是不同的。1995—2007 年，碳排放量下降由规模因素和技术因素共同推动，17 个行业中有 8 个行业实现了二氧化碳排放量的下降，其中其他非金属矿物制造业、采矿业等共计 5 个行业主要是由规模因素推动的，即从表 3-10 来看，增加值年均倍数的自然对数为负，而二氧化碳排放强度年均倍数的自然对数为正；化学工业和交通运输设备业主要是由技术因素推动的，即增加值年均倍数的自然对数为正，而二氧化碳排放强度年均倍数的自然对数为负；纺织业和皮革业的排放量下降是两个因素共同推动的结果，即两项对数值均为负。2007—2009 年，碳排放的下降主要是由规模因素推动的，17 个行业中有 16 个行业实现了二氧化碳排放量的下降，其中石油加工、其他非金属矿物制造业、采矿业等 11 个行业主要是由规模因素推动的，基础金属冶炼及压延加工业、纺织业等 5 个行业是由规模因素和技术因素共同推动的，仅有电力、燃气的生产供应业主要由技术因素推动。

表面上，总体碳排放强度的下降和产业结构中高碳、低碳产业增加值比重的变化是促进德国工业低碳转型的直接原因，但实际上这是德国社会经济中各种力量共同推动的结果。从发展阶段来看，已经处于后工业化时期的德国，基础设施建设需求降低，与基础设施建设原材料生产相关的普通钢铁、水泥等行业规模收缩；而后工业化时期的创新驱动特征，有利于发展低污染、高附加值的新兴产业。从国家战略来看，德国十分重视低碳经济的发展，将发展低碳经济纳入“2020高技术战略”（Ideen，Innovation，Wachstum. Hightech-Strategie 2020 für Deutschland）、“德国国家能源效率行动计划”（Energiedienstleistungs-Richtlinie und der Energieeffizienz-Aktionspläne，EEAP）等国家战略中；从社会基础来看，德国发达的科学技术基础、较高的国民素养、全民对环保问题的关注，促使其不断进行新技术、新产品的研发，大力发展新能源汽车、智能电网等战略型新兴产业，在致力于提倡清洁生产、生活的同时形成一个有竞争力的环保产业，保证了德国制造业产品的不断更新升级，以此在国际高端市场中长期保持较高的竞争力。同时德国十分重视太阳能、风能等非化石能源技术的研发、生产与应用，能源结构的转变，非化石能源使用比例的上升，既是导致工业部门各行业碳排放下降的技术因素的一部分，也进一步确保了德国在低碳转型过程中工业的竞争力。

（四）制定和实施能源与应对气候变化一体化的政策

德国实现经济增长与能源消费、温室气体排放“脱钩”，从技术上说主要应归功于其能源与应对气候变化一体化的政策，加速了德国的能源转型。这些政策遵循三项原则：经济性，能源转型不能损害国家经济竞争力；可靠性，能源转型要有利于维护国家的能源安全；环保性，能源转型要以减少对环境的影响为目标，尤其是要有利于减缓气候变化。其中，最重要的政策解决方案包括 2007 年的“能源与气候保护综合方案”，2010 年的“能源方案”和 2011 年的“能源转型一揽子方案”（IEA，2013）。

德国的能源转型（Energiewende）并不是近年来兴起的政策。这一概念最早可以上溯至 1980 年，Öko-Institut 研究所出版了《能源转型——脱离石油和核能的经济增长》（*Energiewende-Wachstum und Wohlstand ohne Erdöl und Uran*）一书，当时主要是出于对环保的考虑和对核能的反对。这一概念在 2010 年德国的“能源方案：环保、可靠、经济的能源供应”（Energiekonzept für eine umweltschonende, zuverlässige und bezahlbare Energieversorgung）中得到了官方确认和发展。

能源利用与气候变化之间的紧密联系，决定了应对气候变化政策与能源政策相互交织，发展可再生能源、节约能源和提高能效是应对气候变化政策的关键内容；协调能源利用与环境保护之间的关系、减少温室气体排放是能源政策的重要目标。尽管德国政府一直重视气候变化与能源利用之间的关系，很早就提出了积极应对气候变化的环境与能源政策，但将气候政策与能源政策真正融合在一起，还是走过了近 20 年的演进过程（陈海嵩，2009；廖建凯，2010）。

德国面临的能源问题主要有能源过分依赖进口、传统燃煤发电能力有待更新、可再生能源利用和核能替代问题。德国能源政策的形成与发展也正是围绕石油及其替代能源（核能、天然气、可再生能源等）的相互关系展开的。

20 世纪 70 年代，在石油危机前，德国并未形成整体性的能源战略，也没有明确提出能源目标。

80 年代，两次石油危机给德国带来了很大的冲击，德国政府逐步调整能源政策，包括确保能源来源的多样性、大力发展可再生能源、建立多元化的能源进口渠道、建立并完善石油战略储备和应急机制等。西德政府还想方设法进行结构调整，尽量降低能耗，缩小石油在能源需求中所占的比重，减轻对进口石油的依赖程度。节能时至今日仍是德国能源政策遵循的重要原则。

90 年代，随着应对气候变化问题的日益显著，德国开始重视气候变化政策。联邦政府认为采取与能源有关的预防措施不仅有利于保护气候，而且可以在空气、水和地表污染等方面减轻环境的负担。1990 年 12 月，联邦政府通过了一项减少二氧化碳排放的综合性方案。该方案旨在通过经济、法律和教育培训等多种手段，到 2005 年将二氧化碳排放量在 1987 年的基础上减少 20%～30%。这一方案所体现出来的德国在应对气候方面的决心，为 1992 年里约环境与发展大会的成功举行作出了贡献。1993 年 12 月德国联邦议院批准了《公约》，联邦政府将二氧化碳的减排目标调整为在 1990 年的基础上减排 25%。减少和限制二氧化碳以外的其他温室气体的排放也被纳入国家气候保护战略。1999 年，德国开始进行生态税改革，通过提高汽油、加热燃料、天然气以及电力的税率来减少化石能源消费、保护环境。从这一时期气候保护政策的基本内容和发展过程可以看出，德国把应对气候变化作为环境保护的重要内容，通过采取各种预防措施减少能源利用对环境的污染和对气候的不利影响。

21世纪以来，政府强调能源利用的经济效率和环境保护兼顾。2000年10月，联邦政府通过了首份《气候保护国家方案》，为住房、交通、工业、能源、可再生能源、废物管理和农业七大部门提出了64项减排措施。2002年5月联邦议院批准了《京都议定书》，德国政府开始关注气候政策的中长期目标。2006年4月—2007年6月，联邦政府组织召开了三次“能源峰会”，就制定长期的国家能源战略与来自于能源、工业、环保等各界的代表进行了广泛的讨论。与会者就能源与环保政策达成了一些共识：在国家能源战略中，能源价格合理、能源供应安全和能源环境影响同等重要；必须找到一个解决气候变化问题的全球性方案，所有对全球气候变化有着重大影响的国家都须承担相应义务。2007年8月，联邦政府通过了《能源与气候保护综合方案》。该方案以提高能效和优先使用低碳能源为基础，重申了“供应安全、经济效率和环境保护”的能源政策。12月，联邦议院批准了《能源与气候保护综合方案》，并通过了旨在落实综合方案的14项法案。

2011年至今，随着放弃核电主张的确认，发展可再生能源成为低碳转型的重要支撑。德国长期以来都支持可再生能源的发展，在1990年制定的《电力接入法》初步奠定了推动可再生能源发展的政策基础。而2000年颁布的《可再生能源法》更是对各项政策作出了明确和细致的规定，其中包括两大核心内容：第一，可再生能源电量必须无条件优先入网；第二，可再生能源的上网电价为20年不变的固定电价。德国的《可再生能源法》是世界上首部规定可再生能源上网电价的法律，为其他国家提供了相当大的借鉴作用。2011年3月11日，日本福岛核电站在强烈地震和海啸冲击后发生爆炸，并引发灾难性的核事故。仅三天后，德国总理默克尔即公布了有效期三个月的《核暂停决议》。6月30日德国政府正式决定永久关闭8座老核电站，其余9座也将在2022年之前逐步关闭。从长远来看，弃核将加速德国向可再生能源的转型，促进德国在可再生能源技术开发和提高能效方面取得领先优势，增强德国的经济发展潜力。

根据2010年的“能源方案”和2011年旨在退出核能、加速使用可再生能源的“能源转型一揽子方案”，德国政府对能源转型和应对气候变化设定的量化目标如表3-11所示。

表3-11 德国能源转型和应对气候变化目标

	2011年	2020年	2030年	2040年	2050年
温室气体排放					
温室气体排放（相对1990年）	−26.4%	−40%	−55%	−70%	−80%～−95%
能源效率					
一次能源消费（相对2008年）	−0.6%	−20%			−50%
能源生产力	2.0%*	每年2.1%（2008—2050年）			
用电总量（相对2008年）	−2.1%	−10%			−25%
热电联产发电的比例	15.4%**	25%			
建筑房屋领域					
热能需求		−20%			
一次能源需求					−80%
改造率	约1%	每年2%			
交通领域					
终端能源消费（相对2005年）	约−0.5%	−10%			−40%
电动汽车	约6 600辆	100万辆	600万辆		
可再生能源					
在用电总量中所占比例	20.3%	至少35%	至少50%	至少65%	至少80%
在终端能耗中所占比例	12.1%	18%	30%	45%	60%

注：*2008—2011年；**2010年。
资料来源：朱苗苗；2012。

上述目标实际上是有层次之分的。根据能源转型监测程序委员会的专家意见书，能源转型的最高目标有两个：一是到2020年温室气体排放相对于1990年下降40%；二是2022年彻底退出核电。这两个最高目标之下设立了多层级的目标体系，如图3-23所示。

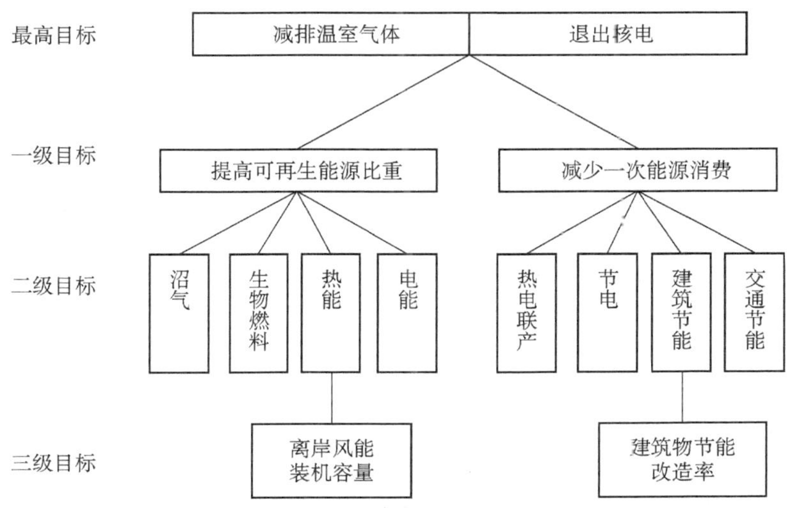

图 3-23　德国能源转型目标的层级

（资料来源：朱苗苗，2012）

这种层级式的结构反映了德国能源转型与应对气候变化政策的高度整合。由于在一般的国家，70%的温室气体排放来自与能源相关的活动，这部分温室气体排放直接受到能源消费总量和能源结构的影响，因此应对气候变化，尤其是减缓气候变化的政策在很大程度上必须与能源政策相协调。德国 1990—2011 年温室气体排放中，80%以上的温室气体排放与能源活动相关，因此减缓气候变化的政策能否取得效果，必须落实到对能源消费总量的控制和能源结构的改善上。通常各国用于改善能源结构的政策包括发展可再生能源、利用核能和使用天然气替代煤。由于德国已经决定退出核电，并且将此作为与减排温室气体同等重要的最高目标，而德国的天然气资源并不丰富，如果大力发展天然气，势必危及“能源可靠性”的原则，因此在这一重大决策的影响下，德国减缓气候变化的政策就直接落实到提高可再生能源比重和减少一次能源消费上。在这个目标体系框架下，德国政府以联邦经济与技术部和联邦环境部为联合负责部门，建立起联邦-州协调机制，共同推进能源转型。

（五）传递价格信号引导低碳发展

“二战”结束后，西德第一任经济部长、后又担任联邦总理的路德维希·艾哈德（Ludwig Erhard）主持建立了社会市场经济制度，成为德国的基本经济制度。一方面强调市场在资源配置中的积极作用，主张通过竞争达到优胜劣汰，另一方面又强调社会责任，建立社会保障和福利制度，并强调要在法制基础上发展市场经济，减少市场的盲目性。在这种基本经济制度下，德国一方面以税收手段为主，对能源资源使用、环境保护、碳排放管理进行调控，另一方面也对外部性显著存在的领域进行政府干预，采用可交易的排放权手段控制碳排放。总的来说，都是通过传递价格信号引导能源的利用、污染物和温室气体的排放控制。

德国能源税的开征由来已久，早在 1879 年德国政府便对进口石油征收石油税。能源税在德国历经多次变革，现行的能源税征收与管理主要依据 2006 年颁布并生效的《能源税法》（*Energiesteuergesetz*），该法旨在把欧盟理事会于 2003 年 10 月 27 日颁布的《重构对能源产品和电力征税的欧盟框架的指令》转化为国内法（许闲，2011）。

德国征收能源税的目的是借助能源税这一税收杠杆影响能源价格，进而调整能源市场供求关系，推动生产高能耗产品的生产技术改革，提高社会生产力；同时，通过征收能源税，树立稀缺资源节约意识，降低能源消费，减少能源使用对环境的污染。根据《能源税法》，现行能源税税率如表 3-12 所示。

表 3-12　德国能源税税率

能源	征税对象与方法	税额
能源用作动力燃料使用时：		
无铅汽油	含硫量每千克高于 10 mg（1 000 L） 含硫量每千克低于 10 mg（1 000 L）	669.80 欧元 654.50 欧元
含铅汽油	（1 000 L）	721.00 欧元
柴油	含硫量每千克高于 10 mg（1 000 L） 含硫量每千克低于 10 mg（1 000 L）	485.70 欧元 470.40 欧元
液化气	2018 年 12 月 31 日以前（1 000 kg） 2019 年 1 月 1 日起（1 000 kg）	180.32 欧元 409.00 欧元
天然气	2018 年 12 月 31 日以前（1 MW·h） 2019 年 1 月 1 日起（1 MW·h）	13.90 欧元 31.80 欧元
能源用作供热燃料使用时：		
轻质燃料油	（1 000 L）	61.35 欧元

续表

能源	征税对象与方法	税额
重质燃料油	（1 000 L）	25.00 欧元
液化气	（1 000 kg）	60.60 欧元
天然气及其他碳氢化合物气体	（1 MW·h）	5.50 欧元
煤炭	（1 000 MJ）	0.33 欧元

资料来源：许闲，2011。

为了控制交通碳排放，德国还在 2009 年修订了《机动车税法》（*KraftStG*），主要是鼓励消费者购买每公里排放小于等于 120 g 二氧化碳的低碳排放车辆，以及零排放车辆。

德国实施的另外一项提供价格信号引导温室气体排放控制的措施，是根据欧盟规定统一实施的碳排放限额交易 EU-ETS。

根据 EU-ETS 第二阶段（2008—2012 年）德国的国家分配方案，全国每年的排放许可是 4.53 亿 t，其中每年排放许可的 9%左右通过拍卖的形式发放。在 2013—2020 年的 EU-ETS 第三阶段，多数企业将基于“产品排放基准”方法计算获得的排放许可量。这一“产品排放基准”是根据全欧盟最高效的 10%企业的排放水平设定的。

然而 EU-ETS 在前两阶段的实践中，价格波动过于剧烈，其经济效果受到很多质疑。这一方面是因为在设定排放许可总量时，难以准确估算到后来真实的排放变化趋势，更难以预料到诸如金融危机等重大事件的发生及对经济造成的影响，继而对排放形势带来的重大变化。另一方面这也是由于可出售的许可证制度本身在设定排放控制目标的情况下，排放许可的供给和需求都缺乏弹性，不易根据排放形势的变化进行调整。例如欧盟委员会在预计到第三阶段排放许可设定的总量可能过多时，曾提出“冻结”2013—2015 年 9 亿 t 的排放许可，留待 2019—2020 年视情况再拍卖。但这一提案在欧洲议会表决时被否决。持反对意见的议员主要考虑到人为干扰排放许可的供给会挫伤市场信心，并且过高的碳价会损害欧盟工业的国际竞争力，并最终将这些成本交由欧盟居民买单。诺德豪斯分析了美国二氧化硫限额交易体系和欧盟 EU-ETS 体系，指出总量限额交易制度导致排放许可价格的高波动性是这种政策工具的必然结果，也就无法给私人部门决策者提供和谐的信号，难以起到预期中通过价格信号促进碳减排、低碳技术研发和投资、能源转型等作用。

第五节 日本低碳发展的实践与进展

日本是当今世界上最重视环境保护，能源、资源利用效率最高的国家之一，也曾经在应对气候变化和推行低碳发展方面走在了全球前列，积极促成了《京都议定书》的达成，为全球气候治理和应对气候变化的合作作出了重大贡献。日本近来不断出台重大政策，将重点放在发展低碳经济上，并率先提出建设低碳社会。日本认为实现碳的最低排放，其关键在于构建一个社会体系，使工业、行政、国民等社会的所有组成部门都认识到地球环境的不可替代性，有意识地从大量生产、大量消费和大量废弃的社会中挣脱出来，实现富足而简朴的生活，实现人类社会与自然和谐共生。日本希望借此引领世界低碳经济革命，将发展低碳经济作为促进日本经济发展的增长点。

一、日本与能源利用相关的二氧化碳排放状况及 2030 年减排目标

（一）日本 2015 年二氧化碳排放状况

日本环境省 2017 年 4 月发布的《日本温室气体排放清单报告书》显示，日本 2015 年度温室气体排放总量为 13.21 亿 t 二氧化碳当量，比 2005 年下降 5.2%。其中二氧化碳排放量 12.23 亿 t，占比 92.6%，比 2005 年下降 6.3%。在二氧化碳排放中，燃料燃烧活动排放占比为 93.9%，其余为工艺过程及废弃物排放。受核电停运影响，化石能源依存度由 2005 年度的 83.1%上升至 2013 年度的 92.4%。虽然 2013 年度终端能源消费量同比下降 1.0%，比 2005 年度下降 10.8%，但二氧化碳排放量仍比 2005 年略有增加，具体排放量变化见图 3-24。

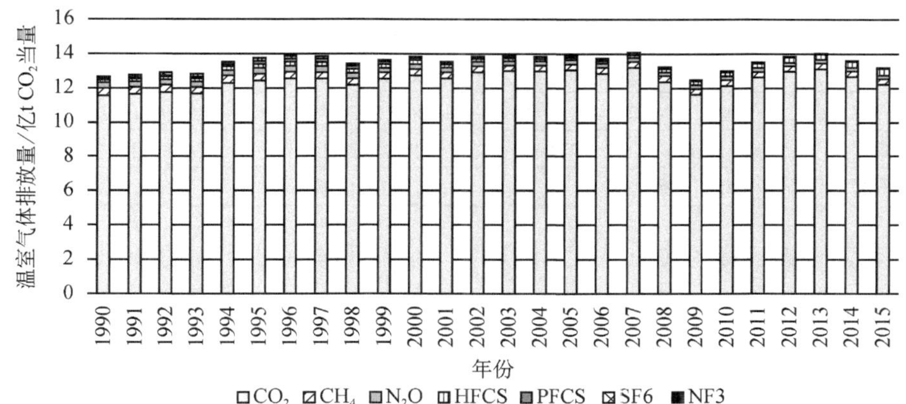

图 3-24　日本温室气体排放量增长状况

（数据来源：日本环境省，2017）

部门方面，在燃料燃烧活动二氧化碳排放中，2015 年能源加工转换部门排放占 7.2%，工业部门占 33.7%，运输部门排放占 17.7%，其余为民用、商业及农业等部门排放，占 35.3%。从趋势上看，能源加工转换部门二氧化碳排放量同比提高 0.9%，比 1990 年增加 60.6%，“3・11”大地震后核电全面停运导致该部门排放量显著上升；能源加工转换部门二氧化碳排放量同比下降 5.4%，比 2005 年减少 14.9%；工业部门二氧化碳排放量同比下降 2.1%，比 2005 年减少 9.7%；交通运输部门二氧化碳排放量同比下降 1.8%，比 2005 年减少 9.7%，与货运排放量减少相对应的是私人交通排放的有所增加；民用、商业及农业等部门排放则同比分别下降 4.8%和 5.7%，但却比 2005 年分别增加 1.1%和 4.3%，显示出日本经济仍有一定的活跃度，人口减少及老龄化并未抵消掉民用、商业部门排放增长影响。

（二）日本 2030 年温室气体减排目标

2015 年 6 月 2 日，日本政府提出了 2030 年温室气体排放总量比 2013 年减少 26%的减排目标，与美国 2025 年比 2005 年减排 26%～28%、欧盟 2030 年比 1990 年减排 40%的目标相比，如果均以 2013 年为基点，则美国为 18%～21%，欧盟为 24%，相关目标比较见表 3-13。新目标中，电源结构清洁化及强化节能将实现 21.9%，碳汇为 2.6%，其余 1.5%由氟利昂替代来完成。

表 3-13　日本与欧、美减排目标的比较

	与 1990 年相比	与 2005 年相比	与 2013 年相比
日本	−18%（2030 年）	−25.4%（2030 年）	−26%（2030 年）
美国	−14%～16%（2025 年）	−26%～28%（2025 年）	−14%～16%（2025 年）
欧盟	−40%（2030 年）	−35%（2030 年）	−24%（2030 年）

为配合该目标的实施，日本政府在 6 月 1 日就提出了新的 2030 年电源结构方案，见表 3-14。将核电的比重由 2013 年的 1%，大幅提升至 20%～22%，距“3・11”地震之前 29%的水平仍有较大差距。将太阳能等可再生能源的发电比重提升至22%～24%，其中，稳定性较差的太阳能与风能发电比重提升至近 9%，水电、地热及生物质能发电比重提升至 15%。为降低温室气体排放，将进一步削减火力发电占比，煤炭由 30%降至 26%，天然气由 43%降至 27%。

表 3-14　2030 年日本电源结构（发电量占比）

	可再生能源	石油	天然气	煤炭	核能
2013 年	10.7%	14.9%	43.2%	30.3%	1%
2030 年	22%～24%	3%	27%	26%	20%～22%

（三）日本对于美国退出《巴黎协定》的立场

2017 年 6 月 2 日，在特朗普政府宣布退出《巴黎协定》之后，日本外务省立即发表了《日本政府关于美国退出巴黎气候协定的声明》。声明指出：第一，气候变化是全人类面对的共同课题，日本将继续发挥引领作用，积极落实《巴黎协定》；第二，日本政府一直积极考虑在《巴黎协定》框架内加强与美国的合作，对特朗普政府宣布退出《巴黎协定》表示遗憾；第三，美国作为全球第二大排放国，是通过技术创新采用各种先进应对技术的国家，日本在应对气候变化领域将继续寻求与美国合作的方法，并与协定各缔约方一道着实推进与实施。

日本环境大臣山本公一也在同一天发表了《关于美国退出巴黎协定方针的声明》，指出《巴黎协定》是向低碳社会转变的历史性协定，各国在该协定下着实开展工作非常重要，发达国家应发挥引领作用。安倍首相已在七国集团峰会上就此问题表达了关切，不仅就相关重要性对美方进行了说明，还提出在该协定框架

内加强与美国合作的考量，现在对特朗普政府的退出感到失望。全球向低碳化发展的大潮已不可逆转，日本环境省要有引领世界的觉悟，为实现在《巴黎协定》中2030年削减26%、2050年削减80%排放量的承诺，着实推进应对气候变化进程。

日本学界则对美国退出《巴黎协定》后日本将面临的环境感到些许担忧。第一，根据《巴黎协定》第9条及缔约方会议决定要求，发达国家2020年以后每年要为发展中国家提供至少1 000亿美元应对气候变化的资金，日本政府已表示到2020年提供现状的1.3倍即约1.3万亿日元的资金支持。美国退出后，其每年约300亿美元的资金安排如果让其他国家来分担，日本每年可能需要增加28亿日元。第二，在美国退出后，欧盟与发展中国家也可能要求日本进一步加大减排力度，将给减排成本相对较高的日本带来更大的挑战。第三，美国的退出，再加上贸易保护政策的强化，或将使日本制造业强项——节能相关设备出口出现停滞的可能。日本环境省的调查显示，2014年日本环保设备出口额超过16万亿日元，与应对气候变化相关的占84%，其中混合动力汽车等汽车相关设备占比较大，其余为太阳能发电、蓄电池、低能耗建筑机械、生物质能利用等方面的设备，美国市场的缩小对日本产业界的冲击将会比较大。

二、日本低碳发展的主要政策措施

日本政府一直非常重视低碳发展，先后出台了一系列相关政策措施。在2014年4月日本颁布的《能源基本计划》最新修订版中，将环境友好与能源安全、能源的稳定供应、经济效率并称为“3S+E”方针，并将为全球温室气体减排作贡献列为主要政策方向。该计划将可再生能源置于首位，定位为减少温室气体排放、保障能源安全的重要低碳能源，并确定了2030年可再生能源占比超过20%的战略目标。同时还将核能重新定位为稳定、低碳、高效的重要基荷电源，将天然气定位为地缘风险小、温室气体排放少、在发电领域具有核心作用的能源。

在日本环境省发布的《2017年环境白皮书》中，除强调着实推进2016年5月内阁会议通过的《应对全球气候变化计划》，基于《巴黎协定》制定低排放型发展战略，以及强化生活方式向“酷（Cool）选择”转变的国民运动之外，还继续重申了各重要领域的相关对策措施：①充分发挥产业部门在实施《低碳社会实行计划》中的核心作用，努力推动2030年减排目标的达成；②加快2016年出台的《建筑物节能法》在商业部门的落实，促进低碳建筑的普及；③基于《建筑物节能法》《城市低碳促进法》《日本再兴战略2016》等重要文件，通过强化节能标准来促进新建住宅的低碳化与现有住宅的低碳化改造；④以自动驾驶技术的发展为契机，推进交通部门运输效率的提高，以生产世界最高能效和环境水准的汽车为目标，推进燃油经济性好的清洁能源汽车的普及；⑤促进可再生能源、燃气联合循环、燃料电池、热泵等技术的普及应用，加强《节能法》的实施，努力实现2030年能效比2012年提高35%的目标。白皮书也对相应的综合施策进行了总结，包括构建低碳城市、区域和社会经济系统，促进地方政策出台与实施，建立温室气体排放量的计算、报告及公开制度，编制排放控制指南，开展“酷（Cool）选择”国民运动，推进产品、家庭等温室气体排放量的“可视化”，建立绿色税收制度，建立排放交易体系，推进排放权认证和抵消制度建设，加快金融的绿色化等。此外，白皮书也再次强调了排放量计算方法的改进、各种应对技术的开发与实证研究、加强监测与调查等基础工作的重要性。

（一）加快可再生能源发展的政策措施

1. 太阳能及可再生能源电力固定价格收购制度

太阳能发电剩余电力收购制度始于2009年11月，主要针对住宅等太阳能发电设备，对自家用消费量之外的剩余电量，按一定的价格在10年之内由电力公司全部收购。日本经济产业省3月1日公布了2012年4—6月期太阳能发电剩余电力收购价格，其中，10 kW以下的住宅用太阳能发电42日元/kW·h，包含其他发电设备的34日元/kW·h；10 kW及以上住宅用与非住宅用太阳能发电40日元/kW·h，包含其他发电设备的32日元/kW·h，对2010年以前的太阳能发电设备给予24日元/kW·h的收购价格，包含其他发电设备的为20日元/kW·h。

2012年7月1日开始实施的《电力经营者可再生能源电力调配特别措施法》，主要针对以太阳能、风电、水电以及生物质等可再生能源发电为对象的固定价格收购制度（FIT）而设计，以促进可再生能源的推广与普及。其对个人及相关单位的可再生能源电力在一定时间内以固定价格予以全部收购，高出电力公司发电成本的部分以“赋课金”的形式由全部用户分摊负担。

可再生能源收购价格与收购时间期限主要基于以下因素确定：可再生能源电源建设费用，单位发电量的基础设施分摊，可再生能源的普及状况以及适当的利润。由学者等组成的输配价格算定委员会，根据上述因素，以可再生能源设备投资的税前内部收益率（IRR）为基准，研究提出收购价格，并由经济产业大臣确认后以年度形式公布。2012 年度的 FIT 收购价格与收购期限见表 3-15。

表 3-15　FIT 收购价格、时间期限及内部收益率 IRR

<table>
<tr><th>电源</th><th>收购区间</th><th>收购价格（含税）/（日元/kW·h）</th><th>收购期限/年</th><th>IRR（税前）/%</th></tr>
<tr><td rowspan="2">太阳能</td><td>10 kW 及以上</td><td>42.00</td><td>20</td><td>6.0</td></tr>
<tr><td>不足 10 kW</td><td>42.00</td><td>10</td><td>3.2</td></tr>
<tr><td rowspan="2">风电</td><td>20 kW 及以上</td><td>23.10</td><td rowspan="2">20</td><td>8.0</td></tr>
<tr><td>不足 20 kW</td><td>57.75</td><td>1.8</td></tr>
<tr><td rowspan="3">中小型水电</td><td>1 000～3 万 kW 以下</td><td>25.20</td><td rowspan="3">20</td><td rowspan="3">7.0</td></tr>
<tr><td>200～1 000 kW 以下</td><td>30.45</td></tr>
<tr><td>不足 200 kW</td><td>35.70</td></tr>
<tr><td rowspan="2">地热</td><td>1.5 万 kW 及以上</td><td>27.30</td><td rowspan="2">15</td><td rowspan="2">13</td></tr>
<tr><td>不足 1.5 万 kW</td><td>42.00</td></tr>
<tr><td rowspan="5">生物质发电</td><td>甲烷发酵气化</td><td>40.95</td><td rowspan="5">20</td><td>1.0</td></tr>
<tr><td>未利用木材</td><td>33.60</td><td>8.0</td></tr>
<tr><td>一般木材</td><td>25.20</td><td rowspan="3">4.0</td></tr>
<tr><td>循环利用木材</td><td>13.65</td></tr>
<tr><td>废弃物</td><td>17.85</td></tr>
</table>

资料来源：经济产业省公告。

“赋课金”的确定方法及家庭负担。电力公司负责对可再生能源电力进行全量收购，成本以“赋课金”的形式由电力消费者均摊，东日本大地震受灾地区减免除外。“赋课金”的具体计算方法见式（3-6）：

$$\text{赋课金}=\text{电力消费量（kW·h）}\times 0.22\ \text{日元/kW·h} \tag{3-6}$$

式中：0.22 日元/kW·h 为全国统一单价。

以月消费 300 kW·h 的电量、电费 7 000 日元的标准家庭为例，其 2012 年度的“赋课金”为 66 日元/月，如果再加上“太阳能促进附加金”，其为可再生能源电力增加的负担约为100日元/月。

FIT收购价格的调整。考虑到成本及电价负担变化，日本经济产业省每年对可再生能源电力收购价格进行调整。与2012年相比，太阳能发电收购价格下降较大，风电增加了海上发电收购价格，风电、水电、地热发电及生物质发电收购价格部分有微小调整。2015年10 kW以上含税价格为6月30日之前29日元/kW·h，7月1日之后为27日元/kW·h，时间期限为20年；10 kW以下剩余电力收购价格为33日元/kW·h和35日元/kW·h（有出力控制），时间期限为10年；发电+剩余电力的收购价格为27日元/kW·h和29日元/kW·h（有出力控制），时间期限同为10年。风力发电含税价格为22日元/kW·h（20 kW及以上）和55日元/kW·h（20 kW以下），时间期限为20年；海上风电含税收购价格为36日元/kW·h，时间期限同为20年。

对太阳能等可再生能源发电促进作用明显。日本经济产业省2015年6月24日发布的最新统计数据显示，从2012年7月收购制度开始后，截至2015年3月底，新增可再生能源装机1 876万kW，已核准装机8 768万kW。其中，住宅太阳能发电装机310万kW，已核准装机379万kW；非住宅太阳能发电装机达1 501万kW，已核准装机达7 884万kW。风电装机33万kW，已核准装机229万kW。生物质发电装机113万kW，已核准装机203万kW，其余为中小水电和地热发电。

2. 可再生能源技术开发重点

在日本政府发布的《2014年能源白皮书》中，对各主要能源领域内的相关技术支持重点及2013年度预算支持力度进行了详细说明，其中可再生能源及核电领域的技术重点如下：

（1）太阳能技术开发

①创新型太阳能电池开发。以2030年之后实现高性能、低价格为长远目标，开展多接合型太阳能电池与量子纳米太阳能电池等技术的基础研究。2013年度预算23.6亿日元。

②太阳能发电新一代高性能技术开发。以高效化与低成本化为目标，确立和

研发各种实用太阳能电池高性能化的新一代技术，并进行综合材料技术、周边技术等的开发。2013 年度预算 48 亿日元。

③有机太阳能电池实用化先导技术开发。在最有可能实现低成本化的有机太阳能电池领域，针对转换效率提高、长寿化等核心问题，实现大批量、连续化的面板制造工艺的实际设置与实证。2013 年度预算 22.6 亿日元。

④太阳能发电多用途化实证。扩大太阳能需求视野，通过持续的市场拓展来降低成本。积极开发现在未利用的农地、建筑外墙、倾斜地等的潜力，通过设置电池面板进行实证等课题研究。2013 年度预算 5 亿日元。

⑤太阳能发电技术的现场测试。新能源产业技术开发综合机构（NEDO）与使用方共同开展新型太阳能电池、新设备、新系统及新工艺等实证实验，并对相关数据进行分析评价。2013 年度预算 0.6 亿日元。

⑥推进战略创新研究、开发尖端低碳技术。为实现温室气体的大幅削减，针对新科学与新领域的创新技术，如太阳能发电、生物质技术、蓄电设备等开展研发，以及新一代高性能蓄电池、有机氢化物及氨等储存氢技术的实用化研发。2013 年度预算 73.5 亿日元。

（2）风能技术开发

①海上风电技术开发。制定海上风况观测方法、海上风电系统设计指南、环境影响评价方法等，设置固定式海上风电观测塔，并进行开发可行性论证，研发 7 MW 级的超大型海上风电系统。2013 年度预算 30 亿日元。

②风电实用化技术开发。为降低发电成本，针对轻型翼片等重要零部件开展集中研发。2013 年度预算 20 亿日元。

③海上风电实证项目。为早日实现海上浮动式风力发电，在 2012 年度建成的小规模试验装置、耐台风性能及发电效率等数据的基础上，开始 2 MW 实证用商用机组的试运行。2013 年度预算 16 亿日元。

④浮动式海上风场实证研究。作为“可再生能源先行地区”的福岛县，以世界领先的浮动式海上风电技术实用化为目标，在探讨技术设计并进行海域调查的同时，对附近海域作业及海域利用进行调整。2013 年度预算 95 亿日元，补充预算 280 亿日元。

⑤浮动式海上风电设施安全性研究。为确保浮动式海上风电设施的安全性以及未来的推广使用，探讨针对台风、地震等浮动式风电的技术特点。2013 年度预算 0.3 亿日元。

（3）地热与生物质能利用技术

①地热发电技术开发。开发准确调控地热资源、稳定电力供应的地热资源管理与评价系统，以及环境友好型高性能的地热发电系统。2013 年度预算 9.5 亿日元。

②应对全球变暖技术开发。开发由草木质、废弃物等生产生物质燃料技术，并进行实证试验。2013 年度预算 41 亿日元。

③污水系统创新技术实证。为促进污水系统的创能与节能，开展低成本与高效下水道污泥能源利用实证研究。2013 年度预算 40.6 亿日元。

（4）研发中心整治与地区先进技术实证

①福岛县内研发中心整治。依据 2011 年 7 月的《东日本大地震复兴基本方针》中，关于在福岛县境内建设世界最先进的可再生能源技术研发中心的规定，在福岛县郡山市基于产学官协作，建立专门从事可再生能源技术开发的产业技术综合研究所（福岛再生能源研究所），已于 2014 年 4 月正式运行。

②集中支持低碳地区建设。面向全日本典型的低碳建设地区，提供城市未利用热、生物质能等先进利用技术，并就事业化、可行性及可扩散性等问题进行探讨。2013 年度预算 20 亿日元。

③促进港湾地区低碳化。强化港湾温室气体削减，探讨紧急情况下保证电力稳定供应的方式，推进相关规划、研究及效果评估工作。2013 年度预算 13 亿日元。

（5）核电技术开发

①发电用反应堆安全高度化技术。基于福岛核事故的教训，实施核电站安全高度化技术的开发，如承受严重事故的设备及监测装置等。2013 年度预算 55.5 亿日元。

②快中子增殖反应堆技术。为实现快堆的高度安全性，在开展第 4 代核电技术（GIF）的国际合作以及国际安全标准制定的同时，研发核废料减量化及减容化的快中子增殖技术。2013 年度预算 32 亿日元。

③快速增殖反应堆循环技术的开发。通过国际合作，为构建第 4 代核电技术

（GIF）的纳冷却快速增殖反应堆安全设计的国际标准，提供最低程度的设备及维护管理支持。2013 年度预算 289 亿日元。

④反应堆废除及安全技术的开发。研发远程操作设备和除污染调查、放射性废弃物种类分析，以及相关处理技术设备。2013 年度预算 86.8 亿日元。

⑤反应堆废除及污染水处理技术的开发。研发预想不到状况下的迅速准确应对技术，开展可行性调查及关键技术开发，特别是技术难度高的“冻土式拦水坝技术”“更高性能的多种核污染去除技术”等。2013 年度预算 205.7 亿日元，补充预算 478.8 亿日元。

⑥以 ITER 计划（国际热核聚变实验堆）为主的国际核聚变技术研发。强化日本核能研究开发机构、核聚变科学研究所、大学之间的相互协作，积极参与 ITER 国际合作计划及日欧双边合作计划，通过相关设备制造，推进计划的顺利进行，并努力签署更多的双边与多边合作协议。2013 年度预算 251.7 亿日元。

3. 太阳能等可再生能源未来技术研发

日本政府自 20 世纪 70 年代开始就一直致力于推动新能源技术的开发及应用，为此还于 1980 年成立了新能源产业技术综合开发机构（NEDO），专门负责组织相关技术研发与实证试验。2004 年制订了太阳能发电路线图（PV2030），2009 年进行了修订，其中设定了 2020 年 14 日元/kW·h、2030 年 7 日元/kW·h 的技术研发目标。近期开展的主要技术研发项目包括太阳能多用途化发电实证项目（2013—2015 年）、有机太阳能电池实用化先导技术开发（2012—2014 年）等短期课题，太阳能发电系统新一代高性能技术开发（2010—2014 年）等中期课题，以及创新型太阳能发电技术研发（2008—2014 年）等超长期课题。

在超长期课题中，东京大学牵头的后硅时代超高效太阳能电池开发项目，主要针对量子超晶格结构、中间层材料、带隙平衡的理想化等技术，通过 1 000～5 000 倍的太阳能聚光、3～4 个吸收转换层，实现 46%的高转换效率。NEDO 牵头的高度有序多层薄膜太阳能电池开发项目，以波长选择型堆栈技术为核心，基于等离子效用、多重激发、双光子利用等新原理，实现 3 层硅与 4 层薄膜的有机结合，以及30%以上的转换效率。东京工业大学牵头的低倍率聚光型薄膜全谱太阳能电池开发项目，开发至今未有的全谱吸收材料，通过5～6层薄膜的低倍聚光，实现40%以上的超高转换效率。

表3-16　日本太阳能发电转换效率未来目标　　单位：%

	现状（模块）	2017年		2025年		2050年
		单体	模块	单体	模块	
结晶硅	～16	25	20	30	25	40
薄膜硅	～11	18	14	20	18	
CIS系列	～11	25	18	30	25	
化学系列	～25	45	35	50	40	
色素增感		15	10	18	15	
有机系列		12	10	15	15	

中期课题主要以2020年为目标，多晶硅太阳能电池以降低成本、20%以上的总体转换效率为主；薄膜硅太阳能电池以双层效率达14%、通过降低厚度削减成本为主；CIS系列模块转换效率达18%，开发低成本、轻量化生产工艺及相应的聚光系统；色素增感太阳能电池模块转换效率达10%，并提高其耐久性；有机薄膜太阳能电池模块转换效率达10%，并提高其耐久性。

（二）发展低碳交通的政策措施

1. 绿色汽车购买补贴制度

日本政府于2011年12月20日通过第4次补充预算案，其中列支了3 000亿日元的补充预算，对环境友好型的新车购买提供补助。补贴对象为2011年12月20日之后新上牌照车辆，并对轻型车与重型车根据载重量给予不同程度的补助。其中，轻型车的节能环保要求为达到2015年汽车燃油效率标准，或比2010年汽车燃油效率标准高25%的新购置车辆，包括电动汽车，混合动力汽车、天然气汽车、燃料电池汽车、清洁柴油汽车，以及符合上述燃油效率标准的，定员在10人以下的巴士及3.5 t以下的货车。补贴标准为普通新上牌照车辆10万日元，轻型汽车7万日元。

重型车的节能环保要求为达到2015年汽车燃油效率标准，包括电动汽车，混合动力汽车、天然气汽车、燃料电池汽车。补贴标准为3.5～7.5 t以下的小型货车或3.5～8 t以下的小型巴士，20万日元；7.5～12 t以下的中型货车或8～17 t以下的中型巴士，40万日元；12 t及以上的大型货车或大型巴士，90万日元。

日本汽车销售联合会的相关数据显示，在绿色汽车购买补贴制度等因素影响下，国内小轿车的新车销售量已由2011年12月的34.9万辆增加到2012年1月、2月的41.6万辆和52万辆，与地震前的2011年1月、2月相比，分别同比增长36.4%和29.7%。其中，混合动力等新一代汽车的占比也由2011年8—12月的约17%提高至2012年1月、2月23%左右的水平，丰田生产的混合动力汽车普瑞斯已连续9个月居月销售榜第1位。

此外，2009年4月1日开始实施的绿色汽车减税政策与同时开始的第1期绿色汽车购买补贴制度一道，使混合动力汽车等新一代汽车的新车销售占比由之前2%的低水平，在几个月内就跃升至12%左右。在2012年度财政预算中，日本政府计划自4月1日起进一步加大对绿色汽车购置的减税力度，除一律要求比2015年尾气排放标准减少75%及以上（即达到4星标准）之外，还根据能效的不同采取不同程度的税收优惠措施。对汽车税（根据排量大小按年征收，私家车2.5 L及以下2.95～4.5万日元/a，2.5～4 L及以下5.1～6.65万日元/a，4 L以上7.65～11.1万日元/a）的优惠措施为电动汽车、燃料电池汽车、插入式混合动力汽车、2009年尾气排放标准90%及以下的天然气汽车以及比2015年燃油效率标准高10%及以上的普通汽车，均享受50%的减税优惠；达到2015年燃油效率标准的普通汽车享受25%的减税优惠，政策的截止时间为2013年年底。

对汽车购置税（私家车为购置价格的5%）的优惠措施为电动汽车、燃料电池汽车、插入式混合动力汽车、达到2009年尾气排放标准的清洁柴油汽车、2009年尾气排放标准90%及以下的天然气汽车，以及比2015年燃油效率标准高20%及以上的混合动力汽车与普通汽车，免交汽车购置税；比2015年燃油效率标准高10%及以上的普通汽车，享受75%的减税优惠；达到2015年燃油效率标准的普通汽车，享受50%的减税优惠，政策的截止时间为2015年3月31日。

对汽车重量税［私家车按重量征收，5 000日元/（0.5 t·a)］的优惠措施为电动汽车、燃料电池汽车、插入式混合动力汽车、达到2009年尾气排放标准的清洁柴油汽车、2009年尾气排放标准90%及以下的天然气汽车，以及比2015年燃油效率标准高 20%及以上的混合动力汽车与普通汽车，免交第 1～3 年的汽车重量税，第 4 和第 5 年享受 50%的减税优惠；比 2015 年燃油效率标准高 10%及以上的普通汽车，第 1～3 年享受 75%的减税优惠；达到 2015 年燃油效率标准的普通汽车，第 1～3 年享受 50%的减税优惠，政策的截止时间为 2015 年 4 月 30 日。

对高能效及低排放二手车的转让，同样也给予了一定程度的税收优惠。

日本汽车销售协会 2015 年 6 月发布的统计数据显示，丰田公司的新型混合动力汽车 AQUA 已连续两个月位于新车销量榜首，5 月份销量约 1.5 万辆，同比提高 18.9%。在销量排名前 10 位的汽车中，有 7 种是混合动力汽车或轻型汽车。

2. 日本燃料电池汽车的发展

2014 年 12 月 15 日，日本丰田公司的燃料电池汽车“未来”开始正式销售，作为全球首款燃料电池汽车，相关信息备受瞩目。受最初生产台数限制，销售店内并无实车，且订货后需要等候半年左右，但这并未妨碍一些消费者的购买热情，特别是部分企业和政府机构已将其作为提升自身环保形象的重要标志，仅在 11 月 18 日消息公布之日就有超过 200 台的订单。本田公司对此也不甘落后，计划推出自己的燃料电池汽车，预计随着更多车企的加入，全球汽车市场将逐步进入一个新的发展时代。

（1）发展计划

丰田公司计划自 2014 年 12 月 15 日，在“未来”开始销售之日起的 1 年之内，生产约 700 台燃料电池汽车，同时还制订了到 2015 年年底在日本国内销售 400 台的市场发展目标。不仅从订货到交车需要半年左右的时间，仅销售店的订货就会超过 1 000 台，为此丰田公司已决定自 2015 年年底开始增加产量，以使交车期限与普通汽油车相同。本田也于 2014 年 11 月 17 日公开了自己的燃料电池试乘车，并计划于 2015 年中期开始推向市场，出于市场竞争考虑，产量将参照丰田的 700 万台。日产汽车也计划在 2017 年推出自己的燃料电池汽车。

日本燃料电池汽车总体发展计划：2017 年，燃料电池汽车的国内销售量达到 4 000 台，商务及产业用燃料电池开始投放市场；2018 年，燃料电池汽车的年销售量达到 1 万台，举办东京奥运会的 2020 年达到 5 万台，市场规模 8 000 亿日元；2025 年，年销售量达到 20 万台，价格与混合动力汽车基本相当，市场规模 2.2 万亿日元；2030 年，年销售量达到 40 万台，市场规模 4.4 万亿日元，同时家庭用燃料电池数量达到 530 万台；2027—2050 年，燃料电池汽车经济带动效应 16.8 万亿日元。

（2）政府的补贴与支持

为支持燃料电池汽车的发展，日本政府出台了多项补贴措施。2015 财政年度预算中相关支出 319 亿日元，其中 40 亿日元用于低成本燃料电池开发，21 亿日元用于海外褐煤等廉价能源制氢研究，200 亿日元用于为购买燃料电池汽车提供补贴。日本政府对每台燃料电池汽车补贴 202 万日元，东京都政府又追加了 100 万日元，使原来 723.6 万日元左右的车价降至约 420 万日元，市场价格与混合动力汽车基本相当。

在 1 月 23 日通过的 2014 年度补充预算中，日本政府又列支了 418 亿日元的相关补贴支出。其中 100 亿日元用于燃料电池汽车等购买补贴，222 亿日元用于家庭用蓄电池购买补贴，96 亿日元用于加氢站建设补贴，经济产业省对每个加氢站 4 亿～5 亿日元的建设总成本提供 2/3 的补贴。同时针对约为欧美国家 2 倍的建设成本，提出了放宽压缩机安全标准等政策建议，计划到 2020 年将加氢站的建设成本降低至普通加油站的 2 倍左右，即 2 亿日元/座。

（3）配套企业情况

丰田“未来”燃料电池汽车的主要配套企业有十几家，涵盖燃料电池、氢燃料罐、氢燃料、相关配件与原材料等领域，在经济产业省等相关机构的组织协调下，已基本形成了相对完整的产业体系。

燃料电池方面：丰田纺织负责开发燃料电池的高效钛金属隔板；CATALER 公司与丰田合作开发燃料电池的电极触媒材料；TOTAL TECHNICAL SOLUTIONS 公司负责燃料电池设计与性能评价等方面的专业技术人才调配；AISIN 精机与丰田合作开发高性能燃料电池及相关零部件的生产；东丽公司负责燃料电池电极用碳纸材料制造。

氢燃料罐方面：东丽公司负责氢燃料罐用碳纤维材料制造；宇部兴产负责氢燃料罐高性能尼龙材料制造；太平洋工业负责氢燃料罐的防爆阀门生产；TOTAL TECHNICAL SOLUTIONS 公司负责氢燃料罐生产设备开发与性能评价等方面的专业技术人才调配。

相关配件与原材料方面：丰田自动机械负责氢循环泵、供氧压缩机等的生产；DENSO 负责改良混合动力汽车的逆变器，以用于燃料电池汽车；爱知制钢负责耐腐蚀、耐高压、高性能的氢储存材料生产；东丽公司负责燃料电池汽车的各种结构部件碳纤维的开发与制造；BRIDGE STONE 公司负责燃料电池汽车专用轮胎的开发与生产。

氢燃料生产方面：JX 日矿开始由炼油厂制氢，并供应市场；川崎重工负责氢液化工艺开发，已在兵库县工厂开始实证实验，并与电源开发合作开发澳洲低品质褐煤制氢工艺；岩谷产业负责液态氢压缩机的开发；千代田化工已开发出以甲苯为媒介的常温常压条件下大规模液氢运输技术，并计划于 2018 年之前开展氢与二氧化碳分离技术的实证试验。

加氢站建设方面：岩谷产业在兵库县和北九州市已有两座加氢站投入运营，计划在 2015 年底前增加至 20 座；岩谷产业与太阳日酸等企业合作，设立运营移动式加氢站的新公司；ZENRIN DATACOM 负责提供含有加氢站信息的汽车导航系统；东京瓦斯、JX 日矿等公司也准备开始设立加氢站。

（4）面临的主要技术挑战

目前，日本在燃料电池汽车的发展过程中，不仅在诸多领域存在着成本过高等难题，而且在氢燃料生产、运输、储存、燃料电池、加氢站建设等方面面临着多重技术挑战，来自电动汽车等领域的技术竞争也日趋激烈。

加氢站建设方面：2014 年 11 月 14 日，日本经济产业省宣布将加氢站的氢燃料销售价格控制在 1 100 日元/kg 的水平，与混合动力汽车的燃料成本基本相当。但是这种价格是建立在政府对加氢站建设的高比例财政补贴基础上的，并未达到真正的市场经济性要求，目前加氢站只能在主要城市中小规模进行。此外，除面临安全标准修订等问题之外，如何提高加氢站的储存效率也是重要的技术难题。

氢燃料生产及运输方面：日本国内的氢燃料 50%以上来源于苏打产业生产过程中盐的电解，其余主要为炼焦副产品等，水的电解并非主流。若要满足大规模使用的要求，就必须从海外进口。为控制成本，日本目前主要考虑两种途径，一是利用中东地区廉价的天然气资源，就地电解水制氢；二是利用澳洲等地的低品位廉价褐煤电解水制氢，但二者均需要突破氢的大规模海上运输及储存方面的技术障碍。

燃料电池与氢燃料罐方面：就燃料电池汽车本身而言，电池效率的提高、成本的降低，以及燃料罐的耐压性与安全性均非常重要。铂等贵金属触媒的大量使用使电池成本居高不下，电池效率不足也成为小型化、轻量化的主要障碍。燃料罐的小型化与轻量化，以及车体自身的轻量化、高强度化等，均依赖于碳纤维等新型材料的开发，很多技术难点亟须突破。

来自电动汽车领域的挑战：当前，与燃料电池汽车相比，电动汽车在成本方面优势明显，但也存在着充电时间长、运行距离短、电池成本高，以及小型化与高容量化困难等技术难题，因此，开发比锂电池更安全、高效的全固体电池成为主要技术发展方向。日本东北大学与丰田公司合作，已经在该领域取得了明显进展，全固体电池安全性高、充电时间仅为过去的 1/10，不仅避免了锂电池电解液容易着火等缺点，还具有蓄电量及出力大、连续行驶距离长（与普通汽油车相当）、耐低温等特点，未来将对燃料电池汽车的发展构成重大挑战。此外，住友电工开发的新一代氧化还原电池，每千瓦成本仅为 2 万～3 万日元，为锂电池的 1/10，且无充放电次数限制，预计 2020 年投入市场，将为可再生能源发电提供更加灵活的储存方式，使其未来不必拘泥于氢的直接转换。

（5）解决探索之道

针对氢燃料生产、大规模运输、储存、燃料电池、加氢站建设等多方面的技术挑战，以及电动汽车等领域的技术竞争，日本采取了多种措施，力争在燃料电池汽车的各相关领域逐步实现突破。

公开全部相关专利：1 月 5 日，丰田汽车北美公司宣布将无偿公开与燃料电池汽车相关的全部专利，计划公开的专利包括正在审查的总计 5 680 件。其中，与燃料电池相关的专利将无偿提供至 2020 年，与加氢站相关的 70 余件专利则没有时间限制；同时，北美电动汽车主要生产企业特斯拉公司在 1 月 6 日宣布公开与电动汽车相关的全部专利。对此，业内人士称 2015 年的拉斯维加斯将成为全球汽车产业的历史转折点，此举将进一步加快全球“零排放”汽车产业的发展。

燃料电池触媒技术改进：对氢与氧的化学反应来说，铂触媒是不可缺少的，铂不仅价格昂贵且储量有限，成为燃料电池发展的主要瓶颈，因此降低使用量及开发替代技术势在必行。与 2008 年的产品相比，通过铂-钴触媒技术的开发，铂的使用量目前已减少了 2/3，但触媒性能仍有待进一步提高，日本将力争 2020 年之前再有所突破。

燃料电池小型化与轻量化：作为燃料电池核心组件，氢氧反应电池组的小型化与轻量化影响很大。与 2008 年相比，所需的电池组片数量已由 400 枚减少至 370 枚，每枚的厚度也由 1.7 cm 降低至 1.3 cm，如能进一步提升性能，组片数量则可进一步压缩。东丽公司研发的高性能碳纤维电极——厚度仅几百微米的“碳纸”，不仅提高了发电效率，也降低了电池体积与重量。同时，电池技术的发展也将进一步扩展燃料电池的使用范围。

氢燃料罐的小型化与轻量化：氢燃料罐的大小与车辆的行驶距离有着直接的关系，氢燃料罐的小型化主要取决于材料技术的进步，2000 年以来，东丽公司在碳纤维材料的高强度化与轻量化方面已经取得了明显的进展，未来将进一步加大研发力度。

加氢站效率的提高：岩谷产业计划通过改进氢的压缩与填充方法，使未来气体压缩过程中的能源消耗降低至目前的 1/5～1/3。太阳日酸正着手开发移动式加氢站，成本比目前降低一半以上，同时通过氢填充设备的改进，在 2016—2017 年将成本进一步降至接近普通加油站的 1 亿日元的水平。YAMATO 产业也在开发简易型加氢装置，通过采用超高压阀门技术，在 35 个大气压下可实现氢的满加，而固定式加氢站在 70 个大气压下仅能填充三成左右。因此，该小型化加氢装置的成本可控制在 5 000 万日元/座左右。

氢燃料生产及运输成本的降低：川崎重工正在开发氢液化设备，使氢的体积缩小至 1/800，以便进行大规模运输，计划在 2016 年实现商业化，同时与电源开发公司合作开发澳洲低成本褐煤制氢工艺，并从澳洲输入液态氢。千代田化工基于已开发出以甲苯为媒介的常温常压条件下大规模液氢运输技术，计划由中东等天然气资源地直接输入液态氢。

（三）促进节能的重要政策措施

日本的能源效率提高引人注目。1996—2012 年，日本普通汽油乘用车的燃油效率由 12.1 km/L 增加至 21.1 km/L，提高幅度达 74%，明显高于发达国家 50%的平均提高率。标准家庭 2.8 kW 空调的年制冷及供热电力消费由 2001 年的 1 241 kW·h

下降到 2012 年的 896 kW·h，降幅接近 30%。制造业单位增加值能源消费量以 1973 年为 100 的话，2012 年已降至 56.2，日本的单位 GDP 能源消费量也由 1973 年的 1.33 kL 油当量/日元下降至 2012 年的 0.72 kL 油当量/日元。能源效率的提高对减缓需求增长、增进能源安全、减少污染排放等起到了重要的推动作用，技术是其中的关键。日本未来低碳发展的首要任务就是实现彻底的节能，即首先在需求端将节能的技术潜力发挥到极致。

1. 绿色住宅生态返点制度

日本国土交通省于 2011 年 12 月发布 2011—2012 年度绿色住宅生态返点制度实施计划，分新建住宅和住宅改造两个部分。新建住宅生态返点对象为 2011 年 10 月 21 日—2012 年 10 月 31 日开始打地基的住宅，标准为节能法所规定最高标准或与之相当的住宅，以及满足 2011 年节能标准的木质住宅。生态返点额为灾区 30 万点/户，其他地区 15 万点/户，安装太阳能利用设施的另加 2 万点（1 点相当于 1 日元，可兑换商品券用于消费）。

住宅改造生态返点对象为 2011 年 10 月 21 日—2012 年 10 月 31 日对有生态返点项目开始进行整体施工的住宅，内容包括窗的隔热改造，以及外墙、屋顶、天井、地板等的隔热改造等。生态返点额为最高 30 万点/户，如果进行抗震改造，则可进一步加算。具体返点内容见表 3-17。

表 3-17　住宅改造生态返点项目表

窗的隔热改造	加内窗	大（≥2.8 m^2） 1.8 万点	中（1.6～2.8 m^2） 1.2 万点	小（0.2～1.6 m^2） 0.7 万点
	换玻璃	大（≥1.4 m^2） 0.7 万点	中（0.8～1.4 m^2） 0.4 万点	小（0.2～0.8 m^2） 0.2 万点
外墙/屋顶/天井/地板的隔热改造		外墙 10 万点	屋顶/天井 3 万点	地板 5 万点
无障碍改造（上限 5 万点）		安装扶手 0.5 万点	削减落差 0.5 万点	扩大走廊宽度 2.5 万点
住宅设备改造		太阳能利用系统 2 万点	节水型卫生间 2 万点	高隔热浴盆 2 万点
加入改造瑕疵保险		1 万点	抗震改造	15 万点

住宅改造生态返点申请时间：新建住宅，单户住宅至2013年4月30日，共同住宅至2013年10月31日，其中11层以上住宅至2014年10月31日；住宅改造至2013年1月31日，10层以下共用住宅抗震改造至2014年10月31日，11层以上的至2015年10月31日。生态返点交换期限至2016年1月31日。

2. 日本《节能技术战略2011》

2011年3月28日，日本经济产业省正式颁布了《节能技术战略2011》，旨在通过工业、居民与商业、运输以及综合四个部门的节能技术创新与普及，有效控制温室气体排放，进一步提高产业竞争力，实现维护能源安全、保护环境以及通过市场化手段提高经济效率的三E战略目标。

（1）工业部门

成本方面，以经济合理的设备投资为重点，强化节能、低成本的低碳产品制造。节能技术研发方面，对钢铁、化工、水泥、纸浆和造纸等高耗能行业实施更加积极的节能政策，以燃料热利用最高化为目标开展相应的技术研发。国际市场开拓方面，通过与上游原材料生产紧密相连的商业模式创新，开发高附加值产品，开拓产品和技术的国际市场。工艺创新方面，以过程损失最小化的工艺与系统改造为目标，使生产工序减少并高度集成化、生产工艺高精度化，从而实现产品的高附加值化，以及整体能源效率的最大提升。

具体行业要点：

①钢铁行业：通过新型炼钢和环境友好型制铁技术，在进一步提高能效的同时，保持国际竞争力并夯实国内制造业基础。

②化工行业：开发新型化工工艺，并实现实用化。

③水泥行业：开发新型水泥生产工艺，并实现实用化。

④纸浆和造纸行业：通过高温高压黑液回收技术、高效废旧纸制浆技术等，强化工艺过程节能，增强成本竞争力。

⑤电力行业：对世界最高水准火电技术进一步更新，尽早实现IGCC、A-USC（先进超超临界）等技术的实用化与普及，确保燃料使用量的削减和能源安全。

⑥供热行业：通过高效热电联产等技术，进一步提高供热效率，并在更多的

产业部门及地方进行推广。

⑦机械行业：针对运输、居民与商业部门的使用，开发与普及大规模节能与低成本的产品。

就工业部门来说，钢铁、化工及水泥等建材行业的热利用占比较大，能源转换部门也以热为中心，在今后如何提高热效率方面不仅要考虑现有技术的持续改进，更须关注不拘泥于现有工艺的新途径，即使工艺自身耗能很低，也应关注其产品普及与使用过程的能效提高。因此，工业部门的重点技术选择不能局限在过去的削减能耗方面，更应考虑燃料、热、电、原材料等有效利用的损失最小化工艺，即“过程能源损失最小化技术”，灵活运用蓄热与热传送的技术组合与新技术切入、实现大规模节能的“节能促进系统化技术”，以及现阶段可实现大规模节能、2030年后更需进一步推广普及的“节能产品加速化技术”。

过程能源损失最小化技术：即在生产过程中使能源得到最有效利用，实现过程能源损失最小的技术。具体包括燃烧的高温化、生产工艺的复合化、空气热与工厂废热的灵活利用、以及放热化学反应制氢等。

节能促进系统化技术：即灵活运用蓄热与热传送的技术组合与新技术切入，实现大规模节能的技术。因基于工艺改进实现节能的潜力有限，需针对整个系统的能源利用来研究如何节能，并结合过程能源损失最小化技术来实现更大规模的节能，最终实现生产过程的高效率、工艺过程的简化以及产品的高附加值化。具体包括实现企业间热、电交互的智能热、电网技术，涵盖区域热电供需平衡、蓄热与输送系统以及控制系统在内的能源网络化技术，蓄热与热量输送等的园区产业合作、原材料和能源的最高效利用技术。

节能产品加速化技术：即在制造过程之外的产品使用过程中，实现大规模节能的技术。其中，产品原材料与零部件的生产工艺技术开发是关键，如对材料生产困难、形状复杂、不易大型化生产等相关基础加工工艺，以生产过程能耗减半为目标来进行技术开发。具体包括工业陶瓷技术、碳纤维技术、复合材料技术等。

“节能产品加速化技术”虽将首先应用于工业部门，但更需综合部门及基础研究领域的重要技术支撑，并最终成为居民和商业等部门的中间材料（表 3-18）。

表 3-18 工业部门重点技术一览表

部门	重点技术		主要关联技术
工业	过程能源损失最小化技术	节能型生产工艺	石化、化工、水泥、玻璃等生产，以及联合生产
		新型炼钢技术	新型炼钢技术，环境友好型炼钢技术（CO_2分离回收等）
		工业热泵	工业热泵与蓄热系统
		高效火力发电	高温燃气透平，AHAT，燃料电池/燃气联合发电，A-USC，IGCC，IGFC
	节能促进系统化技术	产业间能源网络 激光加工工艺	联合生产，产业能源合作，园区能源协作，蓄热与供热系统
	节能产品加速化技术		工业陶瓷技术，碳纤维、复合纤维技术，复合材料技术

资料来源：经济产业省，2011。

（2）民用和商业部门

受追求方便与舒适等生活方式、社会结构变化、个人消费增长等因素影响，日本民用部门的能源消费量及所占份额已出现显著上升。尽管家电的能源效率得到了大幅提高，但其大型化与高性能化却使家庭总体能源消费水平出现增加的倾向。随办公室和商户面积的增加，空调机照明设备也相应增加，再加上办公智能化水平的提高，商业部门的能源消费水平也呈增加趋势。

因此，为实现新的能源供需结构及社会体系，首先要转变国民与商业从业者的意识，进行生活方式的变革，这是综合节能对策的核心。同时，通过提高住宅和建筑本体的外部及设备节能效果，以及采取总量控制和综合控制等措施，逐步实现住宅和建筑的零排放。为此，需在进一步提高空调、照明、热水、电子产品等设备能效的基础上，增强住宅的保温性能，通过系统化软件技术实现能源管理智能化，以制度和规则促进产品和技术的推广与普及，并加快生活方式的转变。

具体要点：

①家庭热水系统：热水系统占家庭能源消费量的30%，是节能的首选。2030年力争使高效热水器及热泵的普及率达到80%～90%，并促进商用高效热水器及热泵的推广应用。

②家用电器：主要能效提高对象为能源消费量大及未来增长快的设备。相关技术包括对电子产品节能贡献大的大容量高速通信技术、待机电力削减技术、高效半导体照明技术、热泵技术、家庭及商用燃料电池、太阳能热水器、高效空调等。其中，高效半导体照明技术的发展目标为2020年及2030年分别实现产品和使用的100%覆盖。

③建筑及空调：通过高隔热与高气密技术、自然光最大限度利用技术等，最大限度地降低空调负荷，实现进一步节能。

④能源系统化管理：强化家电、空调、电子产品的节能控制技术开发，推进住宅和建筑的能源系统化管理，并保持生活及服务环境的舒适性。

⑤住宅和建筑：以高效用能设备和高隔热技术，相关系统化技术开发及实用化为前提，加快新建筑体系特别是零排放住宅和建筑标准的形成。支持既有建筑的节能改造，推进民用与商业部门的整体节能进程。到2020年，构建以零排放为标准的新住宅体系，并使既有住宅的节能效果提高至目前的两倍。到2030年，实现新建住宅的平均零排放。2020年实现新建公共建筑零排放，2030年实现新建商用建筑平均零排放。

通过上述措施，到2030年实现民用部门二氧化碳整体排放量减半的目标。

迄今为止，民用和商业部门中部分电器的能效因节能政策的日益加强已得到大幅提高，但是，受信息化、生活方式变化以及人口代际的增加等因素影响，总体能源消费却呈增加的倾向。因此，追求舒适有效率的生活及商业环境就成为节能的重要目标，且需要从住宅和建筑的整体以及内部使用电器等的综合设计与综合控制方面入手，零排放建筑及住宅已成为重要的技术选项（表3-19）。

①电器自身的节能：能源消费量大的空调、热水、照明、OA设备，以及IT相关产品的节能技术，也包括家庭能源供需管理系统（HEMS）、建筑物能源管理系统（BEMS）。

②建筑和建材：高隔热、高气密、自然光最大限度利用住宅。

③冷暖空调：空调自身的高效化、隔热建材的使用、家庭和建筑等空调用热

泵、高效吸收式冷温水机等。

④照明：高效 IED、有机 LED 以及各种新型光源。

⑤热水：热水用热泵、燃料电池、燃气热水器、潜热回收型热水器等高效热水装置，并推动其与太阳能热水装置的一体化。

⑥家电及电子用品：利用 IT 技术削减增加的电力消费，对部分电器附加节能装置，采用新一代节能型通信网络，削减待机电耗，采用高效播放系统，并通过新一代通信网络予以整合。

更需要强调的是，在兼顾人性化、居住空间、尊重个人偏好与舒适性等前提下，通过控制与传感器等技术，创造舒适的“节能人类行为因素”新概念及新型生活空间，这也是节能潜力较大的新切入点。

此外，通过燃料电池发电效率的提高及热利用技术的进步，可以在大幅削减家庭能源消费的同时，加速其在各个领域的推广应用。

表 3-19　民用和商业部门重点技术一览表

部门	重点技术		主要关联技术	
民用和商业	零排放住宅/建筑	设计、规划		
		外表性能、建材	高隔热、气密技术、光利用技术	高隔热、气密技、自然光最大利用住宅和建筑
		冷暖空调、换气	高效空调技术	家庭/建筑空调用热泵、高效吸收式冷温水器
		照明	高效照明技术	高效照明与新一代照明
		热水	高效热水技术	给水热泵、高效热水器
		电梯		
		能源管理	能源管理系统	BEMS、HEMS
		自产能协作利用		
	节能型电子与信息系统	节能型电子器具		数据中心、交换机
		新一代节能网络		路由器、光纤
		待机电耗削减		节电器、数控电源技术
		高效播放器		节能 LCD、PDP、有机 EL
	节能人类行为因素			舒适照明、体感温控
	定量燃料电池			固体酸化物/SOFC 及固体分子/PEFC 燃料电池

资料来源：经济产业省，2011。

（3）交通运输部门

乘用车和货车是交通运输部门能源消费的主体，需通过电动化来提高单个机动车能源效率，并通过自动控制系统（ITS）实现物流的模块化与一体化，以提高整体能源效率。到 2020 年，包括混合动力、电动汽车、燃料电池汽车、清洁柴油车及天然气汽车等在内的新一代机动车的新车销售比例达到 50%，2030 年达到 70%。并且到 2020 年新一代机动车与符合新环境标准的机动车比例达到 80%。

具体要点：

①电动汽车和混合动力汽车领域：在进一步提高发动机和蓄电池性能的基础上，加强国际标准化。加快不使用稀土的发动机和蓄电池技术的开发，以确保原料安全。开发碳纤维复合材料等轻质高强度材料、高效冷却系统以及耐高温的电子及机械部件，以降低车重、减少部件数量。开发高能源密度、大出力的蓄电池，以提高能效和降低成本，促进电动车的普及。加大普通或增强充电器的使用，以增加插入式混合动力汽车的用电比例，降低燃油消耗。

以长距离使用燃料电池车、短距离使用电动车、中距离使用混合动力车，以及汽油、柴油、生物燃料、天然气、合成燃料等为目标，到 2030 年，长距离货运车辆在燃料电池车的基础上，尽可能增加生物燃料和合成燃料的使用。

②自动控制系统（ITS）的使用：加快 ITS 的推广和普及，在提高能效的基础上，进一步提高车辆的安全性能。通过探头与交通流控制技术的普及，逐步实现车与车间的通信、车与路间的通信、运输线路通信等，以减少交通信号控制、减轻拥挤、提高能效及物流效率。通过拥挤回避和一次性通行等措施，实现群组车辆节能，到 2020 年实现群组车辆行走控制技术的应用。

③车辆自控技术方面：开发过疏地区适合高龄者的节能交通体系，普及小型、轻量化的私人汽车，推动汽车动力控制、制动控制、方向控制等智能驾驶的普及，以及自动风险回避系统的应用。

④物流效率提高方面：通过门对门运输、储存及装卸等过程的信息交流与控制，优化并削减运输量，降低运输过程二氧化碳排放，实现以节能和提高物流效率为核心的智能物流体系建设，其中，综合控制、IC 技术以及 GPS 技术的应用是重要前提。通过自动运输、列队行走等物流干线化，以及公路、铁路和水运节

点一体化等措施，进一步提高综合物流效率，降低二氧化碳排放。

此外，面向未来的技术开发、ICT 技术实证研究、官民结合以及推进国际标准化等也是重要手段。

乘用车与货车的能源消费量占整个交通运输部门的 90%以上，进一步削减机动车能源消费，以及物流、人流、机动车、铁路、船舶等系统化与一体化就成为降低交通运输整体能源消费的两个重要方面，单个车辆的效率化加上拥堵消解也将进一步提高相关效率。因此，以 2030 年普及为目标的电动汽车、插入式混合动力汽车技术开发就显得格外重要。同时，小型化、轻量化以及蓄电能力的提高等蓄电池配套技术研发也十分关键。从长期看，还需要关注适合长距离运输的燃料电池汽车及相关氢储存技术的开发。此外，为促进电动汽车与插入式混合动力汽车的普及，需加快解决普通充电与快速充电基础设施建设以及非接触式充电技术开发等配套问题。

在推进机动车灵活通行的同时，为实现更加合理与灵活的交通流及相关政策体系，需要在大量收集信息的基础上，强化车辆间、路车间信息互动，并通过交通流和信号控制以图进一步降低能源消费，通过协调车辆群集体行走，避免拥挤与交叉点堵塞。作为提高物流效率、削减货运部门能源消费量的对策，门对门的运输方式，IT、综合控制、IC、GPS 等信息互换与共享技术，以及系统化物流管理等均非常关键。港口、物流站等的负荷效率化，以及恰当的物流整体管理也是十分有效的政策手段（表 3-20）。

表 3-20　交通运输部门重点技术一览表

部门	重点技术	主要关联技术
交通运输	新一代汽车	电动汽车、插入式混合动力汽车、燃料电池汽车
	ITS	节能行走支持、交通需求管理/TDM、交通控制管理技术、交通信息提供与情报管理、交通流缓和技术
	智能物流系统	货物与运输机构匹配、货物可追溯技术、环境友好测定

资料来源：经济产业省，2011。

（4）综合部门重点技术

热泵是近年来兴起的重要综合节能技术之一，在空调、热水、除湿、冷冻冷藏、汽车空调等各个领域均有广泛的应用。为进一步控制温室气体排放、提高能源利用效率及降低成本，应进一步加大高效冷冻循环技术、新型冷触媒技术、余热利用技术、高效热回收与蓄热技术、膨胀动力回收技术、低负荷设备效率化技术、低GWP的非氟利昂冷冻空调技术、热量确保及二次控制系统化技术等的开发力度。

随IT技术在相关能源产业中的应用，在节能型信息设备与系统开发的基础上，使用电子设备提高电源利用效率已成为综合部门重要的技术选择。考虑到日本国内的整体电力消费水平，即使在单个设备上取得微小的节能效果，其整体节能量也是相当可观的（表3-21）。

表3-21 综合部门重点技术一览表

部门	重点技术	主要关联技术
综合	新一代热泵系统	家庭、商业与工业用空调热泵，热水热泵、工业热泵、冷冻冷藏热泵、汽车空调热泵、系统化冷触媒技术
	电子电力	宽距半导体、高效逆变器
	新一代智能热、电网络	新一代能源管理系统、新一代输配电网络、新一代区域热网、工业用燃料电池/SOFC、热输送系统、蓄热系统

资料来源：经济产业省，2011。

针对占终端能源消费量50%的热利用，以产业部门为中心，采用工业热电联产，平衡不同企业之间的电、热供给，调整蓄热与热量输送系统等重点技术，对提高区域整体能源效率至关重要。以2020年实现2 800万kW的太阳能发电为目标，为将其对电力系统的影响降至最低，新一代输配电智能电网系统的开发是必不可少的。此外，确立城市和街区整体能源合理化利用的能源管理系统，也是新一代输配电智能电网系统开发的重点之一。

3. 日本创新型节能技术开发

在日本政府发布的《2014年能源白皮书》中，对各主要能源领域内的相关技术支持重点及2013年度预算支持力度详细说明，其中，节能领域将通过公开招标方式促进风险较高的创新型节能技术的开发。以2013年修订的《节能技术创新2011》中的重要技术为轴心，选择技术清单中的创新项目2件、实用化项目4件、实证项目2件，分别给予2/3、2/3和1/2的投资补助。2013年度预算90亿日元。

第一，创新型结构材料的技术开发。强化原材料供应商、产品制造者、大学之间的合作，以汽车等运输工具的轻量化为核心，开发在强度、延展性、韧性、耐震性、耐腐蚀性、抗冲击性等多方面，性能综合提高的合金、碳纤维、创新钢板等高性能材料，并开发不同材料之间的接合技术。2013 年度预算 40.9 亿日元。

第二，新一代能源电子技术的开发。为实现高电压所必需的高效逆变器，基于耐热、耐高压的碳化硅材料，开发大幅节能（电力损失在 1%以下）的新一代能源电子技术及外围零部件。2013 年度预算 19.8 亿日元。

第三，新一代热泵技术。为实现热泵的高效化，不能局限于单项技术的开发，而应着眼于整体效率的改善，开发新一代系统热泵技术，实现 1.5 倍以上效率的提高。2013 年度预算 1.4 亿日元。

第四，环境友好型炼钢工艺。为避免高炉法中多余二氧化碳的排放问题，实现 30%以上的排放削减，开发增加炼焦过程中焦炉煤气中的氢含量，以替代部分焦炭进行铁矿石还原的技术，以及由高浓度高炉气中分离二氧化碳，并利用低温余热进行分离回收的技术。2013 年度预算 27.3 亿日元。

第五，创新型水泥生产技术。为取得节能、低碳等综合效益，以水泥熟料生产过程中的低温烧结创新工艺为目标，开展必要的基础技术研发工作。2013 年度预算 1.4 亿日元。

第六，超低消耗型光电子系统技术。随着信息处理量的快速增长，针对服务器等 IT 设备的节电市场需求也在增大，因此，开发光电转换的小型芯片、实现光回路与电子回路的组合型 IT 设备就成为技术关键，目标是实现节电、高速、小型化相统一的超低消耗型光电子系统。2013 年度预算 24 亿日元。

第七，创新的超低消耗型互动显示项目。开发采用有机 LED 等材料、实现超低消耗型显示等相关技术。2013 年度预算 8 亿日元。

第八，高效无氟空调技术的开发。为大幅降低可导致全球变暖的氢氟烃类制冷剂的使用，开发更加节能的无氟空调技术，并进行触媒性能与安全性评价。2013 年度预算 2.8 亿日元。

（四）推进电力市场化改革

全球主要国家自20世纪90年代以来，逐步开始了对电力系统的竞争性改革。欧洲实现了资本层面的发电与输配电部门的所有权分离；美国则采用中立部门的方式负责电网调配运行，而日本则在10年前就开始了对发电与输配电分离的讨论，但因通过市场竞争方式难以保证电力的稳定供应等反对声音很强，迟迟没有获得进展。日本“3·11”地震后，由于出现了严重的电力短缺，在供给能力绝对不足的情况下，缺乏相应的缓解手段的问题开始受到重视。反对方认为以市场竞争为基础的电力自由化不能确保电力的稳定供应，发电与输配电的分离将导致更多的停电事故，并以美国加州大停电为主要例证，还有人认为电力自由化会导致电价的上升，这一现象在欧洲电力市场化进程中的确出现过，但燃料价格上涨等影响也不能排除。支持电力自由化的一方则认为，分散式电源及智能电网的发展需要以市场化竞争为前提，节电也不能依赖于统一的带有强制色彩的电价机制。吸引民间投资、加强电网之间的电力融通以及加快可再生能源的发展等，也需要以发电和输配电分离为基础，通过市场竞争机制来实现。

1.《电力事业改革法案》

日本内阁于2013年4月通过《电力系统相关改革方针》，提出扩大电网覆盖范围、对零售及发电实施全面的自由化、输配电系统独立并保持中立等改革目标。并于同年6月颁布《电力事业改革法案》，着手对电力体制进行大的改变，以电力供给和电价的稳定为主要目标，推进电力自由化。《电力事业改革法案》主要包括在现有电网间进行电力融通并建立广域电力系统；为实现普通家庭对电力公司的可选择性和电力零售市场的自由化；以及为实现输配电系统开放而进行的厂网分离及股份制改革三个主要部分。力图改变目前以地域为核心的从发电到输配电及零售的一体化垄断格局，达成以市场为基础的新的供求平衡。改革将分三个阶段进行，2015年建立地区间电力融通机构，制订全国性供需计划，并对紧急情况下的地区间电力融通提供指示；2016年零售端的自由化，使用户可直接选择电力公司，打破目前的垄断格局；2018—2020年实现发电与输配电的分离，撤销有关电价的规制，使零售市场进入自由竞争状态。

针对可再生能源供给者的多样化，消费者自行选择节能计划，电力结构将由目前以政府和电力企业为主导，逐步向以消费者自由选择为主导转变。强化全国性大的电网调控体系建设，建立零售及发电全面自由化的市场环境，进一步规范期货交易市场，确保输配电部门的中立性及投资回收，为分散型电源的发展创造良好的环境，建立灵活稳定的电力供应体系。不仅要实现自由使用的能源网络和竞争市场，更要逐步构筑分散型能源供应体系。具体措施为：

第一，促进电力市场的竞争。基于零售市场的全面自由化，为保障全体国民“电力选择”的自由，要加快需求方服务体系建设。废除对电力销售的相关限制制度，激活电力交易市场，促进发电和零售市场的竞争，降低成本并加强顾客服务。

第二，输配电部门中立化和广域化。使发电部门和输配电部门相分离，对包括可再生能源发电和热电联产在内的经营者，中立、公平地开放输配电网络。建立使用地区的中立机构，实现输配电网络的广域应用。据此缓解可再生能源上网的不稳定性，并向大区域供给体系转变。为活用包括可再生能源在内的广域电力供给能力，提高市场活力，应加强区域间和区域内电力输送网络建设。根据电网使用费的民间投资回收原则，对其提供必要的政府政策支持。

2. 日本的电力市场化改革

日本的电力市场化改革是从零售端开始的，日本电力交易所自 2005 年开始运行后，交易量稳步上升，2010 年度为 55 亿 kW·h，2012 年度为 73 亿 kW·h，占全社会电力总需求的比重仍不到 1%，与北欧国家近 80%及西班牙 70%的比重差距明显。目前日本家庭等小口径用户的电力供给仍处于完全垄断状态之下，占用电量 63%的大口径用户的电力可以通过开放式市场取得，但供给方非常有限，基本还停留在 10 大电力公司管控的状态之中。日本“3·11”地震发生后，为应对严重的电力短缺局面，日本政府于当年 8 月放宽了电力事业法中关于企业自发电必须 100%出售给电力公司的限制，规定有 50%以上出售给电力公司即可，剩余电量企业可直接使用。此外，日本政府还计划解除对 10 大电力公司之外的电源开发与日本原子能发电公司等发电公司参与输配电及电力销售的限制，以促进电力市场的竞争。

日本的电力供给一直处于 10 大电力公司的区域垂直垄断之中，区域间电力融通能力较弱，除关东地区与关西地区采用不同发电频率的技术影响之外，电力通道问题也是一个重要制约因素。如装机容量 1 557 万 kW 的东北电力与装机 579 万 kW 的北海道电力之间的电网融通能力为 60 万 kW；装机 2 709 万 kW 的中部电力与装机 573 万 kW 的北陆电力之间的电网融通能力仅有 30 万 kW；而装机 3 095 万 kW 的关西电力与装机 597 万 kW 的四国电力之间的电网融通能力也只有 140 万 kW，制度方面的改革对未来的通道建设将至关重要。

（五）推动低碳城市建设及智能电网发展的政策措施

1. 智能城市建设

在电力市场自由化改革的基础上，依托智能电网和蓄电池技术的进步，以及电动汽车与燃料电池汽车的发展，实现基于综合能源管理的智能社区和智能城市，已成为日本政府推动低碳社区及城市建设的重要手段。在各需求方参与的一定规模的社区中，通过可再生能源与热电联产等分散性电源的使用、基于蓄电池和信息技术的智能能源管理系统的建立、对能源需求的综合管理等，构建使用灵活适宜、需求反应迅速的高效能源管理智能社区体系。在实现大幅节能减排的同时，确保社区能源紧急供给。

智能社区的实证试验，已经在横滨市、丰田市、北九州市和京都地区的学研城市广泛展开，今后还将在社区能源供需管理系统（CEMS）、基于信息技术的 HEMS、HEMS 与家电间的通信体系等领域进行更多的探索。此外，与地区、街区等城市开发相结合，在能源基础设施整治时，统筹考虑能源供需管理系统、上下水等公共设施、高龄者服务等因素，以构筑智能社区的基础。

2. 智能电网及氢能源发展

在日本政府发布的《2014 年能源白皮书》中，对各主要能源领域内的相关技术支持重点及 2013 年度预算支持力度详细说明，其中，智能电网等新领域的技术重点如下：

第一，智能电网技术。

新一代能源社会系统实证。在 2010 年选定的横滨市、丰田市、北九州市、京都府下辖城市 4 个地域，针对各自特点，开展能源供给结构的实证试验。包括基于电价的需求响应实证、基于节电量交易的奖励型需求响应实证，以及蓄电池及能源管理系统标准化的调查、研究与实证，并构建必要的认证制度。2013 年度预算 86 亿日元。

新一代能源技术实证。以建立先进的智能电网体系为目标，逐步解决建筑物之间的电力融通、车辆及船舶电力供给系统构筑等技术和制度性课题，并针对地域特点进行多项实证。2013 年度预算 21.8 亿日元。

智能社区构想普及支持。针对地区智能社区的构筑、需求响应实施、可再生能源使用等，对可行性调查与计划制订给予支持。2013 年度预算 2.7 亿日元。此外，对日本“3·11”地震灾区智能社区和智能系统构建，相关支持预算 124.1 亿日元。

第二，燃料电池与氢能源技术开发。

氢利用技术开发。为有效降低加气站建设、氢运输、燃料电池汽车制造等成本，开发可替代钢材的碳纤维储氢罐，以及使用低成本钢材的性能与安全性评估与检查手段。2013 年度预算 20 亿日元。

区域氢供给基础设施技术与实证。针对 2015 年燃料电池汽车投入市场，以及在三个城市建设商业化氢加气站的目标，开展燃料电池汽车氢加气站系统运行实证。2013 年度预算 7.5 亿日元。

高效氢制造技术。为利用炼油厂内已有设施高效制造氢，开发可达到燃料电池汽车使用的高纯度氢的制造工艺，以及相应的高效生产设备。2013 年度预算 7.5 亿日元。

新能源风险技术创新。为促进在太阳能、风能、生物质能、燃料电池及蓄电池等领域有潜在技术的创新型中小企业发展，对其技术开发与实用化提供支持。2013 年度预算 9.7 亿日元。

氢供给设备建设。为在 4 大都市圈建设氢加气站，对民间氢加气站建设予以补助。2013 年度预算 45.9 亿日元。

固体高分子燃料电池实用化技术开发。以汽车用和能源工厂用固体高分子燃料电池（PEFC）实用化为目标，开发电解质膜、电极触媒为中心的高性能、低成本技术。2013 年度预算 31.9 亿日元。

固体酸化物燃料电池实用化技术开发。针对商用固定式燃料电池中的固体酸化物燃料电池（SOFC），进行耐久性与可靠性提高的技术开发与实证，并开发以高效火电 SOFC 为代表的超高效率火力发电系统。2013 年度预算 12.4 亿日元。

日本电机工业协会的调查显示，2014 年固定式燃料电池销量达 4.14 万台，总容量 3.32 万 kW，累计容量已达 11 万 kW，目前已进入海外市场拓展期。发展目标为 2020 年 140 万台、2030 年 530 万台，在努力开发低成本的触媒技术的基础上，努力推进国际标准化进程。根据《日本再兴计划》户的分析，2020 年全球蓄电池市场将达到 20 万亿日元的规模，安全性及充放电效率的提高均非常关键，其用途已拓展至车载、住宅及办公等领域，通过低成本与高性能化的技术开发及国际标准化，日本有望在 2020 年取得全球 5 成的市场份额。

（六）绿色采购制度

1. 目的与基本方针

为降低环境负荷，构筑面向可持续发展的社会体系，日本政府于 2000 年 5 月颁布《绿色采购法》。通过法律形式使绿色采购成为日本各级政府与独立行政法人的义务，地方公共团体有义务参照执行，其对各级政府及独立行政法人具有强制性。《绿色采购法》的基本方针与框架在 2001 年内阁会议确定后，每年修订一次，其涵盖领域也从 2001 年的 14 个领域 101 个品种扩展为 2012 年的 19 个领域 261 个品种，并自 2010 年起每年颁布《绿色采购用户指南》。

绿色采购的基本原则为：不仅要考虑购入的必要性、品质及价格，还要考虑环境影响等因素，购买环境负荷尽可能小的产品与服务，并以降低环境负荷的生产经营者为先。基本方针为：购入环境负荷小的产品及由努力降低环境负荷的生产经营者购入，从全生命周期影响的角度来考虑产品的购入（包括资源开采、生产、流通、使用、再利用、废弃物处理等），以及以减量化为最优先考虑（以减量化、再利用、资源化、能量回收为先后顺序）。

2. 涵盖范围与采用标准

2012 版的绿色采购产品种类包括：复印纸、印刷纸（带涂料与不带涂料）、复印机等（复印机、一体化复合机、数字复印机）、计算机、打印与复印配件（硒鼓、墨盒）、投影仪、移动电话（手机、小灵通）、冰箱（冰箱、冷柜）、电视机、空调机、照明器具（荧光灯照明器具、LED 灯照明器具、LED 内置照明器具）、灯（荧光灯、球形灯）、汽车、轮胎、制服及工作服、太阳能发电设备、可调整太阳能薄膜、印刷、配送、饮料自动销售机等。

判别标准既要考虑全生命周期各种环境负荷的降低，也要考虑确保判别标准基本数值的确定性，以及绿色采购对象产品的明确性。相应的判别标准为：

①纸类（复印纸等 7 种用品）：日本环境协会的绿色生态标志。

②文具类（铅笔等 83 种用品）：日本环境协会的绿色生态标志。

③办公家具类（椅子等 10 种用品）：日本办公家具协会绿色标志、日本环境协会的绿色生态标志。

④办公自动化设备：复印机等 6 种设备，经济产业省国际能源之星标志、日本环境协会的绿色生态标志；传真机与扫描仪，经济产业省国际能源之星标志；计算机与磁盘设备，经济产业省节能制度标识；数字印刷机等 6 种设备，日本环境协会的绿色生态标志；碎纸机等 3 种设备，无。

⑤移动电话类（手机和小灵通）：日本电信事业者协会手机循环利用网络标识。

⑥家电制品：冰箱等 5 种产品，经产省统一节能标识；微波炉，经济产业省节能制度标识。

⑦空调等：空调，经产省统一节能标识；燃气冷热泵，无；炉灶，经济产业省节能制度标识。

⑧热水器等：热泵式热水器，无；燃气热水器等 3 种产品，经济产业省节能制度标识。

⑨照明：荧光灯照明器具与球形荧光灯，经产省节能制度标识；LED 荧光灯，日本环境协会的绿色生态标志；LED 照明器具等 3 种产品，无。

⑩汽车等：汽车，国土交通省汽车燃油效率性能评价及公示、国土交通省低排放气体认证标志；ETC 等车载设备与 GPS 导航仪，无；轮胎，日本汽车轮胎协会低油耗轮胎统一标识；2 冲程发动机机油，日本环境协会的绿色生态标志。

⑪ 灭火器：日本环境协会的绿色生态标志。

⑫ 制服与工作服（制服、工作服及帽子）：日本环境协会的绿色生态标志、日本被服工业组合联合会生态统一标志、PET 塑料瓶回收推进协议会标识。

⑬ 室内与床上用品：窗帘等 8 种用品，日本环境协会的绿色生态标志、PET 塑料瓶回收推进协议会标识；床，全日本床工业会绿色标识；床垫，全日本床工

业会绿色床垫标识。

⑭工业手套：日本环境协会的绿色生态标志。

⑮其他纤维制品（帐篷等 7 种产品）：日本环境协会的绿色生态标志、PET 塑料瓶回收推进协议会标识。

⑯设备：太阳能发电等 4 种设备，无；节水器，日本环境协会的绿色生态标志；可调整太阳能薄膜，日本窗膜工业会生态标识。

⑰防灾储备用品：毛巾等 4 种用品，日本环境协会的绿色生态标志、PET 塑料瓶回收推进协议会标识；电池等 7 种用品，无。

⑱服务：印刷，日本印刷产业联合会绿色印刷标识、印刷油墨工业联合会植物油墨标志与 NL 标志、日本环境协会的绿色生态标志；车用轮胎更新等 8 种服务，无；货物配送与旅客输送，交通物流生态移动财团绿色经营认证；饮料制动售货机提供等 4 种服务，无。

此外，在 2012 年《绿色采购用户指南》中，还对各类绿色采购产品标志与标识认证标准等进行了详细的说明。

3. 政府绿色采购制度对相关产品推广的促进作用

日本政府的相关统计显示，各级政府绿色采购的产品比重已经由 2001 年的 44.4%提高至 2011 年的 96.2%，并且通过政府的绿色采购，使相关产品的市场占有率有了明显的提高。如绿色记号笔的国内市场占有率由 2000 年的 16.3%上升至 2011 年的 34.8%；绿色订书机的产量比由 2000 年的 15.6%上升至 2011 年的 93.3%；绿色荧光灯的产量比由 2000 年的 37%上升至 2011 年的 76.5%，绿色汽车的市场占有率也由 2000 年的 20%上升至 2011 年的近 90%。此外，绿色塑料黏合剂、绿色文件夹、可换芯铅笔与再生铅笔等产品的市场占有率也有大幅提高。

第六节　印度低碳发展的实践与进展

对于印度应对气候变化的国内政策，学界在 2008 年印度政府首次发布《气候变化国家行动计划》（*National Action Plan on Climate Change*，以下简称《行动计划》）时有较多研究（时宏远，2012；孙振清等，2009）。研究普遍认为，《行动计划》关注可再生能源开发，强调适应气候变化，而回避具体减排目标。研究还结合中国政府 2007 年发布的《应对气候变化国家方案》，探讨了两国应对气候变化政策的异同，认为中印两国作为发展中大国，通过南北合作获得气候援助的需求是一致的，两国也都重视新能源开发和人才培养；但在国内政策上，印度经济相对落后，社会分化严重，在制度压力、国内认知和利益结构的驱动下，印度的气候政策更看重促进经济发展。

一、印度经济增长与温室气体排放

印度是南亚次大陆最大的国家，世界人口第二大国，也是最有影响力的新兴发展中国家之一。印度自 1991 年政府实施大刀阔斧的经济改革以来，经济取得了高速稳定的增长。

（一）印度经济和产业发展

自 1997 年以来印度年度平均 GDP 增率为 7%，2008 年全球金融危机以来，其增速渐趋放缓，2014 年的 GDP 为 15 983 亿美元（2005 年美元不变价，下同），人均为 1 233 美元。印度的经济较多元化，包括传统的乡村农业、现代化农业、手工业以及大量的现代工业和服务业。印度农业人口约占总劳力的 1/2，但服务业却是其主要的经济增长点，占印度经济总产值的一半多。印度利用其大量的英语劳动人口，成为了世界主要的信息技术和软件工程师出口国。

印度的经济总量自 2008 年经济危机后翻了一倍，已达 2.04 万亿美元。数据显示，印度人均国民总收入已从 2013 年的 1 560 美元增加到了 1 610 美元（约 1 万卢比），仍处于“中低收入”（标准为 1 046～4 125 美元）水平国家。根据过去十年印度人均国民总收入平均 8.9%的年增速测算，印度将会用超过十年的时间从目前的“中低收入”水平国家发展成为“中高收入”（标准为 4 126～12 735 美元）水平国家，即目前中国所处的阶段。印度每千人拥有 12 辆汽车，与中国 2004 年相当；贫困率（每天生活费用低于 1.25 美元的人口所占比例）32.7%，与中国 2002 年相当（柴麒敏等，2016）。

印度所走的工业化道路不同于大多数国家，1947 年印度独立以来，随着其经济增长和人均收入的提高，第一产业的产值迅速下降，第二产业的产值有所上升但从来没有在国内生产总值中占据第一，第三产业的产值先是缓慢上升，1985年后一直超过第一和第二产业，最终在国民经济中取得了主导或支配地位。就人均国民总收入看，印度还属于中低收入国家，但其三次产业结构已经是（甚至超出）上中等收入国家的水平。印度在现代化的过程中把服务业放在了优先发展的位置上，通过服务业对自身国民消费的刺激促进制造业的发展和工业化的实现。

2014年印度工业增加值为3 932亿美元，占印度GDP比重仅为19.02%，相对于2004年的27.92%，下降了8.9%，而作为对比，已经完成工业化的日本，该比重为26%。印度2014年制造业增加值占GDP比重为11.53%，人均制造业增加值仅为183美元，低于2012年联合国工业发展组织对新兴工业国预测的536美元。但印度制造业和工业增加值在2004—2011年都保持了高速的增长。受到国内外因素影响，印度制造业增加值自2012年和2013年先下降再上升，工业增加值自2011—2013年开始呈上升趋势，经济取得平稳增长。

印度农业增加值占GDP比重在近十年间没有太大的变化，稳定在18%左右。而农业就业人员占总劳动力比重从2005年的55.8%下降到2014年的49.7%。相对的，印度服务业增加值近十年间以年均增长率大于6%的速度高速增长，占GDP的比重也从2004年的53%增加到57%。而占据GDP近60%的服务业仅吸纳了劳动力的28.1%。

（二）印度的能源消费与温室气体排放

印度是能源消耗大国，2014年印度的能源消耗位居世界第四，紧随美国、中国和俄罗斯之后，占世界能源消费总量的5%，占亚太地区能源消费总量的12%。虽然全球经济发展放缓，但印度的能源需求却在缓慢上升。随着汽车保有量的增长，交通领域对石油的需求预计在未来将进一步上升。此外，印度是一个能源自然禀赋不高的国家，十分依赖国际能源的进口。根据BP能源统计，2014年煤炭占印度能源消费总量的56%，石油占28%，天然气占7%，核能占1%，水能占5%，其他可再生能源占2%。此外，印度还有较大规模的传统生物质能源使用，随着商品能源逐渐替代传统能源，印度能源结构面临进一步高碳化的风险。

在温室气体排放方面，印度是全球继中国、美国、欧盟之后的第四大温室气体排放经济体。印度官方向《公约》秘书处提交的《第一次气候变化双年更新报告》显示，印度2010年全国温室气体排放量为21亿t二氧化碳当量，其中能源部门排放 15 亿 t，工业部门排放 1.7 亿 t，如表 3-22 所示。

表 3-22 印度温室气体清单（2010 年） 单位：亿 t

	CO_2		CH_4	N_2O	HFC-134a	HFC 23	CF_4	C_2F_6	SF_6	总量/（CO_2 当量）
	排放	吸收								
总量（不计 LULUCF）	15.74	—	0.20	0.00	—	0.00	0.00	0.00	0.00	21.37
总量（计入 LULUCF）	16.33	3.15	0.20	0.00	—	0.00	0.00	0.00	0.00	18.84
能源部门	14.42	—	0.03	0.00	—	—	—	—	—	15.10
工业部门	1.32	—	0.00	0.00	—	0.00	0.00	0.00	0.00	1.72
农业部门	—	—	0.15	0.00	—	—	—	—	—	3.90
LULUCF（土地利用和林业部门）	0.58	3.15	0.00	0.00	—	—	—	—	—	−2.53
废弃物管理部门	—	—	0.02	0.00	—	—	—	—	—	0.65

注：—表示不存在，0.00 表示存在，但数量太小。
数据来源：印度《第一次气候变化双年更新报告》。

印度国内实施的向低碳转型和应对气候变化的政策措施，将对环境和社会产生其他积极影响。BP 公司预测，印度将不会重复中国今天的发展路径。到 2030 年，印度达到中国当前人均收入水平时，其工业化和城市化所需的能耗和导致的排放，将部分由能效提高和显著提高的可再生能源比例所抵消，其单位 GDP 能耗和排放将仅为中国目前水平的一半左右。

印度有可能在未来实现低碳发展，减少对碳排放空间的需求。相比之下，印度经济具有低碳增长的显著特征，其整体能源和二氧化碳强度低于中国，且与美国的水平相当。目前的情况表明这种趋势将继续发展，在“照常发展”（BAU）情境下，2030 年经济活动的能耗强度将比 2000 年下降 23 左右（TERI，2006）。除非出现由服务业向制造业的重大转变，否则，能源强度应该维持在较低的水平或进一步下降。尽管印度还没有走上可持续发展的最优路径，但无论是中央政府还是邦政府，都制定了用以促进能源效率和需求方管理、发展可再生能源的一整套政策。根据印度国家计委专家组预测，在严格执行既定政策和已规划政策的情况下，对应于年均 8%和 9%的经济增速，印度 2020 年单位 GDP 碳排放强度将比 2005 年分别下降 24.4%和 23.9%，均能实现 2020 年强度下降 20%～25%的减排目标，相应的温室气体排放总量分别为 34.3 亿 t 二氧化碳当量和 29.8 亿 t 二氧化碳当量；如果再增强政策措施，则有望分别实现 34.4%和 33.3%强度下降，相应的二氧化碳排放总量分别为 39.7 亿 t 二氧化碳当量和 34.8 亿 t 二氧化碳当量（Kirit Parikh，2012）。Ullash KR 研究预计更为乐观，根据对不同用能部门的分析，认为印度 2030 年能源部门二氧化碳排放仅为 20.3 亿 t，2050 年为 29.2 亿 t，2000—2050 年年均增速 2.22%，2050—2100 年年均增速下降到 0.63%；如果按当前的能源活动二氧化碳排放占全部温室气体排放比重约为 65%计算，这比计委专家组的预测 2020 年温室气体排放量又低了 25%左右；人均能源活动排放的二氧化碳水平将以前半世纪年均 1.27%，后半世纪年均 0.69%的速度持续低速增长，2100 年达到 2.55 t/人，相当于中国 21 世纪初的水平，但直至 2100 年，印度的排放量仍未见峰值。

二、印度应对气候变化的政策出发点

生态环境和能源状况与印度应对气候变化政策密切相关。印度水资源匮乏、时空分布不均，水资源问题已经成为印度与邻国发生争端的主要原因之一。印度粮食生产增长低于人口增长，且受西南季风影响，每隔几年产量有较大波动。受气候变化影响，印度高温、洪涝等灾害发生频率增加、强度增大，生态环境状况恶化，粮食安全、水资源安全受到威胁。在能源领域，印度能源供应高度依赖煤炭，石油进口率高，能源安全是印度的“达摩克利斯之剑”。因此，向可再生能源转型，包括积极吸纳国际先进能源技术，成为印度能源政策的当务之急，是印度确保国家的发展不因自然资源的匮乏而受限的必要途径（黄正多，2013）。

在应对气候变化的国际合作及其谈判方面，坚持“共同但有区别的责任原则”、坚持以人均排放和历史排放作为衡量国际减排责任的标准、不接受约束性减排指标是印度在气候变化国际舞台上秉持的一贯立场。研究普遍注意到印度在应对气候变化国际合作中强调确保发展权的坚定态度，分析称印度认为“贫困是气候变化最大的危害”，因而坚称减排不能影响发展（黄云松和黄敏，2010）。但近年来随着国际社会压力增大和国内环境状况恶化，印度气候政策已经出现一定灵活性，主要表现在认同并积极实施《京都议定书》的灵活机制，提出了本国减排目标，部分承担起发展中大国和西方国家“共同的责任”（张海滨和李滨兵，2008）。

三、印度《气候变化国家行动计划》及进展

自 2008 年《气候变化国家行动计划》（以下简称《行动计划》）发布以来，印度在实施计划的同时，也根据国内需求和联合国气候谈判的进展，制定和更新了应对气候变化的目标、政策与行动，逐步形成了应对气候变化的政策体系。“行动计划”设定了 8 项国家行动，概括起来主要包括能源开发、资源利用、生态保护和能力建设四个方面。

能源开发类项目包括尼赫鲁国家太阳能计划、国家提高能源效率计划；资源利用类项目包括国家可持续人居计划、国家水资源计划、国家可持续农业发展计划；生态保护类项目包括喜马拉雅生态保护计划、绿色印度计划；能力建设类为气候变化战略研究计划。根据《行动计划》和印度政府发布的《印度应对气候变化进展报告》（*India's Progress in Combating Climate Change*），截至 2014 年年底，8 项行动进展情况如表 3-23 所示。

表 3-23　印度气候变化国家行动计划及进展对照

计划项目	计划情况	截至 2014 年年底主要任务完成情况
太阳能计划	建设 20 000 MW 的太阳能网络	3 113.5 MW，完成任务量的 15.6%
	建设离网线路 2 000 MW	364 MW，完成任务量的 18.2%
	建成 2 000 万 m^2 的太阳能热能发电面积	842 万 m^2，完成任务量的 42.1%
提高能源效率计划	节能证明的转让机制	478 座工厂（占印度全国总能耗量 1/3）纳入机制
	鼓励低能耗技术投入生产	LED 灯泡成本从 8 美元降低到 3 美元 在市场上出售超节能吊顶风扇
	为需求侧管理提供金融平台	未报告进展
	财政政策提高能源效率	未报告进展
	其他	发放 258 万个 LED 灯泡
可持续人居计划	建筑节能规范	Energy Conservation Code 2007 强制适用于新老建筑
	优化城市规划和公共交通	长期城市交通规划准备发布
	固体废物回收利用	批准 760 个供水设施
水资源计划	建立综合水资源数据库，评估气候变化对水资源的影响	修订国家水政策（National Water Policy）

续表

计划项目	计划情况	截至 2014 年年底主要任务完成情况
水资源计划	增强公民和各地方邦节水意识与行动	新建 1 082 口水井
	注重脆弱地区与过度开采地区的保护	能力建设项目已经启动
	提高用水效率 20%	未报告进展
	加强流域管理	未报告进展
喜马拉雅生态保护计划	成立 2 亿美元的基金用于能力建设，实施 25 项能力建设项目	能力建设项目已经启动，投资量和项目数量不明
	成立喜马拉雅国家艺术中心	未报告进展
	将所有有关喜马拉雅生态的研究联网	未报告进展
	在已有研究机构中建立 10 个中心	建立了 6 个中心
	年度报告	报告见于 Indian Himalayas Climate Adaptation Program
	规范自然资源数据收集系统	未报告进展
	认证并培训 100 名专家负责 25 座冰山的研究	未报告过展
	建立观测联络站，监测并预警喜马拉雅山变化	已建立观测网络，监测喜马拉雅地区生态系统健康状况
绿色印度计划	增加 500 万 hm^2 森林，提高 500 万 hm^2 绿地的质量	预备行动在 27 个地方邦展开
	通过管理 1 000 万 hm^2 森林，改善生态服务功能	11 个州上交了计划，涵盖 33 种地形和 8.5 万 hm^2 土地，占印度全国森林面积的 0.12%
	增加 300 万家庭的林业收入	最终确定了实施路线
	截至 2020 年，增强 5 000 万～6 000 万 t 年碳汇能力	未报告进展
可持续农业计划	发展雨养区（Rain-fed Area）农业	修复退化土地 11 000 hm^2
	提供用水效率	100 万 hm^2 土地采用微灌技术，占全国耕地面积的 0.625%
	提高土壤管理	未报告进展
	监测气候变化对农业的影响	未报告进展
	其他	建设 540 万 t 粮食储备能力
气候变化战略研究计划	建立数据库	建立了 12 个专题知识网
	加强研究能力	建立了 3 个气候变化区域研究模型，培养了 75 位气候变化专业研究人士
	观测气候变化对经济的影响	未报告进展

在《行动计划》公布后，印度政府逐步调整和完善其气候政策，设立了“国家清洁能源基金”、制定了“汽车燃油目标与政策 2025”。在推动太阳能利用方面，印度政府作出了多项调整。2014 年 10 月莫迪（Narendra Modi）政府公布了新计划，决定 5 年内投入 1 万亿卢比（约合 153 亿美元）使太阳能发电装机总量达到 10 万 MW。在巴黎气候大会上，印度又提出建立“国际太阳能联盟”的倡议。国际层面，印度 2012 年向气候变化框架公约大会提交了《第二次国家信息通报》，明确到 2020 年碳排放强度在 2005 年基础上削减 20%～25%，并进一步在向《公约》秘书处提交的“国家自主贡献”中提出，到 2030 年使国家碳排放强度在同样基础上削减 33%～35%。可以说，印度已经制定了完善的气候政策体系。

从进展报告来看，印度《行动计划》实施进展较为缓慢。《行动计划》中预计实施所有项目需要 413 亿美元的投资，并计划于 2017 年全部到位。而根据进展报告所列出的已到位资金，投资总数至多为 63 亿美元。其中，“尼赫鲁太阳能计划”资金到位情况较好，已投入 14 亿美元，但从莫迪政府公布的新计划来看，距离其 1 万亿卢比的目标还相去甚远。其他计划中，“可持续农业发展计划”投资 21 亿美元，是全部投资中占比最高的一项，但距其预期投入的 174 亿美元还有相当距离；“绿色印度计划”投资 21 亿美元，仅完成了其预计投资的 30%。“水资源计划”需要 144 亿美元的投资，目前仅投入 3 100 万美元；“喜马拉雅生态保护计划”预计投资 2.7 亿美元，现仅投资 8 100 万美元，进展十分缓慢。

四、印度应对气候变化行动的政策取向

（一）印度应对气候变化行动的主要特征

自 2008 年以来，印度在应对气候变化国际合作与谈判中表现突出，在国内也制定和开展了多样化的行动，概括起来主要呈现以下特征。

国际姿态积极有为。自 2007 年联合国气候谈判达成“巴厘岛路线图”以来，气候变化谈判再度成为国际社会关注的热点。西方媒体指责中、印等发展中碳排放大国态度消极。2009 年的哥本哈根气候大会前，《卫报》（Guardian，2009）曾在文中称“印度一度以不回应发达国家对其提出的减排要求为荣”。然而，同样

在这篇文章中，作者称赞印度 2008 年《行动计划》发布以来，发展太阳能、承诺 2020 年目标等行动表现出其应对气候变化态度的积极转变。印度森林与环境部部长贾拉姆·拉梅什（Jayram Ramesh）在国际舞台上积极斡旋，与中国等发展中国家一起，在富有争议的 MRV（Measuring，Reporting and Verification，即测量、报告、核实）问题上提出了“国际磋商和分析”（International Consultation and Analysis）机制，为 2010 年“坎昆协议”成功通过提供了重要基础。总的看来，英美媒体对印度在气候变化国际舞台的表现持肯定态度，对其现阶段的发展压力表示理解，称印度是“协议促进者”。

国内行动差强人意。印度提出的 8 项国家行动计划大部分还未得到良好落实。如绿色印度计划，在 2014 年进展报告发布时还处于方案制定阶段，上交的计划也仅涵盖全国 0.12%的森林面积。温室气体排放数据的变化趋势也表明，印度在控制温室气体排放方面的进展并不显著。根据国际能源署（IEA）数据，印度碳排放强度 2001 年为 1.57 kg/美元，2012 年下降至 1.41 kg/美元，下降了 10.2%。与此同时，中国十余年来降低碳排放强度效果更为显著，从 2001 年的 2.21 kg/美元下降到 2012 年的 1.81 kg/美元，下降了 18.1%。相比之下，尽管印度碳排放强度仍低于中国，2012 年仅为中国的 77.9%，但从降低碳排放强度的进展看，印度与中国仍有较大差距。2001 年以来，印度年均碳排放强度降低率为 0.97%，与非 OECD 国家平均水平的 0.98%相近，仅为中国同期 1.80%的 53.9%。

温室气体减排不是印度应对气候变化的首要目标。分析《行动计划》以来印度各项应对气候变化政策和行动，可以发现其在气候变化领域始终坚持的解决能源危机、资源危机和粮食危机的目标没有改变，相对于确保能源、水资源和粮食安全的目标，温室气体减排并不是印度应对气候变化政策的首要目标。这使得印度在气候变化谈判上立场更为灵活。拉梅什在 2009 年哥本哈根会议上解释印度一贯坚持的“公平原则”时，调整了其过去强调的按照历史排放和人均排放数据作为公平分担减排责任依据的立场，称公平即“每个人都享有同等的可持续发展的权利”。

发展可再生能源处于核心地位。相比于中国、美国、欧盟、日本等在一揽子减排政策中同时重视节能和发展非化石能源，重视发电和机动车的技术效率提高、碳捕集与封存技术的实践与应用等，印度的温室气体减排主要依赖发展可再生能源。辛格（Manmohan Singh）政府时期，印度制定了“尼赫鲁太阳能计划”，莫迪承接了辛格政府对于发展可再生能源的战略，并在与美国等发达国家的合作中将可再生能源问题放在首位。在政府的积极推动下，印度可再生能源占全国能源消费的比重从 2008 年的 1.07%上升到 2014 年的 2.08%，年均增速达到 19.4%，高于同期世界平均年均 17%的增速。

（二）“安全纽带”思想对印度气候变化政策的影响

印度制定和实施应对气候变化政策的根本考虑是稳定“安全纽带”（Security Nexus），即平衡水资源、能源、粮食三者之间彼此影响、彼此制约且极具敏感性和脆弱性的关系。安全纽带最早起源于 2002 年南非约翰内斯堡可持续发展首脑会议。安全纽带理论强调气候变化背景下，水-粮食-能源三者之间的纽带性。气候变化通过传导性联系，影响到水资源、粮食和能源等问题。安全纽带理论为解释全球问题提供了新的政策工具（Rasul G，2014）。

印度将“安全纽带”作为其气候政策取向，首先是基于其国情的选择。印度人口众多，快速发展的经济活动和消费给脆弱的生态环境带来了巨大压力。首先，安全纽带的核心是水资源。印度人均可再生内陆淡水资源仅为 1 140 m^3，是世界平均水平的 1/6，仅为中国的一半，并且水资源受气候变化影响和不确定性都很大。恒河、布拉马普特拉河等主要大江大河水源来自青藏高原地区，使得印度与中国、巴基斯坦、孟加拉国等重要邻国产生了水资源争端。印度粮食安全问题始终存在，尽管“绿色革命”使印度自 20 世纪 80 年代起粮食基本自足并略有出口，然而印度粮食损失较大，农民销售环节的损失率达 3.4%。近年来，粮食年平均 1.7%的增长率已低于 1.9%的人口增长率（Auffhammer M，2011）。受西南季风影响，粮食产量每隔几年便会出现波动，1999—2005 年，粮食产量最低值为 1.74 亿 t，最高为 2.13 亿 t，相差 0.39 亿 t。由此可见，受持续的气候变化影响，印度的粮食安全压力有增大可能。能源方面，印度在 2013 年下半年对进口能源的依赖度达 82%，当前以煤炭为主要能源的印度，在未来还会提高石油和天然气的使用，这将进一步提高印度的能源对外依存度。气候变化在水资源、粮食和能源三个方面，都极大威胁了印度的安全纽带。

其次，印度在气候变化谈判中压力不大，有空间、有条件选择优先稳定安全纽带。从碳排放总量看，根据国际能源署数据，印度 2013 年排放 18.7 亿 t 二氧化碳，位居全球第三，但与中国（90.2 亿 t）、美国（51.2 亿 t）还有较大差距。从人均排放看，印度和中国人均排放都在上升，但印度不仅上升速度比中国缓慢，而且人均排放量也远低于中国和发达国家。印度人均历史累计排放也远较发达国家为低。因此，从减排角度看，印度在气候变化谈判上压力不大，落实应对气候变化战略的国际压力较轻。

再次，安全纽带可以凝聚全国各阶层的力量。长期以来，“印度式民主”阻碍国家政策推行。印度政治自 1947 年建国以来始终存在三个问题（陈峰君，1992）：一是政权更替频繁，长期性、战略性的经济发展和政策难以落实，应对气候变化政策正是属于这种类型的政策；二是地方权重不容忽视，中央政策有时难以在地方推行；三是政策与社会现实脱节。印度政府在长期执政过程中与占印度人口绝大多数的农村人口相脱离，印度社会分化严重，各阶级间交流不畅，气候政策难以在社会各阶层间取得有效回应（Adger N，2013）。印度在《第二次国家信息通报》中提出：“十五”（2003—2007 年）期间的主要不足，是没有让各个群体享受同等的发展成果。安全纽带事关印度各个群体，广泛受到各利益阶层的共同关注，以安全纽带为导向，将有效获得民众支持，有利于温和推行气候政策。

最后，安全纽带旨在解决印度发展问题，可以有效遏制气候致贫、返贫。印度是世界人口数量第二的国家，贫困人口数量达到 2.8 亿人，占全国人口的 31.9%。[①] 这些贫困人口，以及占印度人口绝大多数的农民，受气候变化导致的高温、台风、干旱、洪涝等灾害的损害极大。防止气候变化致贫、返贫是印度气候政策的重点关注，因此选择安全纽带作为政策出发点和基础，保证发展机遇是印度气候政策的必然选择。

① 按世界银行 2009 年数据，以每人每天消费 1.9 美元以下为标准。

结　语

气候变化是具有科学支撑的事实，积极应对气候变化是科学的要求，也是基于科学形成的政治共识。无论从古气候研究、古代文献分析，还是从近代气象和气候观测、气候模式分析等的研究结果看，气候变化都是不争的事实。由人类活动排放的温室气体和其他人为强迫已被证明是导致 1951 年以来气候变化的主要原因。而近年来地球气候系统以极高的速率变化给人类社会和地球系统带来了巨大的风险，这就要求人类社会积极应对气候变化，从减排温室气体入手，减缓气候变化。

低碳发展是顺应温室气体减排要求的必要途径。全球各国的决策者逐渐加深了对气候变化的科学问题、人为活动归因、自然和社会系统影响、适应和减缓策略响应的认知，确认了人类活动对地球气候系统的影响必须通过积极的、全面的、尽快的、有力的合作行动来应对，尤其是必须从整个经济社会发展的角度，系统性地控制温室气体排放，这就要求人类社会必须走低碳发展的道路，而不是依赖于某项或某些具体的技术去实现减排。

人类社会低碳转型也是经济发展的必然趋势，体现了经济效率的提高。经济效率的提高是人类社会发展的标志。无论是技术革新、产业革命、社会和生产组织方式变革，其目的和表征都是经济效率的提高。低碳发展就是消费更少的含碳资源来满足人类社会发展需求，因此也是经济发展的必然方向。

现有全球减缓气候变化的目标确定是基于科学的政治博弈结果，其核心在于加快实现应对气候变化的目标。尽管全球确定将温升控制在 2℃或者 1.5℃更多的是政治博弈，而不是纯粹的科学结论；而各国在应对气候变化，尤其是减缓温室气体排放和提供实施手段方面的责任分担，更是基于全球政治经济格局的博弈结果，但无论是目标设定，还是承担责任，其核心目的都是为了加快控制温室气体排放，相互鼓励与促进实施减缓政策与技术革新，通过真实的减排成效使全球建立起合作应对气候变化、实现低碳发展的信心，而绝不是寻求借口置身事外。

低碳发展具有现实的、动态发展的技术支撑。实现低碳发展的系统性工程，需要在能源、交通、建筑、工业、农业、管理等领域实现技术突破来支撑。当前世界各国在数字化智能管理、可再生能源技术、节能技术等方面都投入了大量资源，也在不断取得成果，有力支撑了全球低碳转型的进程。

世界主要国家都在转向低碳发展，各国选择的路径各有特点，其中欧洲走在了前列。世界上的主要大国都制定了低碳发展的整体规划，许多国家以法律形式明确了低碳发展和控制温室气体排放的地位，但各国由于资源禀赋、发展阶段、政治经济模式等的不同，选择的路径也有所不同。欧盟和许多欧洲国家在行政体系、经济结构、能源结构、技术研发、公众意识等方面都开展了积极探索，并且取得了显著成效，为其他地区树立了榜样。

中国自 2007 年以来，国内应对气候变化和低碳发展也实现了积极进展。低碳发展与提高经济效率一脉相承，与解决环境污染问题、改善民生协同，是中国实现建成小康社会和迈向发达国家目标的内在需求。作为负责任的世界大国，中国在历史上以先进的文化、繁荣的经济引领了地区发展，也成为全球最重要的发展中心之一。在全球化的今天，中国也应当以维护地球安全为己任，在全球低碳发展中起到引领作用。

参考文献

[1] 北京环境交易所. 2016 年全国碳市场成交数量和成交金额数据汇总概览[OL]. http://www.tanjiaoyi.com/article-20465-1.html［2017-06-05］.

[2] 财政部国际司. 德国促进新联邦州（东德）经济发展经验的考察报告. http://gjs.mof.gov.cn/pindaoliebiao/cjgj/200902/t20090213_113941.html［2014-05-11］.

[3] 柴麒敏，高翔，徐华清. “基础四国”：从哥本哈根到巴黎的气候之路［M］. 北京：中国计划出版社，2016.

[4] 陈峰君. 印度政治制度评析［J］. 北京大学学报（哲学社会科学版），1992，（3）：25-31.

[5] 陈海嵩. 德国能源问题及能源政策探析［J］. 德国研究，2009，24（1）：9-16.

[6] 杜祥琬. 应对气候变化进入历史性新阶段［J］. 气候变化研究进展，2016，12（2）：79-82.

[7] 樊纲. 走向低碳发展：中国与世界——中国经济学家的建议［M］. 北京：中国经济出版社，2010.

[8] 方甲. 产业结构问题研究［M］. 北京：中国人民大学出版社，1997.

[9] 高虎，王仲颖，赵勇强. 借鉴欧洲经验建设具有竞争力的自主风电产业［J］. 宏观经济研究，2009，（4）：76-79.

[10] 高翔，牛晨. 美国气候变化立法进展及启示［J］. 美国研究，2010，（3）：39-51.

[11] 高翔，朱秦汉. 印度应对气候变化政策特征及中印合作[J]. 南亚研究季刊，2016，（1）：32-38.

[12] 葛全胜，等. 中国历朝气候变化［M］. 北京：科学出版社，2010.

[13] 黄云松，黄敏. 浅析印度应对气候变化的政策［J］. 南亚研究，2010，（1）：65-77.

[14] 黄正多. 印度多边外交实践的成效与局限［J］. 国际问题研究，2013，（6）：55-64.

[15] 季卫东. 从行政规制到利益诱导：日本推动环境保护和可持续发展的法制手段［A］. 比较［C］. 北京：中信出版社，2005，（6）：31-40.

[16] 金雁. 波兰经济转轨的成就、经验与教训［J］. 国际经济评论，2003，（3-4）：20-29.

[17] 李海东. 从边缘到中心：美国气候变化政策的演变［J］. 美国研究，2009，（2）：20-35.

[18] 李慧明. 气候政策立场的国内经济基础——对欧盟成员国生态产业发展的比较分析［J］.

欧洲研究，2012，（1）：81-99.

[19] 李佳倩，王文涛，高翔.产业结构变迁对低碳经济发展的贡献——以德国为例［J］. 中国人口·资源与环境，2016，26（S1）：26-31.

[20] 李莹，高歌，宋连春. IPCC 第五次评估报告对气候变化风险及风险管理的新认知［J］. 气候变化研究进展，2014，10（4）：260-267.

[21] 廖建凯. 德国减缓气候变化的能源政策与法律措施探析［J］. 德国研究，2010，25（2）：27-34.

[22] 刘培林. 全球气候治理政策工具的比较分析——基于国别间关系的考察角度［J］. 世界经济与政治，2011，（5）：127-142.

[23] 刘培哲，李国树. 苏联的环境质量状况与环境保护政策［J］. 环境科学动态，1990，（3）：1-4.

[24] 刘昭民. 中国历史上气候之变迁［M］. 台北：台湾商务印书馆，1982.

[25] 满志敏. 中国历史时期气候变化研究［M］. 济南：山东教育出版社，2009.

[26] 潘家华，等. 低碳经济的概念辨识及核心要素分析［J］. 国际经济评论，2010，（4）：88-101.

[27] 潘家华. "地球工程"作为减缓气候变化手段的几个关键问题［J］. 中国人口·资源与环境，2012，22（5）：22-26.

[28] 沈素红，邢来顺. 20 世纪 80 年代以来德国绿党对德国政治的影响分析［J］. 长江论坛，2006，（4）：69-75.

[29] 时宏远. 印度应对气候变化的政策［J］. 南亚研究季刊，2012，（3）：88-94.

[30] 宋萌荣，康瑞华. 苏联环境政策失败的教训及其对中国的启示［J］. 科学社会主义，2011，（4）：17-20.

[31] 孙振清，刘滨，何建坤. 印度应对气候变化国家方案简析［J］. 气候变化研究进展，2009，5（5）：298-303.

[32] 汤斌. 产业结构演进的理论与实证分析［D］. 成都：西南财经大学，2005.

[33] 万俊人. 世界的"膨胀"和哲学的"萎缩"［J］. 读书，2015，（11）：3-11.

[34] 王健，池利兵，胡晓伟. 考虑空驶距离的出租汽车空气污染排放模型［J］. 城市交通，2015，13（2）：72-22.

[35] 威廉·诺德豪斯. 设计全球气候变暖协议中涉及的经济议题［A］. 比较［C］. 北京：

中信出版社，2010，（1）：117-124.

[36] 吴敬琏. 中国增长模式抉择（增订版）［M］. 上海：远东出版社，2008.

[37] 谢来辉. 碳交易还是碳税？理论与政策［J］. 金融评论，2011，（6）：103-110.

[38] 许闲. 财政视角下德国能源税收征管及其对我国的借鉴［J］. 德国研究，2011，26（3）：44-49.

[39] 郇庆治. 生态现代化理论与绿色变革［A］. 薛晓源，李惠斌. 生态文明研究前沿报告［C］. 上海：华东师范大学出版社，2007.

[40] 约瑟夫·斯蒂格利茨. 政府失灵与市场失灵：监管的原则［A］. 比较［C］. 北京：中信出版社，2009，（2）：47-64.

[41] 张海滨，李滨兵. 印度在国际气候变化谈判中的立场［J］. 绿叶，2008，（8）：64-74.

[42] 朱苗苗. 德国能源政策的现状、变化与发展趋势［A］. 李乐增，郑春荣. 德国发展报告（2012）［C］. 北京：社会科学文献出版社，2012.

[43] 竺可桢. 历史时代世界气候的波动［J］. 气象学报，1962，31（4）：275-288.

[44] 竺可桢. 中国近五千年来气候变迁的初步研究［J］. 考古学报，1972，（1）：15-38.

[45] Barth M，Boriboonsoms K，邵玲. 交通拥堵和温室气体排放［J］. 城市交通，2012，10（1）：89-94.

[46] IPCC. IPCC 第二次评估：气候变化 1995——政府间气候变化专业委员会报告. 日内瓦：政府间气候变化专业委员会，1995.

[47] IPCC. 决策者摘要（政府间气候变化专门委员会第五次评估报告第一工作组报告——气候变化 2013：自然科学基础［Stocker，T. F.，秦大河，G.-K. Plattner，M. Tignor，S. K. Allen，J. Boschung，A. Nauels，Y. Xia，V. Bex 和 P. M. Midgley（编辑）］）. 英国剑桥和美国纽约：剑桥大学出版社，2013.

[48] IPCC. 气候变化 2001：综合报告——政府间气候变化专业委员会的评估. 日内瓦：政府间气候变化专业委员会，2001.

[49] IPCC. 气候变化 2007：综合报告——政府间气候变化专门委员会的报告. 日内瓦：政府间气候变化专门委员会，2007.

[50] IPCC. 气候变化 2014：综合报告（政府间气候变化专门委员会第五次评估报告第一工作组、第二工作组和第三工作组报告［核心撰写小组、R. K. Pachauri 和 L. A. Meyer（eds.）］）. 瑞士日内瓦：IPCC，2014.

[51] IPCC. 政府间气候变化专门委员会综述. 日内瓦：政府间气候变化专门委员会，1990.

[52] Nordhaus W. A Question of Balance：Weighing the Options on Global Warming Policies. New Haven：Yale University Press，2008. 中文版见：威廉·诺德豪斯. 均衡问题：全球变暖的政策选择［M］. 王少国译. 北京：社会科学文献出版社，2011.

[53] Stern N. A Blueprint for A Safer Planet：How to Manage Climate Change and Create A New Era of Progress and Prosperity. London：The Bodley Head Press，2009. 中文版见：斯特恩. 地球安全愿景：治理气候变化，创造繁荣进步新时代［M］. 武锡申译. 北京：社会科学文献出版社，2011.

[54] Adger N. Cultural Dimensions of Climate Change Impacts and Adaptation. Nature Climate Change，2013，3（2）：112-117.

[55] AGEB（Arbeitsgemeinschaft Energiebilanzen）. Evaluation Tables on the Energy Balance for the Federal Republic of Germany 1990 to 2012. http：//www.ag-energiebilanzen.de/index.php?article_id=10&clang=1［2014-05-11］.

[56] Anderson K. Talks in the city of light generate more heat. Nature，2015，528（7583）：437.

[57] Arrow K，Bolin B，Costanza R，Dasgupta P，Folke C，Holling C，Jansson B，Levin S，Mäler K，Perrings C，and Pimentel D. Economic growth，carrying capacity，and the environment. Science，1995，268：520-521.

[58] Auffhammer M. Climate Change，the Monsoon，and Rice Yield in India. Climatic Change，2011，111（2）：411-424.

[59] Bodansky D，Rajamani L. The Evolution and Governance Architecture of the Climate Change Regime.//Detlef Sprinz and Urs Luterbacher ed.，International Relations and Global Climate Change. Boston：MIT Press，2013.

[60] BP. BP Energy Outlook 2030. London：BP，2012.

[61] BP. Statistical Review of World Energy. https：//www.bp.com/en/global/corporate/energy-economics/statistical-review-of-world-energy.html［2016-10-25］.

[62] Brazil. 1997. Proposed Elements of A Protocol to the United Nations Framework Convention on Climate Change，presented by Brazil in response to the Berlin mandate. http：//unfccc.int/resource/docs/1997/agbm/misc01a03.pdf［2014-05-11］.

[63] Brown A. All hail robocabs. Nature Climate Change，2015，5：804-805.

［64］ Dasgupta P. Discounting Climate Change. Journal of Risk and Uncertain，2008，37：141-169.

［65］ Dasgupta S，Laplante B，Wang H，and Wheeler D. Confronting the Environmental Kuznets Curve. The Journal of Economic Perspectives，2002，16（1）：147-168.

［66］ Dinda S. A Theoretical Basis for the Environmental Kuznets Curve. Ecological Economics，2005，53：403-413.

［67］ Ehrlich P，Holdren J. Impact of Population Growth：Complacency Concerning This Component of Man's Predicament Is Unjustified and Counterproductive. Science，1971，171：1212-1217.

［68］ European Commission. Emissions cap and allowances. https：//ec.europa.eu/clima/policies/ets/cap_en［2017-06-05］.

［69］ European Parliament. 2013. Parliament Opposes Higher "Carbon Allowances" Price. http：//www.europarl.europa.eu/news/en/news-room/content/20130416IPR07332/html/Parliament-opposes-higher-carbon-allowances-price［2014-05-11］.

［70］ Eurostat. 2013. Intra and Extra-EU trade by Member State and by product group. http：//epp.eurostat.ec.europa.eu/portal/page/portal/national_accounts/data/database［2014-05-11］.

［71］ Eurostat. 2013. National Accounts by 38 branches - aggregates at current prices. http：//epp.eurostat.ec.europa.eu/portal/page/portal/national_accounts/data/database［2014-05-11］.

［72］ Gao Y，Gao X，Zhang X. The 2℃Global Temperature Target and the Evolution of the Long-Term Goal of Addressing Climate Change—From the United Nations Framework Convention on Climate Change to the Paris Agreement. Engineering，2017，3（2）：272 -278.

［73］ Goldenberg S. US Climate Agency Declares CO_2 Public Danger. Guardian. http：//www.guardian.co.uk/environment/2009/dec/07/us-climate-carbon-emissions-danger［2014-12-21］.

［74］ Goldman M. Externalities and the Race for Economic Growth in the USSR：Will the Environment Ever Win? Journal of Political Economy，1972，80（2）：314-327.

［75］ Greenblatt J，Saxena S. Autonomous taxis could greatly reduce greenhouse-gas emissions of US light-duty vehicles. Nature Climate Change，2015，5：860-865.

［76］ Grossman G，and Krueger A. Economic Growth and the Environment. The Quarterly Journal of Economics，1995，110（2）：353-377.

［77］ Guardian. 2009. http：//www.theguardian.com/environment/georgemonbiot/2009/jul/29/monbiot-india-climate-change［2014-05-11］.

［78］ IEA. Energy policies of IEA Countries：Germany，2013 Review. Paris：International Energy Agency，2013.

［79］ IEA. Energy policies of IEA Countries：The United Kingdom，2012 Review. Paris：International Energy Agency，2012.

［80］ Keohane N. Cap and Trade，Rehabilitated：Using Tradable Permits to Control U.S. Greenhouse Gases. Review of Environmental Economics and Policy，2009，3（1）：42-62.

［81］ King D，Schrag D，Zhou D，Qi Y，Ghosh A. Climate Change：A Risk Assessment. Centre for Science and Policy（CSaP）at the University of Cambridge. http：//www.csap.cam.ac.uk/projects/ climate-change-risk-assessment/［2016-10-25］.

［82］ Kirit Parikh. Sustainable Development and Low Carbon Growth Strategy for India. Energy，2012，（40）：31-38.

［83］ Maddison A. The World Economy：Volume 1：A Millennial Perspective and Volume 2：Historical Statistics. Paris：OECD Publishing，2006.

［84］ Manabe S，Wetherald RT. Thermal Equilibrium of the Atmosphere with A Given Distribution of Relative Humidity. Journal of Atmospheric Sciences，1967，24（3）：241-59.

［85］ Nordhaus W. Economic Aspects of Global Warming in A Post-Copenhagen Environment. Proceedings of the National Academy of Sciences，2010，107：11721-11726.

［86］ Nordhaus W. Economic Growth and Climate：The Carbon Dioxide Problem. The American Economic Review，1977，67（1）：341-346.

［87］ Nordhaus W. Global Warming Economics. Science，2001，294：1283-1284. November 9，2001.

［88］ Nordhaus W. To Slow or Not to Slow：The Economics of the Greenhouse Effect. Economic Journal，1991，101（407）：920-937.

［89］ Nykvist B，Nilsson M. Rapidly falling costs of battery packs for electric vehicles. Nature Climate Change，2015，5（4）：329-332.

［90］ ORNL. Carbon Dioxide Information Analysis Center. Oak Ridge，TN：Oak Ridge National Laboratory. http：//cdiac.ornl.gov/［2014-05-11］.

［91］ Panayotou T. Empirical tests and policy analysis of environmental degradation at different stages of economic development. Working Paper WP238，Technology and Employment

Programme（Geneva：International Labor Office，1993）//Stern D，Common M，and Barbier E. Economic Growth and Environmental Degradation：The Environmental Kuznets Curve and Sustainable Development. World Development，1996，24（7）：1151-1160.

［92］Phylipsen G，Bode J，Blok K，Merkus H，and Metz B. A Triptych sectoral approach to burden differentiation：GHG emissions in the European Bubble. Energy Policy，1998，26：929-943.

［93］Porter M，van der Linde C. Green and Competitive：Ending the Stalemate. Harvard Business Review，1995，73：120-134.

［94］Prais S J，Daly A. Productivity and Industrial Structure：A Statistical Study of Manufacturing Industry in Britain，Germany and the United States. Cambridge：Cambridge University Press，1981.

［95］Pryde P. The Quest for Environmental Quality in the USSR. American Scientist，1972，60（6）：739-745.

［96］Pryde P. The "Decade of Environment" in the USSR. Science，1983，220：274-279.

［97］Randalls S. History of the 2℃ Climate Target. Wiley Interdisciplinary Reviews Climate Change，2010，1（4）：598-605.

［98］Rasul G. Food，Water，and Energy Security in South Asia：A Nexus Perspective from the Hindu Kush Himalayan Region. Environmental Science & Policy，2014，39：35-48.

［99］Rhodium Group. Trump's Regulatory Rollback Begins. http：//rhg.com/notes/trumps-regulatory-rollback-begins［2017-08-25］.

［100］Sandor R. Combating global warming：study on a global system of tradeable carbon emission entitlements. Geneva：United Nations Conference on Trade and Development，1992.

［101］Sierra Club. Pathway to Paris. http：//www.sierraclub.org/compass/2017/03/pathway-paris［2017-08-25］.

［102］Statistisches Bundesamt. National Accounts-Use of gross domestic product. https：//www.destatis.de/EN/FactsFigures/Indicators/LongTermSeries/NationalAccounts/lrvgr02.html［2014-05-11］.

［103］Stern N. The Economics of Climate Change：The Stern Review. Cambridge：Cambridge University Press，2007.

［104］TERI（The Energy and Resources Institute）. National Energy Map for India：Technology

Vision 2030. New Delhi：TERI Press，2006.

[105] The White House. Declaration of the Leaders the Major Economies Forum on Energy and Climate. Washington, DC: United States Government. https://www.whitehouse.gov/thepress-office/declaration-leaders-major-economies-forum-energy-and-climate [2015-09-20].

[106] U.S. DOE. Electricity Storage Handbook in Collaboration with NRECA. http://energy.gov/sites/prod/files/2013/08/f2/ElecStorageHndbk2013.pdf [2016-10-25].

[107] U.S. DOE. Quadrennial Technology Review- An assessment of energy technologies and research opportunities. Washington D.C.：U.S. Department of Energy，2015.

[108] Ullash K.Rout. Prospects of India's Energy and Emissions for A Long Time Frame. Energy Policy，2011，39：5647-5663.

[109] UNDP. Human Development Report 2013. New York：United Nations Development Programme，2013.

[110] UNFCCC. ADP Technical Expert Meetings：Carbon capture，use and storage. http://unfccc.int/ bodies/awg/items/8421.php [2016-10-25].

[111] UNFCCC. GHG Data – UNFCCC. http://unfccc.int/ghg_data/ghg_data_unfccc/time_series_annex_i/items/3814.php [2017-08-25].

[112] Victor D. Fragmented Carbon Markets and Reluctant Nations：Implications for the Design of Effective Architectures. In Aldy J. and Stavins R.（ed.）. Architecture for Agreement. Cambridge：Cambridge University Press，2007.

[113] Vishwanath Haily Dalvi，Sudhir V. Panse and Jyeshtharag B. Jpshi. Solar thermal technologies as a bridge from fossil fuels to renewables. Nature Climate Change，2015，15（7）：1007-1013.

[114] Weitzman M. The Stern Review of the Economics of Climate Change. Journal of Economic Literature，2007，45（3）：703-724.

[115] World Bank. The World Bank Data. http://data.worldbank.org/indicator [2014-05-11].